YINGKE® 盈科

盈科全国业务指导委员会系列丛书

商标及反不正当竞争疑难法律问题精解

盈科律师事务所 / 编
姚华　张乐 / 著

法律出版社 LAW PRESS · CHINA
北京

图书在版编目(CIP)数据

商标及反不正当竞争疑难法律问题精解 / 盈科律师事务所编 ; 姚华, 张乐著. -- 北京 : 法律出版社, 2022

ISBN 978 - 7 - 5197 - 6586 - 6

Ⅰ. ①商… Ⅱ. ①盈… ②姚… ③张… Ⅲ. ①商标法-法律解释-中国②反不正当竞争-经济法-法律解释-中国 Ⅳ. ①D923.435②D922.294.5

中国版本图书馆 CIP 数据核字(2022)第 052402 号

商标及反不正当竞争疑难法律问题精解
SHANGBIAO JI FANBUZHENGDANG JINGZHENG YINAN FALÜ WENTI JINGJIE

盈科律师事务所 / 编
姚 华 张 乐 / 著

策划编辑 朱海波
责任编辑 朱海波 李 军
装帧设计 汪奇峰

出版发行 法律出版社
编辑统筹 法律应用出版分社
责任校对 王 丰
责任印制 刘晓伟
经 销 新华书店

开本 710 毫米×1000 毫米 1/16
印张 14 **字数** 280 千
版本 2022 年 4 月第 1 版
印次 2022 年 4 月第 1 次印刷
印刷 固安华明印业有限公司

地址:北京市丰台区莲花池西里 7 号(100073)
网址:www.lawpress.com.cn
投稿邮箱:info@lawpress.com.cn
举报盗版邮箱:jbwq@lawpress.com.cn

销售电话:010 - 83938349
客服电话:010 - 83938350
咨询电话:010 - 63939796

书号:ISBN 978 - 7 - 5197 - 6586 - 6
定价:58.00 元

凡购买本社图书,如有印装错误,我社负责退换。电话:010 - 83938349

本书编著者

姚 华 张 乐 著

前　言

商标及反不正当竞争纠纷在实务中往往存在紧密联系，且容易引起社会公众较高的关注。近年来，随着该类案件数量的上升以及日新月异的互联网技术进步，涌现了许多新问题、新现象，给法律的理解与适用带来了一定难度，也使知识产权法与竞争法交叉类案件涉及的法律问题愈加疑难复杂。

法律的生命在于实践。本书的撰写从商标法及竞争法的疑难纠纷出发，希望为读者呈现真实的法律案件、争议焦点，解读案件审判中的重点、难点与全貌。作者结合自身承办案件的经验、近年来最高人民法院和地方各级人民法院审结并生效的典型案件，进行总结、归纳，希望做到“知其然并知其所以然”。

本书共分为上下两篇，上篇主要论述商标在注册、无效、撤销及使用过程中存在的疑难法律问题以及商标侵权相关法律实务。下篇主要分析反不正当竞争法与知识产权法交叉领域的诉讼法律实务，如涉及其他商业标识与商标权冲突时的权利保护、竞争法中的仿冒混淆型纠纷、商业秘密纠纷、互联网领域特有的不正当竞争纠纷、商业诋毁纠纷、虚假宣传纠纷。

在选取案例进行分析的基础上，本书亦希望从案例当中提取核心的法律问题，以问答方式尽量满足大家在司法实务中对类似案件研究与适用的需求，供广大法律同人在提供同类法律服务时进行借鉴和参考。

目 录
CONTENTS

上 篇 商标法律实务与疑难问题精解

第一章 | 商标注册法律实务及案例精解 / 003

第一节 描述性商标是否具有显著性特征的判断标准解读 / 003
第二节 商标注册不得损害他人在先著作权的司法实践分析 / 007
第三节 以“不正当手段”抢注他人商标的认定标准解析 / 012
第四节 如何解读“不以使用为目的的恶意注册商标”条款 / 016
第五节 含有地名的商标在何种条件下能够获准注册 / 020

第二章 | 商标撤销法律实务及案例精解 / 024

第一节 “双十一”商标被诉撤销，第35类服务上的商标使用到底指什么 / 024
第二节 注册商标不规范使用的法律后果与案例解读 / 027
第三节 商标“撤三”案件中构成“象征性使用”的裁判观点分析 / 032
第四节 “撤三”案件中判断注册商标在核定商品上使用标准的解读 / 036
第五节 企业应当如何防止注册商标因通用化被撤销 / 040

第三章 | 商标侵权法律实务及案例精解 / 046

第一节 对《商标侵权判断标准》的创新性规定解读 / 046
第二节 商标权利被侵犯的几种维权策略分析 / 049
第三节 商标平行进口的合法性适用 / 053
第四节 证明商标的特有功能、权利与侵权判断标准分析 / 056
第五节 使用描述性商标不构成商标侵权的判断标准 / 058
第六节 将他人注册商标设定为“广告关键词”的行为性质认定 / 061
第七节 商标侵权诉讼中的“合法来源抗辩”规则解读 / 064

第八节　侵权方以“己方商标知名度”抗辩的裁判规则解读 / 068
第九节　注册商标被宣告无效前的使用行为，如何认定侵权及赔偿 / 075
第十节　商标侵权案件中如何获得更高的赔偿额 / 080
第十一节　商标侵权案件“惩罚性赔偿”的适用标准分析 / 083

第四章｜驰名商标保护法律实务及案例精解 / 086
第一节　驰名商标享有哪些特殊保护 / 086
第二节　驰名商标的反淡化保护 / 090
第三节　认定“未注册驰名商标”的必要性审查与裁判因素分析 / 094

下篇　反不正当竞争法律实务与疑难问题精解

第五章｜商业标识保护法律实务及案例精解 / 101
第一节　“商品化权”适用《反不正当竞争法》保护的不同路径 / 101
第二节　域名侵权不正当竞争纠纷的裁判规则解析 / 105
第三节　域名与商标权冲突的法律适用争议与裁判观点解读 / 109
第四节　广告语满足何种条件可构成受《反不正当竞争法》保护的商业标识 / 114
第五节　从“知名商品特有的名称”到“有一定影响的商品名称”的认定标准与审理思路变化 / 117
第六节　“商品包装、装潢”如何适用《反不正当竞争法》 / 121
第七节　“服务特有装潢”如何适用《反不正当竞争法》的保护 / 124
第八节　企业名称权与商标专用权的冲突处理规则 / 128
第九节　企业在先商号权对抗在后商号权的适用条件 / 137
第十节　论侵犯企业名称权不正当竞争行为的“主观故意”要件 / 140
第十一节　《反不正当竞争法》第六条“混淆误认”要件的界定与举证 / 146

第六章｜商业秘密不正当竞争纠纷法律实务及案例精解 / 151
第一节　企业商业秘密的保护与侵权赔偿 / 151
第二节　基于商业秘密保护的竞业限制范围探讨 / 159
第三节　商业秘密案件中确定赔偿数额的计算方式及因素分析 / 164

第四节 在商业秘密侵权案件中适用惩罚性赔偿的构成要件分析 / 168

第七章 | 互联网领域不正当竞争纠纷法律实务及案例精解 / 173
第一节 视频网站深度链接行为构成不正当竞争的要件 / 173
第二节 擅自使用他人收集的信息构成不正当竞争的要件分析 / 176
第三节 电商平台“二选一”的《反垄断法》《反不正当竞争法》分析 / 181
第四节 《反不正当竞争法》第十二条“互联网专条”兜底条款的理解与适用 / 189
第五节 数据可携权对市场竞争影响的两面性分析 / 194
第六节 经营者在互联网平台公开司法裁判文书的行为底线 / 202
第七节 信息网络环境下,商业诋毁与经营者言论自由的界限 / 206
第八节 虚假宣传的认定是否须以损害其他经营者的竞争优势为前提 / 209

结 语 / 216

上篇

商标法律实务与疑难问题精解

第一章　商标注册法律实务及案例精解

第一节　描述性商标是否具有显著性特征的判断标准解读

根据我国《商标法》第九条的规定:“申请注册的商标,应当有显著特征,便于识别。”上述规定中的“显著性”是指,当某一枚标志使用在其指定的商品或服务上时,能够让相关公众认为该标志的作用是识别其所标示的商品或服务的来源。

商标的显著性通常分为“固有显著性”和“获得显著性”。固有显著性是指,某些标志用于特定的商品或服务的开始就具有显著性,如“柯达”相机、“苹果”手机。获得显著性是指,某些标志本身缺乏固有显著性,但经过权利人长期的使用和宣传后,消费者已经逐渐意识到它们是在指示特定商品或服务的来源,而不是对商品或服务的特点进行描述。如“两面针”牌牙膏中的“两面针”本身是一味中药,是两面针牙膏的原料之一,但随着柳州两面针股份有限公司的独占性长期使用,使消费者意识到其为柳州两面针股份有限公司生产的牙膏,使“两面针”获得了中药之外的第二含义。

一般而言,标志与它所代表的商品或服务之间的联系越密切,其显著性越弱;反之,则显著性越强。当核准注册的商标为描述性词汇时,“如何认定其显著性”不仅影响其能否获准注册,还将影响他人在相同或者类似商品上使用相同或近似的描述性词汇时是否构成商标侵权行为。

一、商标的显著性认定应根据相关公众的通常认识进行整体判断

在长沙沩山茶业有限公司与商评委、湖南宁乡沩山湘沩名茶厂等商标行政纠纷一案[(2011)行提字第7号]中,最高人民法院(以下简称最高院)确立了如

下裁判标准：

判断争议商标是否应当依据《商标法》第十一条第一款第（二）项、第（三）项①之规定予以撤销时，应当根据争议商标指定使用商品的相关公众的通常认识，从整体上对商标是否具有显著特征进行判断，不能因为争议商标含有描述性文字就认为其整体缺乏显著性。

该案中，原审原告湖南省宁乡市茶叶公司于1990年5月11日向商标局申请注册争议商标“沩山牌及图”商标；原审第三人湖南宁乡沩山湘沩名茶厂等六家公司以沩山毛尖为茶叶商品的通用名称为由，向商标评审委员会（以下简称商评委）申请撤销争议商标。

商评委经审查后，认为沩山茶作为一个历史悠久的茶叶品种，争议商标的文字部分缺乏显著特征，拼音部分亦无法使其产生显著特征，故裁定撤销争议商标。在该案的一审及二审程序中，法院均认定，争议商标“沩山牌及图”已构成直接表示指定使用商品的品质特点，缺乏显著特征；直至最高院再审才判决撤销一审、二审判决以及原裁定。

最高院认定该案争议商标具有显著性的理由是：争议商标由沩山牌文字、拼音及相关图形组成，并非仅由沩山文字及其拼音组成，其商标组成部分中的图形亦属该商标的重要组成部分。可见，最高院对商标显著性的审查着眼于整体性判断，而不仅限于争议商标的文字部分。（见图1－1）

图1－1　争议商标

① 《商标法》第十一条第一款规定：“下列标志不得作为商标注册：

（一）仅有本商品的通用名称、图形、型号的；

（二）仅直接表示商品的质量、主要原料、功能、用途、重量、数量及其他特点的；

（三）其他缺乏显著特征的。”

此外，由于该枚争议商标在1991年5月20日已经核准注册，经过了近二十年的使用，且在2002年被评为湖南省著名商标。鉴于上述事实，最高院认为，争议商标的使用时间较长，已经建立一定的市场声誉，相关公众能够以争议商标识别商品来源，并不仅仅直接表示商品的质量、主要原料、功能、用途、重量、数量及其他特点。因此，商评委、原审法院以争议商标含有沩山文字就认为其整体缺乏显著性，属于认定事实错误。

该案中，最高院对争议商标注册时间、使用情况的审查及认定思路源于《商标法》第十一条第二款的规定，即缺乏显著性特征的商标，如果经过使用取得显著特征，并便于识别的，也可以作为商标注册。可见，商标显著性的判断不仅要审查商标本身的文字含义、图形特点及其与核定使用商品或服务的关联性，也应当对商标已有的知名度及使用情况进行审查。

在杨某祥与国家知识产权局、李某红、郭某杰商标权无效宣告请求行政纠纷一案中[(2018)最高法行再63号]，最高院确立了更为清晰的裁判标准：

首先，最高院明确，商标标志中虽然含有描述性要素，但不影响其整体具有显著特征的；或者描述性标志以独特方式加以表现，相关公众能够以其识别商品来源的，应当认定其具有显著特征。

其次，判断包含描述性因素的商标是否具有显著性，应根据商标所指定使用商品的相关公众的通常认识、相关商标的实际使用情况以及是否经过使用产生识别商品来源的作用，从整体上进行判断。

具体到该案中，争议商标"汤瓶八诊"指定使用在第44类"按摩(医疗)、医疗诊所、医疗辅助等"服务上。2013年1月28日，郭某杰和李某红以争议商标的注册违反2001年修正的《商标法》第十一条、第四十一条的规定对争议商标提出撤销申请。

商评委认为，争议商标"汤瓶八诊"为回族流传至今的疗法名称，将该种疗法名称作为商标申请注册，并使用在核定的按摩(医疗)、医疗诊所等服务上，具有表述服务内容、服务方式等特点，缺乏商标应有的显著性。一审、二审法院同样支持了商评委的认定，权利人杨某祥不服，向最高院申请再审。

再审中，最高院认定，虽然"汤瓶八诊"源自回族民间流传的传统疗法，但其最早由杨氏家族创立并命名。通过杨氏家族七代人的传承、发展、宣传，"汤瓶八诊"商标产生了一定的知名度，并于2012年、2014年先后两次被评为宁夏回族自治区著名商标。基于杨某祥及其杨氏家族长期以来对争议商标的实际使用,争议商标已经与杨某祥形成了较为明确的服务来源指向关系,相关公众在看到争议商标时,能够将其与杨某祥及其杨氏家族建立联系,争议商标在客观上已经发挥了指示特定服务来源的功能,故最终维持了争议商标的注册。

二、若缺少对描述性商标的持续使用,可能致使商标显著性减弱、淡化

如前所述,就"固有显著性"较低的描述性商标而言,持续使用能够加强商标的显著性特征;反之,若缺乏对描述性商标的持续使用,即使是已经被核准注册的商标,其显著性仍会不断减弱、淡化;特别是当他人在相同或者类似商品上使用相同或者近似的标志时,若商标权人没有及时进行维权,可能会使描述性商标的显著性最终淡化为某种通用名称或者某种描述性词汇。

例如,在福州市马尾区大掌柜贸易有限公司、莆田市佰良信息技术有限公司侵害商标权纠纷一案[(2020)闽民终161号]中,涉案商标"椰子"于1991年3月30日被国家知识产权局核准注册,核定使用的商品类别为第25类中的"鞋"。

被告系第9355445号"Dliziz丁丽姿及图"商标的权利人,在经营过程中,被告开设了名为"丁丽姿运动户外旗舰店"的网店,并上线了标有"Dliziz正品椰子款休闲跑步鞋"的多款商品。原告认为,被告在其所销售的产品详情页、标题重点使用了涉案商标"椰子"文字,其行为已经构成商标侵权。

该案中,一审、二审法院均认为,相关公众通过网络搜索"椰子鞋",搜索结果基本是Adidas和美国说唱界歌手侃爷联名发布的yeezy运动鞋以及类似样式的流行鞋子。鉴于原告也认可市场上把yeezy音译为"椰子",认可椰子是一款鞋型;可见,"椰子鞋"是对一类鞋的款式描述。

该案中,法院认定原告败诉的关键在于:原告未能提供其在鞋产品上使用"椰子"标识、宣传"椰子"注册商标的证据,并且网络搜索"椰子鞋"也没有导向原告生产、销售的商品。

并且,从被告使用"椰子"标识的方式上看,被告在其销售鞋子的网页标题上使用文字"椰子"只是对鞋子款式的描述,并非商标性使用,并未在商品标题中突出使用。被告在使用"椰子"文字时均组合使用了其自身注册的"Dliziz丁丽姿"商标,用于识别所售鞋子的来源。因此,被告的使用方式也不会使相关公

众误认文字“椰子”与原告商标“椰子”存在关联关系。

三、总结

通过上述典型案例的分析可见：首先，判断描述性商标是否具有显著性，不能抽象地进行，而应根据商标指定使用商品或服务的相关公众的通常认识，综合考虑商标本身的含义、外观构成、实际使用情况、宣传推广及维权情况，从整体上对商标是否在相关公众中取得了一定的知名度、是否通过使用获得显著性进行判断。

其次，商标的显著性呈动态性发展，经核准注册为商标的描述性标志，其权利人在后续使用过程中，若缺乏对该商标的持续使用、宣传和推广，且他人在相同或者类似商品上使用相同或者近似标志时没有及时维权，会使该商标的显著性不断减弱、淡化，甚至最终沦为某种通用名称或者某种描述性词汇。

第二节　商标注册不得损害他人在先著作权的司法实践分析

近年来，有关商标注册侵犯他人在先著作权的司法纠纷不断增加，根据《商标法》第三十二条的规定：“申请商标注册不得损害他人现有的在先权利，也不得以不正当手段抢先注册他人已经使用并有一定影响的商标。”著作权作为上述条款中的“在先权利”，在认定上需要遵循《著作权法》对作品的认定标准。

《最高人民法院关于审理商标授权确权行政案件若干问题的规定》（以下简称《商标授权确权规定》）第十九条第一款规定：“当事人主张诉争商标损害其在先著作权的，人民法院应当依照著作权法等相关规定，对所主张的客体是否构成作品、当事人是否为著作权人或者其他有权主张著作权的利害关系人以及诉争商标是否构成对著作权的侵害等进行审查。”同时，根据《商标审查及审理标准》的相关规定，对“在先著作权”的认定需要举证以下内容：一是相关标识是否具有独创性，符合作品的构成要件；二是作品的权利归属；三是作品完成日期在争议商标申请日之前；四是诉争商标是否符合“接触加实质性相似”的条件。其中，对相关标识的独创性认定和权属认定通常是司法裁判中的争议焦点。

一、在先著作权的权属认定规则

对在先著作权的权属认定,根据2002年《最高人民法院关于审理著作权民事纠纷案件适用法律若干问题的解释》第七条的规定:“当事人提供的涉及著作权的底稿、原件、合法出版物、著作权登记证书、认证机构出具的证明、取得权利的合同等,可以作为证据。在作品或者制品上署名的自然人、法人或者其他组织视为著作权、与著作权有关权益的权利人,但有相反证明的除外。”

虽然上述司法解释规定了在作品上署名的自然人、法人或其他组织一般可以视为著作权、与著作权有关权益的权利人,但依据商标的通常使用方式,商业标识一般不便在使用中进行署名,商标权属的证明通常为商标公告与商标注册证。对此,2017年《商标授权确权规定》第十九条第二款、第三款规定,商标标志构成受著作权法保护的作品的,当事人提供的涉及商标标志的设计底稿、原件、取得权利的合同、诉争商标申请日之前的著作权登记证书等,均可以作为证明著作权归属的初步证据。商标公告、商标注册证等可以作为确定商标申请人为有权主张商标标志著作权的利害关系人的初步证据。

同时,《商标审查及审理标准》第十一部分第四章之“四.损害他人在先权利审查标准”第2.2.3条第二款规定:“……商标注册证或晚于系争商标申请注册日进行登记的著作权登记证书不能单独作为认定著作权成立的定案证据。”由于商标权与著作权是两种性质截然不同的权利,即使商标权与著作权承载于同一客体之上,也不能由一种权利的归属推断出另一种权利的归属,因而商标注册证不能单独作为认定著作权成立的证据。同时,由于我国著作权登记采取自愿登记原则,登记机关仅对相关事项进行形式审查,故在争议商标申请注册日之后登记的《著作权登记证书》的证明力较弱,也不能单独作为认定著作权权属的证据。

从近年的司法判决来看,我国法院对具有在先著作权的商标标识的权属认定,在当事人提交了在先商标注册证的前提下,如果能够结合其他在一定程度上可以证明权属的证据,如在后登记的著作权登记证书,即可使相关问题的举证责任转移至对方当事人。在对方当事人未能举出相反证据的情况下,法院一般认定当事人对涉案标识享有在先著作权。

例如,在[(2018)最高法行再79号]案件中,最高院认为,该案中《著作权登记证书》的出具时间虽然晚于被异议商标申请日,但其上显示原格里高利公司的前身于1992年从边奇公司受让取得了该作品的著作权。2010年,格里高利公司又继受了原格里高利公司包括"GREGORY 山形图案"著作权在内的相关知识产权。结合边奇公司早在1992年即将该作品作为商标图样向美国专利及商标局提出注册申请的事实可知,"GREGORY 山形图案"作品的创作完成时间早于被异议商标申请注册日。

又如,在[(2019)最高法行申4727号]案件中,最高院指出,由于涉案商标的申请注册及获准注册时间均早于本案争议商标的申请注册日,结合卢克伊尔公司的子公司与福建省南安市进出口公司签订的合同及对应的销售发票、货物海关报关单等销售文件,上述证据均显示了"LUK"标志,且形成时间亦早于本案争议商标申请日,在没有相反证据足以推翻的情况下,以上证据可以作为认定著作权归属的证据。

二、在先著作权的独创性认定规则

独创性是著作权的权利基础,只有具有独创性的表达才构成作品并产生著作权。由于我国《著作权法》对作品独创性的要求并未作出具体规定,根据最高院的裁判观点[(2012)知行字第38号],具有独创性的作品必须同时符合"独立创作"和"具有最低限度创造性"两个方面的条件,即不仅要求独立完成,还需达到一定水准的智力创造高度,智力创造性能够体现作者独特的智力判断与选择,展示作者的个性并达到一定创作高度。

但在目前的司法实践中,对作品是否具有"最低限度创造性"的裁判标准仍未统一。

如在[(2019)最高法行再86号]案件中,对熊津会社主张享有在先著作权的"WOONGJIN"标志,商评委认定,该标志仅为简单的拉丁字母组合,并不构成《著作权法》意义上的作品。一审、二审法院支持了商评委的认定,指出"WOONGJIN"标志虽然与诉争商标"WOONGJIN"在表现上基本无差别,且有别于标准印刷体的英文字母,但在每个字母的形态、字母与字母之间的组合以及整体造型等方面,与现有的字母或文字的形态、排列、组合方式并无实质区别,没有形成不同的视觉感受。因此,尚未达到作品独创性所要求的创作性高度,不构成《著作权法》保护的作品。

但在再审中，最高院则推翻了上述判决，认为附图一中的字母组合并非常见的英文单词，本身属于臆造词，而且其中含有两个类似眼镜的图形。

从附图一的表现形式来看，能够体现设计者对字母、图形、线条、笔法、结构等在某种程度上的选择、取舍、安排和设计，在无相反证据的情况下，可以认定其具有独创性，属于《著作权法》保护的美术作品。

附图二在附图一的周围增加了六个图标，整体上也具有独创性。二审判决以附图一部分内容属于英文字母在朝鲜语文字环境下的常规变形，并以此为由认定附图一不具有独创性，缺乏证据支持和事实依据。

最终，最高院认定，熊津会社就附图一、附图二作品享有的著作权应当受到保护。（见表 1－1）

表 1－1　诉争商标对比

熊津会社附图一引证商标	熊津会社附图二引证商标
woongjin	woongjin
诉争商标	
woongjin	

虽然不同法院对作品独创性的认定不具有统一性，但法院在判断相关标识是否具有独创性时通常会将涉案标识与类似表达的常规模式进行比较，如果相关标识的构成要素多为公有领域中的元素，则不应被认定为具有较高的独创性。

如在[（2012）一中知行初字第 165 号]案件中，法院指出，该案中“艾杜莎”“ettusais”引证商标图形中的各字母及汉字之间的组合设计无法看出其与通常的汉字及英文字母的手写体有何差别，且上述标识中对文字和字母的组合方式亦采用常见的由左至右平行排列的方式，在整体造型上与现有的字母或文字的排列并无区别。

即便可以认定上述标识与现有的中文文字及英文字母的表达有所差别，但这一差别亦过于细微，尚无法达到美术作品独创性所要求的创作性高度。可见，对文字标识的独创性认定，如果将相关标识与既有的字体比较，只是对原有写法的简单变形，不能体现出作者独特的创作思路与较高的创作技艺的情况下，通常不被认定为具有独创性。（见表 1－2）

表 1－2　诉争商标对比

"艾杜莎"引证商标	"ettusais"引证商标
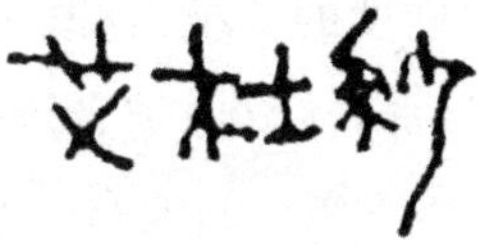	

而关于图形标识的独创性认定，如果是人们日常生活中常见常用的简单图形或图形文字组合，也有可能被认为是与现有的常规表达方式相类似，从而不具有《著作权法》意义上作品的独创性。

如在［（2020）京行终 5470 号］案件中，法院指出，斯凯杰公司主张的"S 图形"系经过简单艺术化处理的英文字母"S"，尚未构成《著作权法》意义上的美术作品。（见表 1－3）

表 1－3　斯凯奇引证商标对比

斯凯奇引证商标				

三、总结

商标权与著作权作为两种截然不同的权利类型，其保护范围和认定标准存在较大区别。注册商标的保护范围以限制他人使用与注册商标相同或相近似的商品或服务为限,但如果商业标识得到了法院对于其在先著作权的支持,则商业标识的保护范围将不受核定使用的商品或服务类别的限制,获得保护强度较高的"全类保护",因此在认定上需要严格遵循《著作权法》的判断标准。

从现有的司法实践来看,第一,在权利归属的证明上,在先商标注册证可以作为当事人具有商业标识著作权的初步证据,但必须结合其他能够在一定程度上证明著作权权属的证据,如作品的底稿、原件、合法出版物、著作权登记证书、认证机构出具的证明、取得权利的合同等。并且由于我国著作权登记采取形式审查,在争议商标申请日之后登记的著作权登记证书也不能单独作为证明著作权权属的证据。

第二,主张在先著作权的商业标识必须符合独创性的要求,这既是《著作权法》本身对作品成立的基本要求,也是实现著作权与商标权保护合理平衡的需求。对商业标识独创性的判断,虽然司法实践没有形成统一的裁判标准,但法院通常会将涉案标识与类似表达在公有领域中的常规模式进行比较,如果相关标识的构成要素多为公有领域中的元素,则不应被认定为具有较高的独创性。并且如果商业标识的独创性较高,则在实质性相似的判断上,只要能够判断争议商标从整体构成、元素等方面对在先标识进行了模仿,即可以认定其构成侵犯商业标识的在先著作权。但对于独创性相对较低的标识,则需要争议标识达到比较高的近似程度甚至完全相同时才构成对在先著作权的侵犯。

第三节 以"不正当手段"抢注他人商标的认定标准解析

2021 年 4 月 23 日,上海知识产权法院对"耳光馄饨"不正当竞争纠纷一案作出终审判决[(2020)沪 73 民终 444 号],认定上海再高餐饮管理有限公司构成不正当竞争,判令其停止侵权行为。

除构成不正当竞争外,该案也以"不正当手段抢注商标"的认定标准问题进入了大众视野。

根据《商标法》第三十二条:"申请商标注册不得损害他人现有的在先权利,也不得以不正当手段抢先注册他人已经使用并有一定影响的商标。"

与之类似,《商标法》第四十四条第一款规定:“……以欺骗手段或者其他不正当手段取得注册的,由商标局宣告该注册商标无效;其他单位或者个人可以请求商标评审委员会宣告该注册商标无效。”

那么,《商标法》第三十二条所规定的“不正当手段”与《商标法》第四十四条第一款规定的内容是否相同? 通过解读《商标审查及审理标准》可以发现,虽然上述两项规定都提到了“不正当手段”,但所要保护的法益与认定条件不尽相同。

一、保护特定的民事权利 VS 避免损害公共利益的商标注册行为

根据 2017 年原国家工商行政管理总局商标局、原国家工商行政管理总局商评委修订的《商标审查及审理标准》,针对《商标法》第三十二条,涉及抢注他人已经使用并有一定影响的商标,有以下四个适用条件:

(1)他人商标在系争商标申请日之前已经在先使用并有一定影响;

(2)系争商标与他人商标相同或者近似;

(3)系争商标所指定的商品/服务与他人商标所使用的商品/服务原则上相同或者类似;

(4)系争商标申请人采取了不正当手段。

同时,在先使用并有一定影响商标的所有人或者利害关系人依据《商标法》第三十二条的规定对系争商标提出无效宣告的,应自系争商标核准注册之日起五年内提出。

对《商标法》第三十二条“不正当手段抢注”的认定标准,《商标审查及审理标准》给出了如下判断因素:

(1)系争商标申请人与在先使用人曾有贸易往来或合作关系;

(2)系争商标申请人与在先商标使用人共处相同地域或者双方商品/服务有相同的销售渠道和地域范围;

(3)系争商标申请人与在先使用人曾发生过其他纠纷,可知晓在先使用人商标;

(4)系争商标申请人与在先使用人曾有内部人员往来关系;

(5)系争商标申请人具有以谋取不正当利益为目的,利用在先使用人有一定影响商标的声誉和影响力进行误导宣传,胁迫在先使用人与其进行贸易合作,

向在先使用人或者他人索要高额转让费、许可使用费或者侵权赔偿金等行为；

(6)他人商标具有较强独创性，系争商标与之高度近似；

(7)其他可以认定为不正当手段的情形。

与之不同的是，对于《商标法》第四十四条第一款，《商标审查及审理标准》认为此种情形是指确有充分证据证明系争商标注册人采用欺骗手段以外的扰乱商标注册秩序、损害公共利益、不正当占用公共资源或者以其他方式谋取不正当利益等其他不正当手段取得注册，其行为违反了诚实信用原则，损害了公共利益。

可见，对于只是损害特定民事权益的情形，则应适用《商标法》第四十五条及《商标法》的其他相应规定进行审查判断；而《商标法》第四十五条即包含了违反上述《商标法》第三十二条的规定。

《商标法》第四十四条所要规制的是损害公共利益的商标注册行为，与《商标法》第三十二条保护特定民事权利的法益有所不同。对于《商标法》第四十四条的“以不正当手段取得注册”，《商标审查及审理标准》列举了如下情形：

(1)系争商标申请人申请注册多件商标，且与他人具有较强显著性的商标构成相同或者近似的；

(2)系争商标申请人申请注册多件商标，且与他人字号、企业名称、社会组织及其他机构名称、知名商品的特有名称、包装、装潢等构成相同或者近似的；

(3)系争商标申请人申请注册大量商标，且明显缺乏真实使用意图的；

(4)其他可以认定为以不正当手段取得注册的情形。

与2005年的《商标审查及审理标准》相比，2017年《商标审查及审理标准》针对《商标法》第四十四条，列举了几种典型的不正当手段注册商标的情形，也删除了原先“对在先使用商标的保护范围原则上限于与该商标所使用商品/服务相同或者类似的商品/服务上”的限制。

由此可见，2017年《商标审查及审理标准》已经将《商标法》中的两处“不正当手段”作出一些区分。此处的不正当手段注册商标主要指向的是“大量囤积商标”或者“出于不正当竞争目的”的商标注册行为，与《商标法》第三十二条不同，不需要受到相同或类似商品/服务的限制。

此外，从司法解释的规定中也能够看出《商标法》第三十二条所保护的民事权益与《商标法》第四十四条的区别。

2010 年发布的《最高人民法院关于审理商标授权确权行政案件若干问题的意见》(以下简称《意见》)第十九条规定,人民法院在审理涉及撤销注册商标的行政案件时,审查判断诉争商标是否属于以其他不正当手段取得注册,要考虑其是否属于欺骗手段以外的扰乱商标注册秩序、损害公共利益、不正当占用公共资源或者以其他方式谋取不正当利益的手段。

对于只是损害特定民事权益的情形,则要适用《商标法》第四十五条及《商标法》的其他相应规定进行审查判断,印证了《商标法》中的两项"不正当手段"采用不同的认定标准。

2017 年发布的《商标授权确权规定》与 2010 年的《意见》基本相同。

《商标授权确权规定》第二十三条第一款规定,在先使用人主张商标申请人以不正当手段抢先注册其在先使用并有一定影响的商标的,如果在先使用商标已经有一定影响,而商标申请人明知或者应知该商标,即可推定其构成"以不正当手段抢先注册"。但商标申请人举证证明其没有利用在先使用商标商誉的恶意的除外。

《商标授权确权规定》第二十三条第三款规定,在先使用人主张商标申请人在与其不相类似的商品上申请注册其在先使用并有一定影响的商标,违反《商标法》第三十二条规定的,人民法院不予支持。

《商标授权确权规定》第二十四条规定,以欺骗手段以外的其他方式扰乱商标注册秩序、损害公共利益、不正当占用公共资源或者谋取不正当利益的,人民法院可以认定其属于《商标法》第四十四条第一款规定的"其他不正当手段"。

可见,整体而言,《商标授权确权规定》对"不正当手段"的认定比较宽泛,仅针对《商标法》第三十二条规定了认定"以不正当手段抢注"的条件,即以"有一定影响"与"明知"推定"不正当手段",一定程度上减轻了在先权利人的举证责任。

二、对"耳光馄饨"案中商标抢注行为的法律分析

"耳光馄饨"源于上海,源自 1997 年潘某仙、潘某云姐弟俩在肇周路上的街边馄饨摊。2016 年年底,为规模化经营,潘某云注册尔广公司,担任公司法定代表人。此时,上海已经出现了另一家"耳光馄饨",并且"耳光馄饨"的商标也早

已被注册。

该案中,法院认为,虽然潘氏姐弟并未注册商标,但“耳光馄饨”是已经构成一定影响的商品和服务名称,并与潘氏姐弟之间建立了稳定的指向关联,应对其累积的商誉给予保护。

在“耳光馄饨”商品名称已构成“具有一定影响”的前提下,判断被告是否构成抢注商标,重点在于对“不正当手段”的判断,而对“不正当手段”的推定,重点在于“主观故意”的认定。

依据本案事实,首先,“耳光馄饨”商标主要涉及的是特定的民事权益,应适用《商标法》第三十二条的判断标准。其次,从主观故意上,法院分别从被告与原告的地域关系、被告的特殊身份、被告在另案中实施了与本案相同的侵权行为等客观方面,推定被告具有主观故意,并进而构成以不正当手段抢注他人在先使用有一定影响的商标。

第四节 如何解读“不以使用为目的的恶意注册商标”条款

近年来,由于诸多企业的商标不断遭遇“搭便车”“傍名牌”等仿冒混淆的侵权行为,不少企业纷纷建立了以主商标为核心、以防御商标和联合商标为保护的商标防御系统。例如,2020 年 10 月底,海底捞公司新增注册了近 1000 枚商标,包括“池底捞”“渠底捞”“清底捞”“上海底捞”“海底捡”“三每底手劳”“还想捞”等。又如,电影《哪吒之魔童降世》在获得 47 亿票房后,出品方北京光线影业有限公司申请了 1800 余件与电影《哪吒之魔童降世》相关的防御性商标。

2019 年我国《商标法》修正后,第四条新增了“不以使用为目的的恶意商标注册申请,应当予以驳回”,并明确第四条可以作为实体条款适用在商标审查、异议、无效宣告等程序中。但对于如何认定“恶意”,该条没有给出明确的指引。

从立法目的上看,“不以使用为目的的恶意商标注册申请”主要是为了规制恶意申请、囤积注册的商标注册行为,而不包括防御商标的注册。结合实际案例,对《商标法》第四条“不以使用为目的的恶意商标注册申请”应当如何理解与适用?

一、申请注册商标是否超出了生产经营的正常需要

根据国家知识产权局发布的商评字(2019)第0000251009号《关于第31473360号“JOY@ ABLE”商标驳回复审决定书》,国家知识产权局在该案中明确了《商标法》第四条在具体认定中的问题,并使该案入选了《2019年度商标异议、评审典型案例》,故笔者以该案作为切入点,对《商标法》第四条进行法律分析。

该案中,第31473360号“JOY@ ABLE”商标的申请人在全部的45个商品及服务类别上共注册了929件商标,2018年至2019年不足九个月的时间内就申请注册了500余件商标。基于上述异常的商标注册行为,国家知识产权局认定,申请人短期内大量申请注册商标的行为明显超出了生产经营的正常需要,且申请人不能解释其注册行为具有合理性和正当性,申请商标已构成《商标法》第四条所指情形。

其一,从国家知识产权局的分析中可知,《商标法》第四条第一款所规定的“不以使用为目的的恶意商标注册申请,应当予以驳回”不仅仅是原则性条款,在商标注册申请行为构成本条款所指情形时,可以直接援引该条款作出决定。

相比之下,《商标法》第七条的“诚实信用”条款作为原则性规定一般不会直接被商标局援引,而是会引用具体条款,如《商标法》第十三条、第十五条、第三十二条、第四十四条第一款等作出相应的决定。

其二,适用《商标法》第四条需要慎重把握“不以使用为目的”及“恶意”两个要件,综合考量以下因素:

(1)申请人的具体情况;

(2)申请人的商标申请注册量及申请注册类别宽度和时间跨度;

(3)申请人名下商标的标识构成;

(4)申请人是否有合理的抗辩事由。

从申请人的具体情况上看,应依据申请人的复审理由和证据,审查其经营范围、实际状况、行业特点,初步判定其商标注册申请是否符合生产经营活动的实际需要、是否具有真实的使用意图,以区分商标囤积、商标储备及防御性注册。

就本案而言,申请人是一家贸易公司,但其申请注册的商标涵盖了商品及服务区分表中所有的类别,明显超出了其正常的经营范围,也和其行业特点、公司

的实际经营情况不符。这种申请注册行为不具备防御性注册或商标储备的合理性。

从申请人的商标申请注册量及申请注册的类别宽度和时间跨度上看,国家知识产权局指出,数量只是考察因素中的基本考量因素,应同时参考商品及服务类别的跨度,以及是否涉及某些行业的专业属性或资质等其他因素,来推定申请人商标注册在数量上是否具有合理性。

就本案而言,申请人名下共有929件商标注册申请,注册申请涉及45个不同的类别,其中还包含了有较强行业属性及资质要求的特殊类别,如第1类工业用化学品等商品、第36类保险咨询等服务、第38类无线广播服务等。特别是其中500多件商标申请注册的时间段集中在2018年5月至2019年1月,上述注册行为在量上的合理性难以解释。

从申请人名下商标的标识构成上看,重点关注大量模仿、抢注他人驰名商标或较高知名度商标,大量抢注知名人物姓名、知名企业商号,大量囤积地名、风景区名称、山川名称等公共资源,以及针对同一企业驰名商标或其他较高知名度商标反复恶意抢注等行为。

其三,申请人若能有证据证明其申请的商标具有使用的目的,有合理来源,或没有主观故意,则不构成《商标法》第四条的相关情形。本案中,申请人在复审理由中称,其公司的主商标为“赏目”“悦能”,均为服装品牌,申请人申请注册的商标均为上述商标的扩展注册,且申请人强调自己并没有商标售卖行为。

对此,国家知识产权局经审理认为,申请人在其所有的900多件商标中,“赏目”及“悦目”系列商标仅占其商标总数的一小部分,申请人在其他不同类别上还大量注册的商标均与其自称的主商标没有直接关系。

并且,申请人还大量申请注册了“V++”“J++”“Q++”等简单字母及符号组合的商标,以上商标不符合商业使用习惯,也无法解释其注册的合理性。

最后,并不能以申请人有无商标售卖行为来当然推定申请人的行为系属正当。申请人的商标注册申请及对其名下商标权的处分是一个动态过程,商标售卖只是其中最直接的一种明确不以使用为目的、具有恶意的表现形式。故申请人的理由不属于合理的抗辩事由。

二、“不以使用为目的的恶意商标注册”的认定思路分析

其一,对“恶意”与“不以使用为目的”的关系解读。根据司法部部长对《商

标法》修正案(草案)的说明,《商标法》第四条的新增内容原本没有“恶意”的条件,原文是“不以使用为目的的商标注册申请,应当予以驳回”。但全国人大宪法和法律委员会所作的审议结果报告指出,考虑到已经取得商标注册并实际使用的企业为预防性目的申请商标注册的实际情况,对此类申请不宜一概予以驳回。因而,最终通过的文本在“商标注册申请”前增加了“恶意”一词加以限定。

这一立法过程表明:(1)“不以使用为目的”的商标注册申请并非都属于恶意,防御商标的注册就是一个典型的例外;(2)恶意申请商标注册的情形也不仅限于“不以使用为目的”,存在使用目的甚至已经实际使用的注册申请也同样可能出于恶意,如构成《商标法》第三十二条的相关情形;(3)“不以使用为目的”与“恶意”是两个不同的条件,不能解释成谁包含谁或互为包含的关系;(4)适用这一规定必须同时具备“不以使用为目的”和“恶意”两个条件,也就是说“不以使用为目的”申请中的非“恶意”部分,以及“恶意”申请中“以使用为目的”的部分,都不属于这一规定的适用范围。

考虑到这一规定的立法目的主要是防止商标的不当囤积,应认为此处的“恶意”并不是与“不以使用为目的”并列的两个独立的适用条件,而是在“不以使用为目的”的情形下的“恶意”。

商标注册保护的主要目的是鼓励企业在品牌建设上进行投资,为社会提供质量稳定可靠的商品和服务。申请人注而不用,造成了公共资源的浪费,需要具备正当理由。根据前文所述典型案例的意见,对于“明显超出正常生产经营需要”的申请注册,申请人如不能解释其注册行为具有合理性和正当性,则申请商标构成《商标法》第四条所指情形。从反面来说,《商标法》第四条其实是为“不以使用为目的申请注册”规定了一个例外,避免把有正当理由的“不使用”也纳入禁止的范围。因而,在适用上,应先确定争议的商标申请注册行为属于“不以使用为目的”,再认定有无“恶意”。

其二,对于“不以使用为目的”的认定标准。根据典型案例的意见,对于这一要件,一般可以根据申请人申请商标注册的情况来推断申请人是否有使用目的。申请商标注册的情况主要有两个方面:一是商标的数量和注册时间宽度;二是商标的使用范围。短时间内,申请注册的商标数量越多,商标所使用的商品种类越多,申请人实际使用的可能性就越低,属于“不以使用为目的”的情形的可能性就越大。而要使这种推断具有合理性,商标局必须考虑申请人的生产经营规模、经营范围、实际状况、行业特点。企业规模越大，多元化经营的可能性就越大，涉及商品种类就越多，同一种商品的规格或型号就越多，“以使用为目的”的可能性就越大。

第五节　含有地名的商标在何种条件下能够获准注册

2020年12月，韩国品牌“巴黎贝甜”旗下的“PARIS BAGUETTE及图”商标，在历经商评委、北京知识产权法院和北京市高级人民法院三轮不同裁判后，最终被判定不违背《商标法》中关于禁止使用公众知晓的外国地名及容易导致产地产生误认标志的两项规定，被允许注册。该案[（2020）京行终4768号]作为典型的“以公众知晓的外国地名作为商标使用”的案例，具有参考性意义。

一、诉争商标的注册不能违反商标不得使用的禁止性条款

“巴黎贝甜”是韩国株式会社巴黎克鲁瓦桑旗下品牌，该会社自2007年在我国申请注册“PARIS BAGUETTE及图”商标，并于2015年获准注册，其中“PARIS”含义为巴黎，“BAGUETTE”含义为法国面包、法式长棍面包。

自该枚商标注册以来受到了诸多企业提出的无效宣告。无效的理由主要包括该商标中“PARIS”含义为公众知晓的外国地名，被申请人并非法国企业，争议商标易使消费者对商品产地产生误认，具有不良影响；“PARIS BAGUETTE”可译为“巴黎面包”，直接表述了其使用商品的通用名称，缺乏显著性。

面对商标无效申请，商评委认为：虽然诉争商标中的“PARIS”可译为“巴黎”，但诉争商标尚有其他要素组成，相关公众可以在整体上将其与地名相区分。（见图1－2）

图1－2　6306474号诉争商标样式

此外，诉争商标并非带有欺骗性的标志，考虑到诉争商标注册和使用多年，

通过宣传使用业已形成相对稳定的市场格局，目前尚无证据证明诉争商标的注册和使用易造成相关公众对商品的质量、产地等特点产生误认或产生不良的社会影响，故商评委裁定对诉争商标予以维持。

针对上述裁定，无效宣告申请人提起了行政诉讼。北京知识产权法院经审理后认为，根据我国《商标法》第十条第一款第（七）项之规定，带有欺骗性，容易使公众对商品的质量等特点或者产地产生误认的标志不得作为商标使用。

本案诉争商标申请人的所属国家为韩国，并非法国。而诉争商标由英文“PARIS”“BAGUETTE”及与法国巴黎标志性建筑物埃菲尔铁塔较为相似的图形组成，其中“PARIS”含义为巴黎，“BAGUETTE”含义为法国面包、法式长棍面包。该商标使用在核定商品上容易使相关公众误认为商品产地与法国巴黎有关，或者商品的主要原料、品质等与巴黎或法国面包、法式长棍面包有关，进而对商品产地产生误认。

对于“PARIS BAGUETTE”及“巴黎贝甜”品牌经宣传使用具有很高的市场知名度，诉争商标因此应当予以维持注册的抗辩意见，一审法院认为，我国《商标法》第十条第一款第（七）项规定的情形属于禁止使用的绝对条款，不能因诉争商标的实际宣传使用等情况而维持注册。

此外，诉争商标还属于我国《商标法》第十条第二款规定的县级以上行政区划的地名或者公众知晓的外国地名，不得作为商标的情形。一审法院认为，虽然诉争商标加入了其他英文词汇和图形要素，但其整体呼叫和含义仍以“PARIS”为主要部分，其他要素不足以使诉争商标在整体上具备区别于地名的显著特征，相关公众首先容易想到的仍是外国城市名称“巴黎”。

因此，诉争商标属于2013年《商标法》（已被修改）第十条第二款规定的不得作为商标使用的情形。

二、具有区别于地名含义的商标可以获准注册

该案二审阶段，上诉人补充提交了诉争商标及其权利人与法国具有深厚的渊源，核定使用商品的制作工艺、产品特点、风味与法国具有密切关联性的证据。

基于上诉人新提交的证据，二审法院认为，虽然2013年《商标法》第十条第二款规定，县级以上行政区划的地名或者公众知晓的外国地名，不得作为商标。

但是,地名具有其他含义或者作为集体商标、证明商标组成部分的除外;已经注册的使用地名的商标继续有效。

《商标授权确权规定》第六条规定,商标标志由县级以上行政区划的地名或者公众知晓的外国地名和其他要素组成,如果整体上具有区别于地名的含义,人民法院应当认定其不属于《商标法》第十条第二款所指情形。

根据上述法律规定,判断地名或含有地名的商标能否获准、维持注册,要看该商标是否具有强于地名的第二含义或者整体上具有区别于地名的含义,亦即该商标是否具有获准或维持注册应有的显著特征。

本案中,诉争商标是由英文"PARIS""BAGUETTE"及图形构成的图文组合商标。虽然其中的"PARIS"是法国著名城市巴黎的名称为公众知晓,但"BAGUETTE"的含意对中国公众而言,不易识别和认读,另有图形要素加入,使诉争商标整体上具有区别于地名的含义。

同时,克鲁瓦桑提交的关于诉争商标宣传报道、年度审计报告、销售经营状况、市场调查报告等证据足以证明,诉争商标整体上区别于地名的含义得到了进一步强化。另外,公众基于对诉争商标核定使用商品的口感、风味、保质期短等特点判断,亦不会将诉争商标中的"PARIS"与核定使用商品的产地建立关联。因此,诉争商标的注册未违反 2013 年《商标法》第十条第二款的规定。原审判决对此认定有误。

另外,关于诉争商标是否违反 2013 年《商标法》第十条第一款第(七)项"带有欺骗性,容易使公众对商品的质量等特点或者产地产生误认的标志不得作为商标使用"的规定。上述法律规定中的"欺骗性",是指所使用的商标故意夸大商品或服务的功能、作用,欺骗消费者,容易使公众对商品的质量等特点或者产地产生误认的行为。

如前所述,由于诉争商标整体上具有区别于地名的含义,不会导致公众对产地产生误认。根据克鲁瓦桑提交的证据,诉争商标及其权利人与法国具有深厚的渊源,核定使用商品的制作工艺、产品特点、风味也与法国具有密切关联,故诉争商标中的"PARIS"传递给公众更多的是商品品质和风味的信息,而这一信息并未夸大商品的质量等特点,没有导致公众产生误认。因此,诉争商标的注册未违反 2013 年《商标法》第十条第一款第(七)项的规定。

三、案例评析

本案的争议焦点可总结为以下两点。

第一，诉争商标是否违反了2013年《商标法》第十条第二款规定，即县级以上行政区划的地名或者公众知晓的外国地名，不得作为商标。

第二，诉争商标是否违反2013年《商标法》第十条第一款第（七）项“带有欺骗性，容易使公众对商品的质量等特点或者产地产生误认的标志不得作为商标使用”的规定。

关于争议焦点一，根据法律的规定，除集体商标、证明商标外，县级以上行政区域的地名或公众知晓的外国地名能否作为商标使用的关键在于其是否具有整体上可与该地名区分的含义。本案中，一审法院认为，原告提供的诉争商标的宣传使用证据不足以证明诉争商标在整体上可与该地名相区分。二审法院根据原告补充提交的关于诉争商标宣传报道、年度审计报告、销售经营状况、市场调查报告等证据，认为诉争商标整体上具有区别于地名的含义。同时，根据公众基于对诉争商标核定使用商品的口感、风味、保质期短等特点，不易将诉争商标中的“PARIS”与核定使用商品的产地建立关联，从而认定诉争商标不违反2013年《商标法》第十条第二款。

关于争议焦点二，针对一审法院提出的，诉争商标使用在核定商品上容易使相关公众误认为商品产地与法国巴黎有关，或者商品的主要原料、品质等与巴黎或法国面包、法式长棍面包有关，进而对商品产地产生误认的观点，原告在二审中提交了诸多诉争商标及其权利人与法国具有深厚的渊源，以及核定使用商品的制作工艺、产品特点、风味与法国具有密切关联的证据。据此，二审法院认为诉争商标中的“PARIS”传递给公众更多的是商品品质和风味，而非产地的信息，而这一信息并未夸大商品的质量等特点，没有导致公众产生误认。

综上，除集体商标、证明商标外，含有县级以上行政区域的地名或公众知晓的外国地名作为商标使用需具备“整体上区别于地名”的含义，并不得产生使相关公众误认商品的质量特点或产地的影响。

第二章　商标撤销法律实务及案例精解

第一节　“双十一”商标被诉撤销，第35类服务上的商标使用到底指什么

2020年11月10日，备受关注的“双十一”商标撤销复审行政纠纷案件在北京知识产权法院开庭审理，央视对庭审进行了直播；北京京东叁佰陆拾度电子商务有限公司（以下简称京东公司）与阿里巴巴集团控股有限公司（以下简称阿里巴巴公司）互为本案的原告和第三人，被告为国家知识产权局。

2011年11月1日，阿里巴巴公司在第35类广告宣传等服务上申请注册了“双十一”商标。对此，京东公司认为，阿里巴巴公司未在指定期间内，在第35类服务上进行真实、有效的商业使用，故向国家知识产权局提起连续三年未使用撤销申请。

实践中，商标的注册申请与企业的经营布局息息相关，由于第35类服务涵盖范围的广泛性，其商标注册常常伴随争议。笔者将主要整理在司法实务中有关第35类商标注册的观点，分析何为第35类服务上的商标使用行为。

一、何为第35类上的商标使用行为

依据国家知识产权局商标局基于尼斯分类编著的2020年版《类似商品和服务区分表》，第35类服务包括广告、商业经营、商业管理、办事实务等。

自2017年9月天猫电商平台发布入驻新规——开设卖场型的旗舰店必须持有第35类包含“替他人推销”服务项目的商标注册证以来，第35类逐渐成为近几年商标申请中最多的类别。由于第35类服务内容的广泛性，有人将其称为“万能类别”，多数企业也会出于防御目的对其进行注册，但随之而来的便是大

量“由于商标不使用”而产生的商标权撤销纠纷。

对于第35类服务,《类似商品和服务区分表》的注释写道:其主要目的在于(1)对商业企业的经营或管理进行帮助。(2)对工商企业的业务活动或者商业职能的管理进行帮助;以及由广告部门为各种商品或服务提供服务,旨在通过各种传播方式向公众进行广告宣传。

实践中,不少企业认为,通过商标为自己的商品或服务进行广告宣传、零售展示等行为属于第35类上的商标使用,但商标授权确权机关和法院都倾向于认为第35类服务只适用于“为他人”而不是“为自己”。

商标局在《关于国际分类第35类是否包括商场、超市服务问题的批复》(商标申字〔2004〕第171号)中指出:《商标注册用商品和服务国际分类表》第35类的注释明确说明,该类别服务的主要目的在于“对商业企业的经营或管理进行帮助”,或者“对工商企业的业务活动或者商业职能的管理进行帮助”,且尤其不包括其主要职能是销售商品的企业,即商业企业的活动。该类中“推销”(替他人)的内容是为他人销售商品(服务)提供建议、策划、宣传、咨询等服务。

二、案例分析

在中粮集团有限公司上诉北京寺库商贸有限公司东城分公司等侵害商标权纠纷[(2015)京知民终字第1828号]中,北京知识产权法院采用了“35类推销(替他人)的内容是为他人销售商品(服务)提供建议、策划、宣传、咨询等服务”的观点。法院在判决中指出:“替他人推销”应是指帮助“他人”销售商品的行为,其既包括为销售者的具体销售行为提供单次的促销或推销的行为,亦包括对销售者日常销售行为提供常规性服务的行为,但该服务并不包括经营者“自己”作为销售主体销售商品的行为。

相似的案例还有飞毛腿电池有限公司与原国家工商行政管理总局商评委商标权撤销复审行政纠纷[(2018)京行终2563号],该案的争议焦点为:复审商标在指定期间是否进行了《商标法》意义上的使用行为。对此,法院指出:复审商标核定使用的推销(替他人)服务,通常是指为他人销售商品提供建议、策划、宣传、咨询等服务。该类服务的对象应为商品的经销商(含提供者),不包括通过零售或批发直接向消费者出售商品(服务),以价格的差异获取商业利润的情形。飞毛腿电池有限公司提交的全部在案证据,不能证明复审商标在指定期间在指定的推销(替他人)服务上进行了商业意义上的公开、真实、合法的使用。

同样,在欧珀医疗器材公司(以下简称欧珀公司)、广东欧珀移动通信有限公司与原国家工商行政管理总局商评委商标权撤销复审行政纠纷[(2017)京行终5274号]中,针对广告宣传服务,法院指出:本案复审商标注册在第35类的广告、广告宣传、商业橱窗布置、商业管理辅助等服务上,这类服务是指为他人提供广告、广告宣传、进行商业橱窗的布置、提供商业管理辅助等服务。

该案中,从证据上看,欧珀公司提交的其产品、包装及专卖店照片、相关个体工商户出具的证明及其中所附的照片均显示欧珀公司的"OPPO"手机等产品。可见,欧珀公司使用"OPPO"商标的方式给相关公众的印象及感受是其在手机等商品上使用"OPPO"商标,而非在复审商标核定使用的服务上使用"OPPO"商标。

其余欧珀公司提交的与明日公司、湖南广播电视广告总公司签订的发布"OPPO"手机广告的业务合同或广告合同,所涉及的是其"OPPO"手机的产品广告,并非指定使用在第35类服务上的复审商标的广告,故该公告合同无法证明其在指定的期间内使用了复审商标。

可见,虽然上述业务合同或广告合同上约定广告内容或者广告样稿(样带)由欧珀公司提供,但该约定无法证明欧珀公司自行制作了所述的广告内容,而非委托他人制作。即便是欧珀公司自行制作的广告内容,由于这些广告涉及的是"OPPO"手机,仅能证明其在手机产品上使用"OPPO"商标的情况,而无法证明其使用"OPPO"商标从事了为他人提供第35类广告、广告宣传、商业橱窗布置、商业管理辅助等服务的情况。

综上,综合考虑欧珀公司在商标评审阶段及诉讼阶段提交的证据,这些证据不足以证明欧珀公司在指定期间内在复审商标指定使用的服务上使用了复审商标。最终,法院认定复审商标应予撤销。

三、总结

通过上述判决,第35类服务主要是指为别人提供的广告、商业经营、商业管理等服务,而经营自己的商品和为自己的商品做广告均不属于这类服务。因此,从经营布局的角度出发,企业不必盲目跟风注册第35类商标,而应在全面衡量他人恶意抢注的风险、防御性注册的"撤三"风险,以及企业未来业务发展等因素后,再决定是否需要注册第35类商标。

第二节　注册商标不规范使用的法律后果与案例解读

根据《商标法》的相关规定，注册商标应当在核准的商品类别上进行规范使用。商标权利人擅自改变注册商标的显著特征，随意拆分、组合商标及不规范使用注册商标的行为，不应视为对已授权的注册商标的使用。实践中，很多企业在使用注册商标时并非对原注册商标直接使用，而是进行稍许修改，其中，怎样的修改使用是被《商标法》所允许的？商标的不规范使用又会造成哪些法律后果？

一、注册商标不规范使用的法律后果

1. 行政责任及商标被撤销的风险

《商标法》第四十九条规定，商标注册人在使用注册商标的过程中，自行改变注册商标、注册人名义、地址或者其他注册事项的，由地方工商行政管理部门责令限期改正；期满不改正的，由商标局撤销其注册商标。注册商标没有正当理由连续三年不使用的，任何单位或者个人可以向商标局申请撤销该注册商标。

根据上述规定，商标局在收到商标没有正当理由连续三年不使用的撤销申请后（以下简称“撤三”），将通知该商标注册人在指定限期内提供商标使用证据，逾期不提供或者提供的证据证明无效的，商标局将依法撤销该注册商标。但商标注册人不规范使用商标，或者在核定使用商品之外的类似商品上使用其注册商标，都不能视为对其注册商标的使用。

2. 民事责任

根据《最高人民法院关于审理注册商标、企业名称与在先权利冲突的民事纠纷案件若干问题的规定》第一条第二款：“原告以他人使用在核定商品上的注册商标与其在先的注册商标相同或者近似为由提起诉讼的，人民法院应当根据民事诉讼法第一百一十一条第（三）项的规定，告知原告向有关行政主管机关申请解决。但原告以他人超出核定商品的范围或者以改变显著特征、拆分、组合等方式使用的注册商标，与其注册商标相同或者近似为由提起诉讼的，人民法院应当受理。”该规定表明，若不规范使用注册商标，侵犯他人合法权益的，也需要承担停止侵权、赔偿损失等民事责任。

二、商标不规范使用的类型

1. 是否改变显著特征使用

案例一：改变显著特征的使用[(2016)鲁民终2260号]

该案中，山西杏花村汾酒厂系第150927号商标的注册人，注册日期为1981年。同时系第284510号商标的注册人，注册日期为1987年。上述两商标核定使用的商品范围均为“酒”。1995年6月30日，山西杏花村汾酒厂将上述两商标转让给本案原告汾酒厂股份公司；汾酒厂股份公司系第7591782号商标的注册人，核定使用商品范围为“果酒、酒(饮料)”等商品。

因原告认为，被告宴会汾酒业公司使用的“青汾酒”标识与原告的涉案注册商标构成高度近似，侵害了涉案注册商标专用权，故诉至法院。被告注册有第217689号“青汾”商标。(见表2-1)

表2-1 诉争商标对比

原告享有的注册商标图样			被告注册商标图样

原告实际使用的商标			被告实际使用的商标

通过表 2-1 可见,本案中,被告有权使用的第 217689 号注册商标标识整体为由美术体“青汾”二字组成的三角形图形,相关公众施以一般注意力的情况下,该商标的三角形图形较“青汾”文字更具显著性,系该商标的主要识别部分。

被告虽在涉案白酒包装盒上部使用了注册商标,但标识明显较小,而其在包装盒中部显著位置以较大字体突出使用的“青汾酒”标识较注册商标更具显著性和识别性,且“青汾酒”标识字体与注册商标中的“青汾”文字字体差别较大,而更接近原告汾酒厂股份公司的涉案注册商标中的“汾”“汾酒”字体,并非对注册商标的规范使用。

案例二:未改变显著特征的使用[(2018)京行终 948 号]

本案诉争商标“亿健 YIJIAN”由潘某君于 2006 年 6 月 6 日向商标局提出注册申请。2015 年 10 月 19 日,张某向商标局提出对诉争商标连续三年不使用的撤销申请。主要理由为:申请人通过调查认为,诉争商标无正当理由已连续三年未使用,被申请人提交的相关证据材料属于无效证据,诉争商标被许可单位浙江顶康科技有限公司在 2012 年 10 月 19 日至 2015 年 10 月 18 日使用的商标并非本案诉争商标。(见表 2-2)

表 2-2　注册商标与实际使用的商标对比

诉争注册商标图形	实际使用的商标图形
亿健 YIJIAN	

关于实际使用的商标与诉争商标存在区别的问题,《意见》第二十条规定,人民法院审理涉及撤销连续三年停止使用的注册商标的行政案件时,实际使用的商标与核准注册的商标虽有细微差别,但未改变其显著特征的,可以视为注册商标的使用。

本案中,诉争商标与实际使用商标均由中文“亿健”与英文“YIJIAN”组成,其区别仅在于两部分排列不同、字体不同,但上述区别尚未达到显著特征不同的程度,另考虑到顶康公司在第 28 类商品上并未注册有其他商标,故最终法院认定诉争商标在核准使用的"锻炼身体器械"上进行了商标法意义上的使用。

虽然注册商标在使用过程中应当按照核准注册的商标标志为准,需要改变其标志的,应当重新提出注册申请。并且,权利人擅自改变注册商标的显著特征,可能构成攀附他人商品商誉的商标侵权行为。但从该案判决结果可见,如果实际使用的商标未改变注册商标的显著特征,仅是文字排列方式的差别,可以视为对原注册商标的使用。

2. 拆分、组合使用

案例三:拆分使用[(2014)二中民(知)终字第 09822 号]

本案原告老诚一公司是"老诚一"注册商标的专用权人,核定服务项目为"餐厅、饭店"等。在经营中,原告及其加盟店在门头、订餐卡、餐具包装上均使用了羊蝎子图标和"老诚一锅"标志。

2004 年 4 月 28 日,程某旺在第 43 类餐厅、餐馆、饭店等服务上申请的"城一锅"商标获得商标局核准注册,并许可给程某勇有偿使用"城一锅"商标,程某勇设立的北京聚品缘老城一锅餐饮有限公司许可聚品缘公司使用"城一锅"商标。因原告认为被告聚品缘公司在其经营的羊蝎子火锅餐厅的招牌、餐具及宣传品上使用与"老诚一"注册商标近似的文字"老城一锅",构成商标侵权,故诉至法院。

本案中,原告"老诚一"注册商标核定使用的服务类别与被告经营的服务类别相同,被告在实际经营中使用带有"老城一锅"标识的门店招牌、餐厅用具及宣传品。虽然将"老城一锅"标识与"老诚一"注册商标进行比较,"诚"与"城"二者存在细微差别,且前者比后者多了一个"锅"字,但通过整体观察、综合判断,二者在字体、读音上均十分近似,属于近似的标识。

在从事餐厅经营过程中,被告聚品缘公司对"老城一锅"标识的使用,足以使相关公众对"老诚一"注册商标产生混淆。

基于上述理由,法院最终判定,聚品缘公司使用了与老诚一公司涉案注册商标近似的商标,侵犯了老诚一公司的注册商标专用权。

案例四:组合使用[(2020)津民终 941 号]

原告成都市郫都区食品工业协会注册有第 1388982 号"郫县豆瓣"商标,该商标为证明商标，核定使用商品类别为第30类“豆瓣”。

案外人乐陵市金川食品有限公司注册有第24774322号“郫县”商标，核定使用商品类别为第30类“调味品”等商品。本案被告在店铺内销售有案外人生产的“郫县豆瓣”商品，原告认为该商品侵犯了其注册商标专用权。（见表2－3）

表2－3　诉争商标对比

被告销售产品使用注册商标	原告注册商标
郫县	郫县豆瓣
被告销售产品实际使用商标	原告实际使用商标

在审理中，被告辩称其使用的“郫县”系注册商标，“豆瓣”是产品通用名称，因而其对“郫县豆瓣”是合法使用。但通过上述对比可见，被诉侵权产品包装将“郫县豆瓣”标于标签中央位置，采取比其他文字更大的黑色字体并置于红底之上的方式，使“郫县豆瓣”实际发挥了商标性使用的效果。

且被诉侵权标识采用了与“郫县豆瓣”注册商标相似的书写方式，虽然被诉侵权产品在桶盖标签中间加入“风味”二字，因其字体较小，对整体视觉效果影响较小，仍然构成与“郫县豆瓣”商标的近似。据此，在被诉侵权产品可以规范使用案外人注册商标的情况下，被诉侵权标识模仿成都市郫都区食品工业协会驰名商标，在被诉侵权标识中多处突出使用与成都市郫都区食品工业协会证明商标指向的原产地相同的字样，主观故意明显。

最终,法院认定被诉侵权产品上使用涉案驰名商标侵害了成都市郫都区食品工业协会注册商标专用权。可见,对注册商标的使用应严格按照核准的标识及核准的商品服务类别使用。如果对注册商标进行拆分、组合或者变形,即使在核准类别范围内,也可能因实际使用的商标形态与他人注册商标相同或近似而构成侵权。

三、总结

由上述案例可知,商标权人对注册商标的使用应当以核准注册的商标标识以及商品的服务类别为准,如果权利人擅自改变注册商标的显著特征,或对注册商标进行拆分、组合使用,不仅可能构成攀附他人商品商誉的商标侵权行为,也可能因商标未规范使用而存在商标被撤销的风险。

第三节　商标"撤三"案件中构成"象征性使用"的裁判观点分析

虽然"象征性使用"并非我国《商标法》明文规定的情形,但基于商标使用行为应当真实、有效、善意的立法目的,司法裁判认为:"对于仅以或主要以维持注册效力为目的的象征性使用商标的行为,不应视为在商标法意义上使用商标。"判定商标使用行为是否属于象征性使用,应综合考察行为人使用该商标的主观目的、具体使用方式、是否还存在其他使用商标的行为等因素。2019 年 4 月,《北京市高级人民法院商标授权确权行政案件审理指南》第 19.4 条也将"象征性使用"纳入了裁判标准。笔者旨在基于对典型案例的分析,总结实务中构成"象征性使用"的裁判标准。

我国《商标法》第四十九条第二款规定了因连续三年不使用而撤销注册商标的"撤三"制度,根据北京市高级人民法院相关案件的裁判观点[(2013)高行终字第 292 号],《商标法》关于"撤三"制度的立法本意是清除长期未实际投入商业使用而空占商标资源的注册商标,故该使用行为应当是真实的、持续的、投入市场流通领域的行为,需使相关公众能够基于注册商标识别提供商品或服务的不同市场主体。该规定旨在促使商标真实地投入商业使用,发挥商标的应有功能与作用,实现商标的市场价值,而并非以撤销商标为目的。

而对于何为“真实、持续的商标使用行为”,在[(2010)高行终字第294号]案件中,法院首次提出了“象征性使用”的概念,指出对于仅以或主要以维持注册效力为目的的象征性使用商标的行为,不应视为在商标法意义上使用商标。判定商标使用行为是否属于象征性使用,应综合考察行为人使用该商标的主观目的、具体使用方式、是否还存在其他使用商标的行为等因素。在该案之后,“象征性使用”逐渐成为商标撤销行政纠纷中法院审查商标使用行为是否真实、有效、善意的标准。

2019年4月,《北京市高级人民法院商标授权确权行政案件审理指南》第19.4条将“象征性使用”纳入了裁判标准,指出“具有下列情形之一的,当事人主张维持商标注册的,不予支持:……(3)为了维持诉争商标注册进行象征性使用的”。

一、具有一定规模的商标使用行为可推定为真实善意

一般而言,如果商标注册人的使用行为已具有一定规模,可推定此种使用行为系“真实的、善意的商标使用行为”。但如果并未达到一定规模的使用,则需结合其他因素对其是否属于“象征性的商标使用行为”予以判断。在[(2017)京73行初7130号]案件中,北京知识产权法院认为,所谓“商标法意义上的使用行为”是指能够实现商标识别功能的使用行为。通常情况下只有商品已进入市场流通领域才可能起到识别作用,因此,原则上在市场流通领域中对商标的使用行为(如销售行为、广告行为等),属于“商标意义上的使用行为”。未进入市场流通领域的商标使用行为(如产品检验报告上印制商标的行为、商标设计合同上印制商标的行为等),则不属于“商标法意义上的使用行为”。

所谓“真实的、善意的商标使用行为”是指商标注册人为了实现商标识别功能而进行的使用行为。所谓“象征性的商标使用行为”是指商标注册人在缺乏真实、善意的使用意图的情况下,仅仅为了维持商标注册,避免商标因连续三年停止使用而被撤销的使用行为。该要件实质上是对商标注册人主观状态的认定,这种认定难以通过直接证据予以证明,需要结合案件的具体证据情况予以推定。一般而言,如果商标注册人的使用行为已具有一定规模,可推定此种使用行为系“真实的、善意的商标使用行为”。但如果并未达到一定规模的使用,则需

结合其他因素对其是否属于“象征性的商标使用行为”予以判断。

例如,在[(2017)京73行初7130号]中,法院认为,能够证明诉争商标相关使用情况的证据,仅有证据一、证据二、证据七。仅据此三份证据难以证明第三人在指定期间内对诉争商标的使用已达一定规模,可以使诉争商标发挥识别商品来源的作用。且该案中,第三人提交的证据均是常规性的商业文件,其获取并不困难。根据在案证据,亦无法证明第三人经营的相关产业有任何特殊之处,从而导致其无法提供较多数量的有关诉争商标的有效使用证据。

因此,在第三人提交的证据无法证明其对诉争商标的使用已达一定规模,而又无其他特殊因素存在的情况下,第三人对诉争商标的使用缺乏真实、善意的使用意图,违反了《商标法》第四十四条第(四)项的规定。

二、若诉争商标的使用证据数量极少,结合其他证据亦不能得出其有效使用,不应维持诉争商标的注册

在[(2019)京行终8388号]案件中,北京市高级人民法院指出,新迪公司提交的证据一、证据二为商标许可和企业信息变更情况,不能单独作为商标使用的证据;证据三为证人证言,在并未出示销售发票等其他证据,且爱莫公司并非仅销售诉争商标品牌垃圾处理机的情况下,不能单独作为商标使用的证据;证据四的三张销售发票中仅有一张发票在指定期间内,并且临近指定期间结束,销售数量仅为一台食物垃圾处理机,金额仅为1088元。

虽然商标连续三年停止使用的证据认定应当综合全案事实整体进行判定,但是若诉争商标在指定期间内的使用证据数量极少,即使结合其他证据亦不能得出诉争商标进行真实、合法、规范、公开、有效地使用情况下,不应维持诉争商标的注册。基于对该案涉案证据的认定,诉争商标在垃圾处理机商品上仅在指定期间结束前进行了一次销售行为,且销售数量仅为一台,即使结合指定期间后的销售行为,亦仅销售了两台,无法实现识别商品来源的作用,故法院最终认定诉争商标系出于维持注册而进行的象征性使用。

三、违反商业惯例的少量商品销售行为不应视为真实、有效的商标使用

对于商标使用证据的认定,权利人提供的商标许可使用合同、销售合同、委

托加工合同、销售订单若无对应的发票相佐证,不能单独认定合同履行情况与商标使用行为的存在。对于少量的商品销售行为,若违反了一般商业惯例,不应视为真实、有效、善意的商标使用行为。

如在[(2020)京行终4490号]案件中,法院指出,在审理涉及撤销注册商标的行政案件时,应当根据《商标法》有关规定的立法精神,正确判断所涉行为是否构成实际使用。在商业活动中,公开、合法、真实地使用商标标志,标明商品或服务的来源,使相关公众能够区分提供商品或服务的不同市场主体的方式,均为商标的使用方式。其中,"使用"包括商标权人的自行使用和许可他人使用。对于使用注册商标的商品或服务范围,只有在核定使用的商品或服务上的使用才是对注册商标的使用。为了维持诉争商标注册进行象征性使用的,不应当予以维持。

该案中,何某英提交的服装订购合同、委托加工合同、销售商品的发票、购物小票及对应的发票等证据存在无相关发票等证据相佐证,无法确认其履行情况,或并非指定期间内形成等情形,法院对上述证据不予采信。

何某英提交的金额较小、数量较为有限的销售发票虽从形式上表明广州市天河区大观波力图贸易经营部在指定期间内开具了服装、婚纱、足球鞋、皮带等商品的销售凭证,但考虑到:第一,无证据表明使用诉争商标的服装、婚纱、足球鞋、皮带等商品存在其他销售渠道,而仅仅是在何某英所经营的广州市天河区大观波力图贸易经营部进行销售。从碧桂园公司所提交的证据来看,该经营部在所处位置、内部陈设等方面与常规的商品小卖部或小超市有明显不同。第二,何某英虽提交了销售发票,但并未提供证据证明相关商品的具体生产情况。何某英提交的服装订购合同、委托加工合同仅涉及服装、鞋产品,与发票标示的产品不同,且无其他相关实际履行证据。第三,何某英在诉讼阶段的其他案件证据显示,该经营部规模虽极小,但开具的发票涉及多种类商品,均系"碧桂園"品牌商品。何某英并无相关商品的生产能力,何某英及其关联主体注册的"碧桂園"商标涵盖十几个类别,如果分别委托他人生产而仅在自营的小商铺中销售,因销售量小故委托加工成本较高,很难维持正常的经营活动。

综合上述案件事实,可能的情况是,何某英为了维持诉争商标在内的"碧桂園"系列商标的注册,刻意从事了少量的商品销售行为。如前所述,此种商标的使用行为并非出于真实的生产经营目的,不应视为真实、有效、善意的商标使用行为。

四、总结

通过上述案例可知，“象征性使用”的认定在司法裁判中一般难以通过直接证据予以证明，需要结合案件的具体证据情况予以推定。一般而言，如果商标注册人的使用行为已具有一定规模，可推定此种使用行为系“真实的、善意的商标使用行为”。而对于单次、偶尔、零发的商标使用证据，法院一般会结合证据的形成时间、商标注册人的商业规模、一般的商业惯例以及是否具有其他证据佐证等因素判断诉争商标是否进行了真实、合法、规范、公开、有效的使用。

第四节 “撤三”案件中判断注册商标在核定商品上使用标准的解读

商标是市场经营者品牌文化的重要组成部分，起到了识别商品或服务来源的功能。作为实行“商标注册制”的国家，我国注册商标专用权的取得以商标的在先申请注册为原则。然而，实践中存在大量闲置的注册商标占据商标资源的情形，为了解决商标注册制与使用之间的矛盾，《商标法》第四十九条第二款规定：“注册商标成为其核定使用的商品的通用名称或者没有正当理由连续三年不使用的，任何单位或者个人可以向商标局申请撤销该注册商标……”《商标法》第四十九条第二款规定的即为注册商标的“撤三”制度。

根据《商标法》第四十八条的规定：“商标的使用，是指将商标用于商品、商品包装或者容器以及商品交易文书上，或者将商标用于广告宣传、展览以及其他商业活动中，用于识别商品来源的行为。”同时，《商标法》第五十六条规定：“注册商标的专用权，以核准注册的商标和核定使用的商品为限。”

根据上述法条可见，商标法意义上的商标使用行为是指：能够实现商标识别功能的商业使用，且该种使用需以商标权人将注册商标合法、规范地使用在其核定使用的商品类别上为限。《商标法》设立“撤三”制度的目的是督促商标权人对其注册商标在核定使用的商品或服务上真实、合法、规范、公开、有效地进行使用，从而发挥商标的实际效用，使相关公众能够基于注册商标区分提供商品或服务的不同市场主体。然而，在司法实践中，注册商标实际使用的商品与核定商品不一致的情形较多，以致不能认定注册商标存在真实、合法、有效的实际使用。

一、仅在核定使用范围外的类似商品或者服务上使用争议商标不构成商标的实际使用

《商标法》第五十六条规定："注册商标的专用权，以核准注册的商标和核定使用的商品为限。"《商标法》第二十三条规定："注册商标需要在核定使用范围之外的商品上取得商标专用权的，应当另行提出注册申请。"根据上述规定，只有在核定商品上的使用，才是对注册商标的合法使用。非核定使用商品上的使用不是对争议商标的使用，需要另行提出注册申请；即使该非核定使用的商品与核定使用商品构成类似，该种使用也不会使消费者将核定使用的商品与争议商标相联系，不能发挥注册商标应有的功能和作用，因而不能推定是注册商标的使用。

如在[(2020)京行终370号]判决书中，北京市高级人民法院经审理认为：涉案商标实际使用的商品应为《类似商品和服务区分表》中所记载的空气净化装置和机器，而非空气调节设备。虽然二者均归属于同一类似群组，且在功能、用途、销售渠道、消费群体等方面相近，属于类似商品，但是涉案商标并未核准注册在空气净化装置和机器商品上，新松公司将涉案商标实际使用在空气净化装置和机器商品上不能视为对涉案商标在核定商品上进行的使用。因此，新松公司提交的证据不能证明其于指定期间内将涉案商标在核定商品上进行了商标法意义上的使用。

在[(2019)京行终8388号]案件中，北京市高级人民法院曾明确指出：维持商标专用权的有效应当以其核准注册的商标和核定使用的商品为限，即使商标专用权人实际使用的系核定使用商品之外的类似商品，亦不能维持该商标在其核定使用商品上的注册。

可见，司法实践和法律规定均明确表示，仅在核定使用范围外的类似商品或者服务上使用争议商标的，不构成对争议商标的实际使用。

二、"非规范商品"与核定商品属于上下位概念或同一商品可视为在核定商品上的使用

"非规范商品"是指不属于《类似商品和服务区分表》中的规范商品名称。

根据《北京市高级人民法院商标授权确权行政案件审理指南》第19.7条的规定："实际使用的商品或者核定的商品不属于《类似商品和服务区分表》中的规范商品名称，在认定具体商品所属类别时，应当结合该商品功能、用途、生产部门、消费渠道、消费群体进行判断，并考虑因消费习惯、生产模式、行业经营需求等市场因素，对商品本质属性或名称的影响，作出综合认定。"

《北京市高级人民法院商标授权确权行政案件审理指南》第19.8条规定："实际使用的商品不属于《类似商品和服务区分表》中的规范商品名称，但其与争议商标核定使用的商品仅名称不同，本质上属于同一商品的，或是实际使用的商品属于核定商品下位概念的，可以认定构成对核定商品的使用。"

实务中，在[(2019)最高法行申13528号]商标撤销复审行政纠纷一案中，最高院在分析复审商标在"爽水"上的使用能否视为在"化妆品、花露水"上的使用这一争议焦点时认为：首先，本案中的"爽水"并非《类似商品与服务区分表》中所包含的商品。其次，根据商标注册人双飞人公司对"爽水"的说明，可以认定"爽水"的功能用途类似于化妆品、花露水，双飞人公司官方网站上关于双飞人公司"爽水"产品的介绍，亦显示"爽水"产品具有"提神醒脑、避蚊止痒""气质芬芳""清洁爽肤"等功能用途，与花露水、化妆品功能类似。最后，双飞人公司在商标复审阶段提交的证据四、证据五亦显示，双飞人公司"爽水"产品的制作、检验标准是依照化妆品、花露水等的标准进行指定、检测的。因此，原审判决及被诉决定将复审商标在"爽水"上的使用视为在"化妆品、花露水"上使用的认定并无不当。

可见，对争议商标在"非规范商品"上的使用，首先，需要结合该商品的功能、用途、生产部门、消费渠道、消费群体、消费习惯、生产模式、行业经营需求等因素综合判断"非规范商品"的类别。其次，需要根据商品类别判断"非规范商品"与核定使用商品是否属于上下位概念或同一商品。在属于上下位概念或同一商品的情况下，争议商标在"非规范商品"上的使用可视为在核定商品上的使用。

三、核定商品上的实际使用可推定为与核定商品类似的其他商品上的实际使用

根据《商标审查及审理标准》中关于商标"撤三"审理的规定："商标注册人

或者被许可使用人在指定使用的一种商品上使用注册商标的，在与该商品相类似的商品上的注册可予以维持。”依据上述规定，注册商标在其核定的部分商品上进行实际使用，则可推定在与该核定使用商品构成类似的其他核定商品上存在实际使用。

如在[（2018）京行终 769 号]商标撤销复审行政纠纷案件中，商标注册人美嘉公司提交了产品图片订购单、销售发票、送货单的证据证明其生产并销售了“米家”迷你按摩器、小型电动按摩器等商品。

一审中，法院鉴于迷你按摩器、小型电动按摩器等商品与争议商标核定使用的健美按摩设备、医疗器械和仪器、牙科设备、理疗设备商品在功能、用途、销售渠道、消费群体等方面相近，属于类似商品，因此可以认定美嘉公司于指定期间在健美按摩设备、医疗器械和仪器、牙科设备、理疗设备商品上对争议商标进行了公开、真实、合法地商业使用，从而使商标起到区分商品来源的作用。

但在二审中，北京市高级人民法院则指出，虽然健美按摩设备与医疗器械和仪器商品类似，但健美按摩设备与牙科设备、理疗设备并不类似，不能因为医疗器械和仪器商品与牙科设备、理疗设备商品类似，就当然认定健美按摩设备商品与牙科设备、理疗设备类似，进而认定使用在健美按摩设备商品上的商标使用行为能够产生维持该商标在牙科设备、理疗设备商品上的注册。

可见，由于连续三年不使用撤销制度旨在督促商标注册人积极行使权利，避免囤积商标，提高商标资源的利用率；因此，维持商标注册的使用行为应当是争议商标在“核定使用商品”上的使用，争议商标的使用需满足以下条件：

（1）争议商标实际使用的商品是核定使用的商品之一；

（2）只有该实际使用的商品与争议商标核定使用的其他商品构成类似，才可维持争议商标在与该核定使用商品构成类似的其他核定商品上的注册。

四、总结

实践中，商标实际使用商品与核定商品不一致的情形各不相同，因此，在判断注册商标是否系在核定商品上的使用时主要应考虑以下三个方面：

首先，应判断争议商标实际使用的商品是否为其核定使用的商品，仅在核定使用范围外的类似商品或者服务上使用争议商标的，不构成对争议商标的使用。

其次，实际使用的商品不属于《类似商品和服务区分表》中的规范商品名称,但其与争议商标核定使用的商品仅名称不同,本质上属于同一商品的,或是实际使用的商品属于核定商品下位概念的,可以认定构成对核定商品的使用。

最后,在争议商标实际使用的商品是核定使用商品之一的情况下,该使用行为可以维持该商标在与其所使用商品类似的核定使用商品上的注册,与其实际使用不相类似的商品项目上的注册应予撤销。

第五节 企业应当如何防止注册商标因通用化被撤销

注册商标通用化,是指已经注册的商标逐渐成为其核定使用商品或服务的通用名称。"商标通用化"是一个动态的过程,既可能发生在商标申请注册之初,也可能发生在使用过程中,因注册商标使用的商品过于成功或商标使用方式不当而逐步退化为通用名称。

例如,"优盘"本是深圳市朗科科技股份有限公司(以下简称朗科公司)注册在移动储存商品上的商标。但由于"优盘"移动储存盘在市场上的畅销,以及朗科公司使用的宣传语"启动型优盘""优盘,新一代存储盘""时尚优盘,价格心动"等,逐渐弱化了"优盘"商标的显著性,最终使"优盘"退化成为 USB 闪存盘的通用名称。

又如,"阿司匹林"原是德国拜耳公司申请注册的商标,但由于在两次世界大战期间,"阿司匹林"止痛药在世界范围内被大量使用,而该药品的学名"乙酰水杨酸"拗口生涩,导致相关公众习惯以"阿司匹林"指代该药,加之德国拜耳公司的主要销售策略是通过医生、药剂师将该药品销售给大众,导致大众消费者逐渐认为"阿司匹林"就是该种药品的通用名称。

根据《商标法》第四十九条第二款的规定,注册商标成为其核定使用的商品的通用名称或者没有正当理由连续三年不使用的,任何单位或者个人可以向商标局申请撤销该注册商标。

退化为通用名称的注册商标之所以面临被撤销的命运,是因为显著性是商标发挥自身"识别来源作用"的根基,商标的通用名称化令商标丧失了显著性基础,无法再继续实现其核心功能,同时也妨碍了市场上其他经营主体的正当使用。

随着知识经济的不断发展,企业对商标的保护意识逐步加强。企业一方面希望不断提高自身商标在相关公众中的知名度;另一方面也担心商标因过于知名而被通用化。因此,应当如何防止注册商标通用化,逐渐成为众多企业需要面临的问题之一。笔者针对上述问题,结合相关法律规定、司法裁判,对司法实践认定商标通用化的标准进行解读,并对企业应该如何防止商标通用化提出建议。

一、法律规定注册商标通用化的判断标准

我国《商标法》第十一条规定,“下列标志不得作为商标注册:(一)仅有本商品的通用名称、图形、型号的……”根据上述规定,商标是否属于通用名称关系商标能否获准注册。《商标授权确权规定》进而对法院判断诉争商标是否为通用名称进行了如下细化规定:

其一,在类型方面,应当审查是否属于法定的或者约定俗成的商品名称。(1)依据法律规定或者国家标准、行业标准属于商品通用名称的,应当认定为法定的通用名称。(2)相关公众普遍认为某一名称能够指代一类商品的,应当认定该名称为约定俗成的通用名称。被专业工具书、辞典列为商品名称的,可以作为认定约定俗成的通用名称的参考。

其二,在评判范围方面,约定俗成的通用名称一般以全国范围内相关公众的通常认识为判断标准。针对由于历史传统、风土人情、地理环境等原因形成的在相关市场较为固定的商品,在该相关市场内通用的称谓,可以认定为通用名称。

其三,在主观认定方面,申请人明知或者应知其申请注册的商标为部分区域内约定俗成的商品名称的,应视其申请注册的商标为通用名称。

其四,在判断时间方面,人民法院审查诉争商标是否属于通用名称时,一般以提出商标注册申请时的事实状态为准。如果申请时不属于通用名称,但在核准注册时诉争商标已经成为通用名称的,仍应认定其属于本商品的通用名称;虽在申请时属于本商品的通用名称,但在核准注册时已经不是通用名称的,则不妨碍其取得注册。

其五,在判断方法和举证方面,《北京市高级人民法院商标授权确权行政案件审理指南》第19.1条规定,认定诉争商标是否属于商品通用名称,应当从商标

标志整体上进行审查,且应当认定通用名称指向的具体商品。对与该商品类似的商品不予考虑。当事人主张诉争商标成为商品通用名称的,可以提交字典、工具书、国家或者行业标准、相关行业组织的证明、市场调查报告、市场上的宣传使用证据、其他主体在同种商品上使用该商标标志的证据等予以证明。

除上述规定外,因商标的通用名称化同时涉及认定他人的商标使用行为是否构成商标侵权,《江苏省高级人民法院侵犯商标权纠纷案件审理指南》也作出了相关规定。

《江苏省高级人民法院侵犯商标权纠纷案件审理指南》第 7.1.1 条规定,对于具有地域性特点的商品通用名称来说,在判断时,应以特定区域以及该区域相关公众的接受程度为标准,而不应以是否在全国范围内广泛使用为标准。第 7.1.4 条规定,商标的通用化是指由于某种商标指代的商品在市场上过于成功,或是商标所有者对商标的使用不当,导致相关公众将其认定为所有商品提供者提供的同一类商品的通用名称,他人将该商标文字在已通用化的范围内使用,且不足以造成相关公众混淆、误认的,应当认定不构成商标侵权。例如,"阿司匹林"原为止痛药商标,现已退化为止痛药的通用名称,不再具有指示特定止痛药来源的功能。

二、司法实践认定注册商标通用化的标准

在上述规定的基础上,司法实践亦对注册商标通用化的认定方法作出了一定指引。

其一,司法实践认为,通用名称的认定应当秉持严格的标准,尤其是争议的注册商标并非固有词汇的情况下。如,在[(2020)苏 05 民终 3725 号]中,法院指出,本案被告的证据均非国家标准、行业标准或者权威工具书、词典,无法达到"通用名称"的证明标准,也无法证明行业内人员已经普遍认为"耐落"系一种防松技术或者涂胶的称谓。虽有证据表明"耐落"客观上被部分行业人员认为是一种处理工艺或防松涂胶的名称,但尚未实际被泛化使用到变成通用名称的程度。

其二,在[(2021)沪民申 231 号]中应当以被控侵权行为发生时涉案商标的使用状态为判断依据,即须审查被控侵权行为发生时涉案商标的显著性是否退化,是否已成为公众普遍认为能够指代的一类商品名称。

其三,关于约定俗成的通用名称认定,虽然法律规定,基于历史传统、风土人情、地理环境等原因,某些商品所对应的相关市场相对固定,在该相关市场内通用的称谓,可以认定为通用名称。但司法实践认为,适用不同评判标准的前提是,当事人应首先举证证明此类商品属于相关市场较为固定的商品;否则,是否构成约定俗成的通用名称,仍应当以全国范围内相关公众的通常认知作为判断依据。

在[(2016)最高法民再374号]中,关于"稻花香"是否属于涉案特定稻米品种约定俗成的通用名称,最高院认为,本案中,被诉侵权产品销售范围并不局限于五常地区,而是销往全国各地,在福州米厂的所在地福建省福州市的超市内就有被诉侵权产品销售。在这种情况下,被诉侵权产品相关市场并非较为固定在五常市地域范围内,应以全国范围内相关公众的通常认识为标准判断"稻花香"是否属于约定俗成的通用名称。

在全国范围的证明标准下,为证明"稻花香"属于约定俗成的通用名称,五常公司先后提交了五常市农业局出具的《关于稻花香大米名称的使用证明》、五常市龙凤山镇人民政府出具的《证明》、五常市稻米商业商会提供的《关于五常市稻花香大米品牌维权的综合材料》、"稻花香2号"主要育种人田永太出具的证明材料、媒体的相关报道等证据,并申请证人出庭作证。但法院认为,上述证据多为五常市当地有关部门、稻农或育种人出具的证明材料,媒体报道数量有限,以全国范围内相关公众的通常认识为标准,现有证据不足以证明"稻花香"属于约定俗成的通用名称。

其四,应从整体上对商标是否具有显著特征进行判断,不能因为争议商标含有描述性文字或通用名称就认为其整体缺乏显著性。以"沩山牌"商标行政纠纷案[(2011)行提字第7号]为例,"湖南宁乡沩山湘沩名茶厂"等六家公司以"沩山毛尖"为茶叶商品的通用名称为由,向商评委申请撤销争议商标。该案再审至最高院后,最高院认为,争议商标由沩山牌文字、拼音及相关图形组成,并非仅由沩山文字及其拼音组成,其商标组成部分中的图形亦属该商标的重要组成部分。可见,商标是否属于通用名称应当采取整体性判断的标准。

综上所述,法院总体上对注册商标的通用名称化采取了严格认定的标准,尤其在争议的注册商标并非固有词汇的情况下。同时采用了"整体审查+限定商品"的方式,从商标标志的整体出发,在注册商标核定使用的商品或服务范围内,以全国范围内相关公众的通常认识为标准进行审查,除非当事人能举证证明此类商品属于相关市场较为固定的商品。

三、企业应当如何防止商标通用化

1. 注意宣传方式,避免用商标代替产品宣传

以"邦迪"商标为例,美国强生公司旗下的"邦迪"商标使用在创可贴产品上,并被消费者广泛知悉,但其一度因过于畅销几乎成为创可贴的代名词。因而,为防止商标通用化,保持商标属性,美国强生公司将广告语改为"我爱上了'邦迪'商标",用于提醒大众"邦迪"的商标属性。

类似的广告语还有"不是所有牛奶都叫特仑苏""不是所有的吉普都叫Jeep""只有乐高集团生产的积木才叫乐高积木",这类广告语均是商标权人为了防止商标的显著性退化,沦为通用名称而采取的宣传策略。

2. 及时采取维权手段,关注其他市场主体的使用行为

除规范自身的使用行为外,企业也需密切关注其他市场主体的使用行为,对他人侵犯企业注册商标专用权的行为及时维权。

例如,在[(2013)行提字第8号]中,对于"避风塘"商标的显著性问题,最高院认为,截至2015年,全国范围内经营避风塘菜品的店铺已有一百多家。这些店铺的菜单以及有关烹饪的书籍,均载有"避风塘炒蟹""避风塘炒虾""避风塘茄子"等菜肴名称,故"避风塘"一词已成为指称一种特别的风味料理或者菜肴烹饪方法的通用名称。

类似的案例还有"雪花粉"商标侵权纠纷案[(2003)一中民初字第1004号],因商标权人怠于维权,法院认为,经过十余年的发展,众多企业均在生产、销售"雪花粉"并已得到广大消费者的认可。同时作为国家行政主管机关的原国家粮食局,以及作为全国性社会团体组织的中国粮食行业协会,均认为"雪花粉"直接表示了面粉的质量,已经成为该商品的通用名称。

可见,企业应当及时关注市场,在察觉自身商标可能存在成为通用名称的危险时及时维权;也可通过媒体向公众发布声明的方式,表明商标的所有权,提醒他人停止不当的使用行为。

3. 以主商标为中心,注册防御商标

当企业的商标形成一定影响力后,可以适当选择在有一定相关性但属于不同类别的商品上注册防御性商标,一方面可以防止他人的抢注;另一方面也可以加强主商标的显著性,延伸商标的使用领域,以降低商标退化为商品通用名称的风险。

第三章　商标侵权法律实务及案例精解

第一节　对《商标侵权判断标准》的创新性规定解读

2020年6月15日,《商标侵权判断标准》(以下简称《判断标准》)由国家知识产权局正式发布。在我国,对商标侵权行为的行政查处是商标保护的重要手段,《判断标准》在《商标法》《商标法实施条例》及相关法律法规、部门规章的基础上,为统一商标行政执法提供了重要的可操作性规定。如何理解与适用《判断标准》中的创新性规定,如商标使用行为、相同或近似商标比对的客体、商标混淆判断、辨认意见的证明力等内容具有必要性。

一、对商标使用判断标准的细化

如何判断商标使用一直是理论界和实务界关注的问题,《判断标准》第三条至第七条对"商标法意义上的商标使用"进行了细化规定。第三条延续了《商标法》第四十八条对商标使用的定义:"商标的使用,是指将商标用于商品、商品包装、容器、服务场所以及交易文书上,或者将商标用于广告宣传、展览以及其他商业活动中,用以识别商品或者服务来源的行为。"

在此基础上,《判断标准》第四条至第六条细化了商标用于"商品、商品包装、容器以及商品交易文书上"、"服务场所以及服务交易文书上"以及"广告宣传、展览以及其他商业活动中"的具体表现形式。并在第七条表明了商标使用的判断原则,即"判断是否为商标的使用应当综合考虑使用人的主观意图、使用方式、宣传方式、行业惯例、消费者认知等因素"。结合商标使用"识别商品或服务来源"的目的,排除了仅为维持商标注册效力的象征性使用。

值得一提的是,在互联网的商业背景下,《判断标准》第六条第(三)项、第(四)项增加了商标在网站、即时通信工具、社交网络平台、应用程序、二维码等载体上的使用。第(五)项则明确了在"店铺招牌、店堂装饰装潢上"也构成商标使用,结合《判断标准》第二十三条将企业名称中的字号突出使用,与他人注册商标相同的,或与他人注册商标近似容易导致混淆的,构成商标侵权的规定,解决了实践中被查处人以"店铺招牌使用的是企业字号"作为侵权抗辩的争议。

二、明确判断商标是否相同或近似应当比对的客体

商标相同或近似的比较,是侵权判断的前提和基础。《判断标准》第十七条明确了"判断商标是否相同或者近似,应当在权利人的注册商标与涉嫌侵权商标之间进行比对"。即排除了将涉嫌侵权商标与权利人的实际使用商标进行比对;以及将涉嫌侵权人的注册商标与权利人的注册商标进行比对的情况。

上述规定间接督促了商标注册权人要依据《商标法》第五十六条规范使用自己核准注册的商标。实践中,不少商标权人长期在市场中不规范地使用自己的注册商标,如对注册商标的构成元素、字体设计、组合结构进行重新调整,导致实际使用商标与核准注册商标具有较大差异。在这种情况下,依据《判断标准》第十七条的规定,商标权人很有可能会面临涉嫌侵权商标与注册商标被判断为不相同或不近似的风险,从而无法主张侵权行为成立。同时,《判断标准》第十七条也排除了涉嫌侵权人通过对其所获注册的商标进行重新改变的不规范使用,从而达到与市场环境下权利人的注册商标在视觉效果上相同或近似的效果。在这种情况下,应将涉嫌侵权商标的实际使用样式与权利人的注册商标进行对比。

三、明确将"混淆"作为商标侵权判断的必要条件

《判断标准》第十九条规定:"在商标侵权判断中,在同一种商品或者同一种服务上使用近似商标,或者在类似商品或者类似服务上使用相同、近似商标的情形下,还应当对是否容易导致混淆进行判断。"此条在《商标法》第五十七条第(二)项的基础上,将"容易混淆"作为了商标侵权判断的必要条件。

实务中,对近似商标、类似商品的判断是商标侵权判断的基础,但也有法院

认为:即使商标近似、商品类似,如果没有混淆可能性,也无法构成商标侵权。如在南京东赤商贸有限公司诉江苏省工商局关于“NATIVE”系列鞋子侵犯第4945623号“NATIVE CLUB”注册商标专用权案[(2015)苏知行终字第00001号]中,法院认为:即便认定第10804961号商标与涉案注册商标构成近似,被控侵权鞋子商品上使用的标识与涉案注册商标容易导致混淆的证据也不足,从而不能判断商标侵权。

在判断混淆性可能时,法院主要依据了涉案注册商标的显著性与使用情况。法院认为涉案“NATIVE CLUB”注册商标是普通的文字商标,显著性并不强,而且单纯的英语文字商标对中国普通消费者而言,其识别性和辨识度更弱一些。同时,涉案注册商标也没有任何知名度,虽然其核准注册的时间较早,但从现有证据来看,涉案注册商标的专用权人住商纺织品株式会社没有实际使用该商标……不会使消费者对被控侵权鞋子商品的来源产生误认,或者认为其来源与涉案注册商标的商品有特定的联系,最终判决被控侵权鞋子商品不会与涉案注册商标商品产生混淆。

而《判断标准》第二十一条中也采纳了这种观点,列举了五项判断商标混淆可能性的因素,分别为:(1)商标的近似情况;(2)商品或者服务的类似情况;(3)注册商标的显著性和知名度;(4)商品或者服务的特点及商标使用的方式;(5)相关公众的注意和认知程度。

笔者认为,其中“商标的近似情况”和“商标或服务的类似情况”为基本的判断因素,相关公众的注意力和认知程度则需要结合商标的显著性和知名度、商品或服务的特定及使用方式判断。

四、明确权利人书面辨认意见的证据效力

《判断标准》第三十六条规定:“在查处商标侵权案件过程中,商标执法相关部门可以要求权利人对涉案商品是否为权利人生产或者其许可生产的商品出具书面辨认意见。权利人应当对其辨认意见承担相应法律责任。商标执法相关部门应当审查辨认人出具辨认意见的主体资格及辨认意见的真实性。涉嫌侵权人无相反证据推翻该辨认意见的,商标执法相关部门将该辨认意见作为证据予以采纳。”

该条明确了权利人的辨认意见具有一定的证明效力,并限定商标权人的辨

认事项及证明范围仅为“涉案商品是否为商标权利人生产或其许可生产的产品”，而不包括商品类似、商标近似的意见。此外，还规定了权利人应当对辨认意见承担法律责任，商标执法部门应当对辨认意见的主体资格和真实性进行审查，以增强辨认意见的客观性。

可见，辨认意见不能单独作为认定商标侵权的依据，必须和其他涉案证据互相印证。同时，应听取当事人对辨认意见的意见，若当事人有异议，执法机关应予以调查。根据调查结果，若有证明力更强的相反的证据证明不构成侵权，执法机关应当采纳。只有在涉案当事人不能提供相反证据推翻辨认意见的情况下，行政执法机关才可将辨认意见作为证据予以采纳。

第二节 商标权利被侵犯的几种维权策略分析

2020年5月，一家名为“今日油条”的店铺由于其装修、logo与“今日头条”极度相似，而迅速火爆网络，并引起了“今日头条”的重视。事件发生后，北京字节跳动科技有限公司以“侵害商标权”为由将河南今日油条餐饮管理有限公司、郑州市金水区今日油条早餐店以及河南烧烤者食品有限公司诉至广州知识产权法院。该案中，今日油条公司已申请注册今日油条、今日豆浆、今日豆花、今日面条、饼多多、快手抓饼等多枚商标，状态为注册申请中。

今日油条案的出现反映了商标所承载的品牌价值随着文化经济的发展，在市场竞争中的优势越发突显。面对商标侵权行为，我国法律为商标权人提供了多种权利救济途径，不同的维权途径存在不同特点，而如何选择合适的途径进行维权关系权利人在维权成本、维权效率等因素上的考量。

一、通过商标行政执法维权

我国《商标法》规定了工商行政管理部门有权查处侵犯商标专用权的行为。通过工商行政管理机关的商标执法进行商标维权一直是商标权利人的主要选择之一。工商行政管理机关不仅有权查处商标侵权行为，而且有权对部分不正当竞争行为进行查处。因此，通过工商行政执法进行维权，既可以针对商标侵权行为，也可以针对不正当竞争行为。

《商标法》第六十条规定："有本法第五十七条所列侵犯注册商标专用权行为之一，引起纠纷的，由当事人协商解决；不愿协商或者协商不成的，商标注册人或者利害关系人可以向人民法院起诉，也可以请求工商行政管理部门处理。工商行政管理部门处理时，认定侵权行为成立的，责令立即停止侵权行为，没收、销毁侵权商品和主要用于制造侵权商品、伪造注册商标标识的工具，违法经营额五万元以上的，可以处违法经营额五倍以下的罚款，没有违法经营额或者违法经营额不足五万元的，可以处二十五万元以下的罚款。对五年内实施两次以上商标侵权行为或者有其他严重情节的，应当从重处罚。销售不知道是侵犯注册商标专用权的商品，能证明该商品是自己合法取得并说明提供者的，由工商行政管理部门责令停止销售。"

就商标权利人而言，通过商标行政执法进行商标维权有如下有利之处。

(1)商标权利人不需要提供足以证明被控侵权人侵犯商标专用权的充分证据，因此启动维权行动的门槛较低。

(2)商标权利人不需要全程参与工商行政管理机关的查处过程，可以有效节省维权费用。

(3)通常情况下，工商行政管理机关的商标执法程序比商标侵权诉讼程序耗费的时间要少，商标权利人能够更为迅速地实现商标维权的目的，特别是商标权利人的维权目的主要在于制止侵权行为。

(4)工商行政管理机关的商标执法行为对商标侵权人具有更强的威慑力，可以从经济上大幅削弱侵权行为人的侵权能力，从而更为有效地降低侵权行为人再次侵权的可能性。

二、通过商标侵权诉讼维权

商标权利人通过向人民法院提起商标侵权诉讼，要求法院判令侵权行为人停止侵犯商标权的行为并赔偿损失，以维护自己的注册商标专用权，是可供商标权利人选择的维权途径之一。

通过商标侵权诉讼维护商标权益，不仅可以请求法院判令被告停止侵犯商标专用权的行为，还可以请求法院判令被告赔偿损失。

对于正在实施或即将实施的商标侵权行为，商标权利人通过提起商标侵权诉讼进行商标维权，可能因为时机的延误而遭受难以弥补的损害时，可以向法院申请临时禁令或财产保全。

就商标权利人而言,通过提起商标侵权诉讼维权有如下有利之处:

(1)可以及时制止特定侵权人的侵权行为。即使未提出临时禁令申请,被控侵权人在接到法院送达的起诉状副本之后,为逃避侵权责任,多数被控侵权人都会停止其侵权行为。

(2)可获得损害赔偿金。只要商标权利人收集并提交的证据足以证明侵权行为的存在,一般都能获得数额不等的侵权损害赔偿金。即使商标权利人不能证明自己的实际损失或侵权人的侵权获利,也可以请求人民法院根据侵权行为的情节判决侵权人给予数额不等的法定赔偿。

(3)可以对其他侵权人或潜在侵权人形成威慑。商标权利人提起商标侵权诉讼的行为,对其他侵权人或潜在侵权人是一个明确的信号,即商标权利人将严肃对待侵权行为并采取有效措施维护自己的权利。如果在侵权诉讼中,法院判决侵权人承担的损害赔偿数额较大,甚至判令侵权人承担惩罚性赔偿,将对其他侵权人或潜在侵权人形成强大的威慑作用。

通过本途径维权有如下不利之处:

(1)可能造成时间上的拖延。商标侵权诉讼可能需要较长的时间才能尘埃落定,这需要商标权利人在侵权诉讼上花费较多的时间和资源。

(2)可能出现诉讼失败的情形,进而对其他维权行动造成不良影响。商标侵权诉讼,可能因为商标权利人收集提交的证据不充分、错诉被告、延误期限、诉权缺失等各种原因导致权利人败诉。

三、通过举报涉嫌商标侵权刑事犯罪维权

对严重侵犯注册商标专用权的行为,涉嫌构成商标刑事犯罪的,商标权利人可向公安机关举报要求公安机关对涉嫌犯罪行为进行侦查,以实现商标维权的目的。

我国《刑法》规定了四个侵犯注册商标权的罪名,分别是假冒注册商标罪、销售假冒注册商标的商品罪、非法制造注册商标标识罪、销售非法制造的注册商标标识罪。从上述列出的罪名可知,只有注册商标专用权受到侵犯,才有可能寻求通过追究刑事责任来实现维权的目的。对于未注册商标,则不能通过举报涉嫌商标侵权刑事犯罪维权。要注意的是,侵犯注册商标专用权的行为,只有情节

严重或者数额较大的才构成犯罪。因此,商标权利人在寻求通过举报涉嫌商标侵权刑事犯罪维权时,应当考虑侵权行为的情节是否达到可能构成犯罪的严重程度。

商标权利人通过刑事程序维权有如下有利之处:

(1)一旦侵权行为人被定罪,该侵权人今后继续侵犯商标权利人的注册商标专用权的可能性大为降低。如果侵权人被判犯有侵犯注册商标罪,侵权人将受到严厉的法律制裁。侵权人从事侵权行为的财力和侵权动机方面都会受到很大的影响,与商标行政执法或商标侵权诉讼所受到的威慑相比,今后继续侵犯权利人的注册商标专用权的可能性大为降低。

(2)对商标权利人获得赔偿具有帮助作用。在刑事诉讼中,一些侵权人为实现从轻或减轻处罚的目的,可能愿意与商标权利人就损害赔偿达成协议并积极履行。

通过刑事程序维权有如下不利之处:

(1)门槛较高,只能针对一部分的侵权行为采取此类维权行动。首先,不是所有类型的商标侵权行为都可能构成犯罪,只有特定类型的侵权行为才可能构成犯罪。比如,仿冒商标的行为就不构成侵犯注册商标专用权的犯罪。其次,只有情节严重或涉案数额较大的商标侵权行为才可能构成犯罪。

(2)商标权利人收集证据的难度较大。在大多数商标侵权案件中,权利人收集能够证明商标侵权行为存在的证据相对比较容易,但收集足以证明"情节严重"或"数额较大"的证据则比较困难。如果商标权利人不能向公安机关提供这方面的证据,公安机关自身也不掌握这方面的证据,要求公安机关立案侦查的难度就会很大。

综上所述,权利人遭遇商标侵权时,可在综合评估侵权事实、维权预算成本的基础上,采用上述一种或几种途径进行维权,如民事诉讼可采取向侵权者发送律师函、向工商行政管理机关进行投诉相结合等方式。希望通过上述维权途径的概述,使商标权利人在遭遇侵权时,能运用法律武器,切实维护自己的合法权益,对侵权者以及其他潜在侵权者形成威慑力,更好地促进社会经济的良性竞争。

第三节 商标平行进口的合法性适用

商标平行进口是指在国际贸易中,进口商未经本国商标所有人或商标使用权人许可,从境外进口经商标权人合法授权生产的标有相同商标的同类商品的行为。商标平行进口的实质在于带有相同商标的产品系经权利人或实际控制人合法授权生产。

目前我国商标法对平行进口产品的定义和合法性尚无相关明确规定,亦无明确的禁止性规定,主要依赖于司法实践依据具体情形的个案判断。随着全球化进程的加快,由跨境贸易而引发的知识产权方面的法律问题日益尖锐,平行进口的成因便在于自由贸易条件下的市场主体追求经济利益最大化。在生产成本、市场发展程度和汇率浮动等因素的影响下,不同地区的相同产品出现价差,刺激了市场主体向其他销售区域寻求低价产品进行销售,导致了平行进口的发生。

而商标平行进口的主要抗辩理由在于:权利人在商品首次售出后即在全球范围内失去对该商品上商标权的一切控制(国际权利用尽原则),进口商从进口国权利人或经其许可授权的他人手中购入商品后,再将该商品进口至进口国,商标权利人或进口国内该商标的使用人无权主张该进口产品上的商标专用权。

国际权利用尽原则的出现主要是为了防止商标权利人在全球范围内控制商品渠道,排除竞争,引发商品垄断;但也有观点认为平行进口侵害了外国经营者的全球定价权。虽然我国法律法规并未对平行进口进行明确规定,但商标平行进口行为在中国涉外司法实践中存在大量被认可的案例,笔者旨在通过梳理近期的司法判决,归纳平行进口在我国的合法适用条件。

一、平行进口合法性的前提——境内外商标权主体同一

平行进口合法性的前提是商标权人已经从第一次销售中实现了商标的商业价值,此时不应再赋予其阻止他人进行二次销售的权利。但根据商标权的地域性原则,可能存在不同国家和地区商标权人不同或不完全相同的情形。如在斐乐体育有限公司与阎某侵害商标权纠纷案[(2019)浙0110民初11696号]中,

涉案商标与韩国 Fila 商标虽然最初源自同一权利人,但在不同的利益安排下,Fila 在中国的商标权利与 Fila 在其他国家的权利已然分属不同主体,Fila 中国商标并非由韩国斐乐公司控制。法院认为,韩国斐乐公司基于韩国的商标权利而在韩国投放的斐乐产品进入中国市场,不能构成斐乐公司(中国)涉案商标权利的用尽,不属于平行进口。

在斐乐体育有限公司与阎某侵害商标权纠纷案中,韩国斐乐公司生产的商品与斐乐公司生产的商品因不具有同源性,而被认定为分属于不同利益主体。但如果相关主体之间存在联合、合作、母子公司、授权等其他关系的情况下,根据商标权穷竭的利益平衡原则,在相关主体人已经获得对应回报时,应视为商标权人已经直接或间接地获得了相应的回报,即认可商标平行进口的合法性。

二、平行进口商品的原样销售原则

原样销售原则是指在商标平行进口中,平行进口的商品使用原有商标,不存在改装、组装、更换包装、改变商标标识、改变商品名称等情况。这是因为,改变商标标识的行为可能会影响产品与原商标所有权人之间的来源识别关系,使消费者对产品的来源产生混淆,或使消费者对产品的质量、品质等产生怀疑,从而损害原商标权人声誉,构成《商标法》第五十七条第(五)项“未经商标注册人同意,更换其注册商标并将该更换商标的商品又投入市场的”侵犯注册商标专用权的行为。

如在百威投资(中国)有限公司与温州市奇盟贸易有限公司侵害商标权纠纷案[(2020)浙 02 民终 934 号]中,法院认为,被告奇盟公司在进口货物报关单中使用“科奥诺纳”作为产品中文名称和标识的行为侵害了“科罗娜”商标的专用权。本案权利人在中国市场销售啤酒时,将“科罗娜”商标与“CORONA”连用,使用“CORONA/科罗娜啤酒”作为商品名称,被告奇盟公司使用“科奥诺纳”标识的行为,虽未割裂商品与权利人的对应关系,但影响了百威公司及权利人商标使用策略,妨碍了原告对商标权的支配。

此外,在改变商标标识的行为中,值得讨论的是:未改变原有标识,只是增加了相关元素,如对英文商标标识加注中文标识,或添加副标贴等行为是否构成商标侵权?此时,需要根据实际情况具体分析,若添加元素仅是对原商品和商标关系的说明,或对原样销售行为的客观说明,未改变原商品与原商标之间的对应识别关系,且不存在被误认为与原商标权人存在品牌授权或商标法意义上的特定关系时,该行为不应被认定为商标侵权。

但如果英文商标所对应的中文标识在原英文商标的基础上发挥了第二印象的巩固性识别作用,即商标性作用,且属于不同权利人,则可能构成侵权。如在俞某与莆田市瑞升贸易发展有限公司、晋江市金柏源酒业商行侵害商标权纠纷案[(2014)闽民终字第914号]中,原告俞某是“奥丁格”中文商标的所有权人,该商标的核定使用商品为包括啤酒在内的第32类。俞某将该商标授权许可深圳市永盛泰商贸有限公司(以下简称永盛泰公司)使用。永盛泰公司系德国奥丁格国际酿酒公司在中国境内的唯一授权进口经销商。永盛泰公司在国内进行产品宣传时所使用的该啤酒品名均为“奥丁格啤酒”。被告莆田市瑞升贸易发展有限公司(以下简称瑞升公司)从荷兰进口了1872箱由奥丁格国际酿酒公司生产的啤酒。瑞升公司所销售的上述啤酒瓶身加贴有中文标贴,商品品名为“奥丁格啤酒”。俞某向法院提起诉讼,其认为,被告在销售的进口啤酒产品上使用了与“奥丁格”商标完全相同的标识作为商品名称,已经构成商标侵权。二审法院认为,原告的“奥丁格”中文商标经使用宣传已经具有一定的知名度。被告在其进口的啤酒产品上加贴中文标签虽无不当,但使用“奥丁格”文字没有合理理由,主观上具有搭便车故意,客观上易造成消费者误认,挤占原告市场份额,构成商标侵权。可见,进口商标加贴中文标识应当合理避让他人的注册商标专用权。

三、平行进口不应损害商标权利人的商誉

从商标的保障功能来看,《商标法》是协调商标权人私人利益和社会公众利益之间的法律,其立法宗旨是确保商标识别商品或服务的来源,而非仅仅保护商标本身。侵害商标权的行为与商标的功能有直接关联,不损害商标功能的行为,一般不构成侵害商标权行为。传统商标的功能一为识别功能,即区分商品或服务来源;二为质量保障功能,即商标向消费者传递的信息为使用相同商标的商品或服务具有同样质量。

在平行进口案件中,二手商品的销售涉及商标的质量保障功能,进而可能造成对商标权人商誉的损害。在通常情况下,平行进口的商品均为原装新品,但在特殊情况下,当标识相关商标的产品质量存在问题时,商标权人一方面可能招致

商品质量低下的负面评价;另一方面还存在承担赔偿责任的风险。因而,平行进口的二手商品应明确标注产品生产、首次销售、质保等时间,以及维修、组装情况等商品基本信息,以保证消费者的知情权以及原商标权人声誉。

同时,平行进口商品在推广过程中对原商标的使用,不能产生替代品牌授权的效果,对涉案商标进行突出使用,不仅会构成商标侵权,还有可能构成不正当竞争。如在维多利亚的秘密商店品牌管理有限公司诉上海锦天服饰有限公司商标侵权和不正当竞争案[(2012)沪二中民五(知)初字第86号]中,被告没有证据证明自己是"美国顶级内衣品牌维多利亚秘密唯一指定总经销商",存在虚构事实以引人误解的主观故意,实施了虚假宣传的客观行为,法院认定其构成不正当竞争。

四、结语

总体而言,平行进口与国家经济和公共政策紧密相连。我国坚持对外开放的基本国策,积极促进"一带一路"国际合作,追求贸易合作和畅通,保障合法商品和服务的流通自由。因此,为更好地平衡商标权人、经销商、其他经营者、一般消费者,以及国家公共政策等多个因素之间的关系,若商品源于商标权人,商标权人已经从第一次销售中实现了商标的商业价值,且不会使消费者对商品来源产生混淆,不会侵犯商标权人的商誉,则不应再赋予其阻止他人进行二次销售的权利。

第四节 证明商标的特有功能、权利与侵权判断标准分析

2020年9月1日,泰隆银行台州分行与台州市椒江区水产技术推广站签订了"大陈黄鱼"地理标志证明商标专用权质押战略合作协议,质押登记金额为1亿元,成为全国首笔地理标志证明商标专用权质押贷款,也将证明商标再次拉入了大众视野。

证明商标规定于我国《商标法》第三条第三款,是指由对某种商品或者服务具有监督能力的组织所控制,由该组织以外的单位或者个人使用于其商品或者

服务,用以证明该商品或者服务的原产地、原料、制造方法、质量或者其他特定品质的标志。与一般商标相比,证明商标在功能作用、权利特征、侵权判断标准等方面都有自己的独特性。

一、经典案例解读:"舟山带鱼"证明商标侵权案[①]

"舟山带鱼"是原国家工商行政管理总局商标局核准的首批地理标志证明商标,权利人为舟山水产协会。2011 年,舟山水产协会发现,由申马人公司生产的"舟山精选带鱼段"未经许可,在外包装上突出使用了"舟山带鱼"字样,认为申马人公司侵犯了舟山水产协会的证明商标权,于是诉至北京一中院。

针对舟山水产协会的起诉,申马人公司辩称:其所生产的带鱼来自舟山地区,属于对"舟山带鱼"文字的合理使用;且涉诉产品上另注有商标"小蛟龙",不会造成公众的混淆。对此,北京一中院认为:是否侵犯证明商标权,不能以被控侵权行为是否容易导致相关公众对商品来源产生混淆作为判断标准,而应当以被控侵权行为是否容易导致相关公众对商品的原产地等特定品质产生误认作为判断标准。

从一审法院的裁判理由可见,舟山水产协会认为被告的行为构成侵权,实质上是将证明商标与商品商标的功能混同。证明商标的主要功能是表明商品或者服务具有某种特定的品质,而一般商标是为了达到识别功能,表明商品或者服务出自某一经营者。因此,舟山水产协会主张被告侵犯其证明商标权利,应当举证该公司使用"舟山精选带鱼段"标志的商品原产地并非舟山海域。

二审阶段,北京高院进一步指出,根据商标法等相关法律规定,证明商标是用来标示商品原产地、原料、制造方法、质量或其他特定品质的商标,是为了向社会公众证明某一产品或服务所具有的特定品质,而非用以区分商品或服务的来源。证明商标注册人的权利以保有、管理、维持证明商标为核心,因此,应当允许其商品符合证明商标所标示的特定品质的自然人、法人或者其他组织正当使用该证明商标中的地名。

通过二审判决可见,在本案中,如果申马人公司生产、销售的带鱼商品确实产自浙江舟山海域,则舟山水产协会不能剥夺其在该带鱼商品上使用"舟山"来

---

① 北京市高级人民法院民事判决书,(2012)高民终字第 58 号。

标识商品产地的权利；反之，如果涉案商品并非原产于浙江舟山海域，而申马人公司在涉案商品上使用的“舟山精选带鱼”包含涉案商标的文字部分，且申马人公司在涉案商品上以突出方式进行标注，舟山水产协会则有权禁止申马人公司以涉案方式使用证明商标。

二、证明商标的功能、权利与侵权判断标准

通过上述案例可知，证明商标的主要功能是表明商品或者服务具有某种特定的品质。根据证明的对象可分为两类：一是原产地证明商标，用以证明商品或服务出自某原产地，是一种地理标志，如“大陈黄鱼”“舟山带鱼”；二是品质证明商标，是证明商品或服务具有某种特定品质的标志，如“绿色食品”。

证明商标的注册人，有义务履行商标管理、控制的职责，允许符合要求的当事人使用证明商标，对不符合使用要求、损害证明商标的行为应当依法维权。证明商标的所有人一般是具有检测和监督能力的组织，且注册人仅拥有证明商标的所有权，注册人自己不能使用注册的证明商标。

基于上述特点，判断证明商标侵权的标准与一般商标不同，不以“混淆误认”为标准，而是以被控侵权人的商品或服务是否符合证明商标的产地或品质要求为标准。如果符合要求，即使未履行相关手续，权利人也不能拒绝其使用；如果不符合要求，即使履行了使用手续，仍然构成侵权。因此，在侵权案件中，证明商标权利人也应重点举证被控侵权人不正当使用证明商标，即涉案商品或服务与实际不符，会导致公众误认该商品或服务源于证明商标所代表的产地或具有特定品质，据此认定被控侵权人的行为构成侵权。

第五节　使用描述性商标不构成商标侵权的判断标准

我国《商标法》遵循注册原则，注册商标享有商标专有权，但在一些情况下，他人可以对注册商标中的一些要素进行正当性使用。根据《商标法》第五十九条第一款：“注册商标中含有的本商品的通用名称、图形、型号，或者直接表示商品的质量、主要原料、功能、用途、重量、数量及其他特点，或者含有地名，注册商

标专用权人无权禁止他人正当使用。”描述性商标的正当使用本质上是对他人商标中所包含的公共领域内的描述性信息的使用，这种正当使用行为不侵犯他人的注册商标。

但是，用他人注册商标词语描述自己的商品有一个边界问题，一旦突破正当使用的边界范围，则构成商标侵权。如何确定正当使用的限度，目前尚缺乏明确的法律规定。

在经典案例漳州市宏宁家化有限公司与漳州片仔癀药业股份有限公司侵犯商标专用权纠纷案①[（2009）民申字第1310号]中，最高院对判断描述性商标使用是否正当的问题给出了明确的指引，结合该案的论述，判断描述性商标使用是否正当，主要应从（1）该商品或服务是否具备注册商标所描述的特征，（2）使用者的主观意图两个方面加以考虑和判断。

一、基础特征：该商品或服务是否具备注册商标所描述的特征

根据《商标法》第十一条，仅直接表示商品的质量、主要原料、功能、用途、重量及其他特点的，不得作为商标注册，但经过使用取得显著特征，并便于识别的，可以作为商标注册。当描述性的商标作为商标注册后，并不能阻止他人以描述商品或服务特征的方式使用该文字、图形或记号。他人的产品或服务具备注册商标所描述的特征，是正当使用注册商标标识的基础要件。如果该产品不符合标识词汇所描述的特征，那么他人主张基于描述性目的使用注册商标就失去了基础。

在漳州市宏宁家化有限公司与漳州片仔癀药业股份有限公司侵犯商标专用权纠纷一案中，最高院经审理认为：片仔癀客观上是一种药品的名称，如果被控产品中含有片仔癀成分，生产者出于说明或客观描述商品特点的目的，以善意方式在必要的范围内予以标注，不会导致相关公众将其视为商标而导致来源混淆的，可以认定为正当使用。

---

① 案情简介：漳州片仔癀药业股份有限公司拥有在第三类牙膏、化妆品及第五类药品上的“片仔癀”及“PIEN TZE HUANG”的注册商标。1999年，使用在药品商品上的“片仔癀 PIEN TZE HUANG”商标被认定为驰名商标。漳州市宏宁家化有限公司生产、销售的“荔枝牌片仔癀珍珠霜（膏）”“片仔癀特效牙膏”等27种化妆品及日化用品，均将“片仔癀”作为其产品名称组成部分，并在包装装潢上突出使用“片仔癀”“PIEN TZE HUANG”，且其字体与片仔癀公司的注册商标基本相同。

可见，在符合“描述性”基础特征的情形下，还需要进一步判定使用者的主观意图。

二、主观意图：生产者是否出于说明或客观描述商品特点的目的

北京高院在2006年发布的《关于审理商标民事纠纷案件若干问题的解答》中明确将“善意”作为正当使用商标标识行为的构成要件，如果有证据显示，他人使用该注册商标标识并不是出于说明或客观描述商品特点的需要，而是具有攀附商标权人注册商标的商誉或知名度，以使消费者产生混淆或误认等不正当竞争的意图的，则应当认定该使用行为超出了正当使用范畴，构成了对权利人注册商标专用权的侵犯。

在漳州市宏宁家化有限公司与漳州片仔癀药业股份有限公司侵犯商标专用权纠纷一案中，法院对于判断使用行为是否属于善意、必要，参照了商业惯例以及使用人的客观使用方式进行推定。

被告宏宁公司如果是为了说明其产品中含有片仔癀成分，应当按照商业惯例以适当的方式予以标注。但在该案中，宏宁公司在其生产、销售商品的包装装潢显著位置突出标明“片仔癀”“PIEN TZE HUANG”字样，该标识明显大于宏宁公司自己的商标及其他标注，并且所采用的字体与片仔癀公司的注册商标基本一致。

因该种使用方式已经超出说明或客观描述商品而正当使用的界限，其主观上难谓善意，在涉案商标已经具有很高知名度的情况下，客观上可能造成相关公众产生商品来源的混淆，因此宏宁公司关于其使用是正当使用的主张不能成立。

根据《最高人民法院关于审理商标民事纠纷案件适用法律若干问题的解释》（以下简称《商标侵权司法解释》）第一条，将他人注册商标相同或相近的文字作为企业的字号在相同或类似商品上突出使用，容易使相关公众产生误认的，属于侵犯注册商标专用权的行为。“突出使用”是认定属于商标意义上的使用而非描述产品特征意义上的使用的客观行为标准。在认定对他人注册商标的使用是否属于“突出使用”时，除了考虑使用商标标识的相似程度、位置、大小等相关因素外，还需要法院对消费者的认知能力进行预设，根据个案原则来综合认定。

总的来说，注册商标中含有的本商品的通用名称、图形、型号，或者直接表示

商品的质量、主要原料、功能、用途、重量、数量及其他特点，或者含有地名，注册商标专用权人无权禁止他人正当使用。

描述性商标由于其商标词汇本身具有描述性，无法直接起到区别商标来源的作用，其禁止他人使用的权利范围受到较大的限制。当注册商标具有描述性时，其他生产者出于说明或客观描述商品特点的目的，以善意方式在必要的范围内予以标注，不会导致相关公众将其视为商标而导致来源混淆的，构成正当使用。

第六节 将他人注册商标设定为“广告关键词”的行为性质认定

2020 年 12 月 14 日，国家知识产权局发布了首批有关知识产权行政执法的指导案例，其中指导案例 1 号涉及互联网环境下的注册商标保护问题，该案对实务中将他人的注册商标设定为广告搜索关键词的行为是否构成商标使用给予了指导意见。

对这类行为的定性问题，实务中有两种不同观点：一种意见认为其构成商标侵权，另一种则认为应属于不正当竞争。笔者认为，商标侵权与不正当竞争在表现形式和构成要件上存在区别，应结合法律规定和涉案行为的表现特征进行具体分析。

一、将他人注册商标作为广告关键词使用，构成商标的使用

在国家知识产权局行政执法指导案例 1 号中，美国邓白氏国际有限公司是一家商业信息服务机构，在我国注册了第 1185850 号“邓白氏”、第 26031783 号“邓白氏编码”、第 25252382 号“DUNS”等多件商标，并授权上海华夏邓白氏商业信息咨询有限公司在中国境内使用“邓白氏”注册商标开展相关业务。

上海章元信息技术有限公司为美国邓白氏国际有限公司前加盟服务商。上海章元信息技术有限公司在明知“邓白氏”为他人注册商标的前提下，仍与某公司签订百度推广服务合同，在百度搜索结果中以“【官】邓百氏编码_国际认可的_全球通用企业编码系统”的描述，推广其开展的代理邓白氏编码申请服务。并

有八家企业通过百度搜索,误认为当事人与美国邓白氏国际有限公司有授权许可关系,委托其办理邓白氏编码申请。

在互联网环境下,商标使用形式多样,如何认定商标的使用极为复杂,尤其是对广告关键词搜索中使用他人注册商标是否构成商标的使用存在争议。网络用户在搜索引擎中输入关键词的目的是寻找与其相关的信息,在搜索结果页面出现该关键词时,网络用户可能认为该关键词与特定商品或服务存在联系。在这种使用方式下,关键词广告将用户引导至第三人网页,使该商品或者服务与商标相联系,构成商标法意义上的商标的使用。

本案当事人通过签订搜索推广服务合同,将他人注册商标作为广告搜索关键词,在相关搜索结果中显示他人注册商标,使相关公众误认为其与商标权人存在授权许可关系,对服务的来源产生混淆和误认。执法机关认定当事人的行为属于《商标法》第四十八条规定的商标的使用行为。

类似的商标侵权使用行为还有:将他人的注册商标设定为自身产品的搜索关键词,提供给网络服务商并购买其竞价排名服务,使相关公众在使用他人注册商标进行检索时产生混淆或误认的行为。

例如,在[(2011)苏知民终字第 33 号]案件中,原告梅思泰克公司注册有"梅思泰克"文字商标,核定使用商品为第 11 类:空气防臭装置;空气调节装置;气体净化装置;空气消毒器等。被告安固斯公司的经营范围与原告相同。在没有获得梅思泰克公司许可的情况下,被告通过支付推广费的形式,购买"谷歌"搜索引擎的竞价排名服务,将"梅思泰克"四个字作为关键词进行"选定"使用,使安固斯公司占据有关"梅思泰克"搜索结果的第一位。

本案中安固斯公司选定"梅思泰克"为关键词进行竞价排名,容易导致相关公众混淆和误认。首先,梅思泰克公司与安固斯公司均系从事环保设备生产、销售等服务企业,二者提供的产品和服务部分系相同或者相似。其次,"梅思泰克"注册商标通过梅思泰克公司的使用和宣传,相关消费者已将"梅思泰克"与梅思泰克公司的产品和服务产生了特定的联系,具有一定的识别、联系功能。

由于安固斯公司通过竞价排名已将"梅思泰克"设定为关键词,搜索结果排在第一位的是安固斯公司的网站及其产品,客观上会使搜索用户认为安固斯公司与"梅思泰克"存在某种联系,因而产生误解,引起混淆。虽然安固斯公司的网站中并没有显示"梅思泰克"商标,其网站中宣传的产品亦是安固斯公司的产品，而不是梅思泰克公司产品，但是安固斯公司在明知原告梅思泰克公司为同行业企业，且“梅思泰克”是原告公司注册商标的情况下，仍选定“梅思泰克”为关键词购买“谷歌”竞价排名服务，从而吸引意在寻找“梅思泰克”产品的用户访问安固斯公司网站及其产品。据此，被告安固斯公司的行为主观上具有利用“梅思泰克”商标、商誉的故意，客观上增加了“梅思泰克”潜在客户访问其网站和产品的机会，导致梅思泰克公司客户的流失，损害了梅思泰克公司的商业利益。

二、不当利用他人商标的知名度，为自己争取交易机会和关注度的行为，属于不正当竞争行为

在当事人的使用行为不构成商标性使用的情形下，根据《反不正当竞争法》第二条的规定，若无正当理由，不当利用他人商标的知名度，系违反诚信原则和公认的商业道德的行为，构成不正当竞争，仍需承担法律责任。

例如，在[(2015)闽民终字第1266号]案件中，原告广东罗浮宫国际家具博览中心公司系“罗浮宫”注册商标的权利人，该商标核定使用商品类别为包括家具在内的第20类。被告连天红家具公司与力天红家具公司系关联公司。力天红公司通过与百度公司签订合同并交纳一定费用后，在百度网开展关键词广告搜索业务。经公证演示，网络用户在百度搜索框中输入“罗浮宫家具”关键词后，出现的搜索结果页面第二条标题为“红木家具品牌连天红高贵不贵 www.liantianhong. com”，点击该网址链接后即进入连天红公司网站首页。该关键词及标题内容系由力天红公司在推广系统后台自行添加及撰写。

本案中，“罗浮宫家具”被力天红公司设置为搜索关键词，实际所发挥的作用是借助百度推广这一服务系统，将与连天红公司相关的标题及网站链接地址展示给网络用户，从而达到吸引网络用户注意力，引导用户进入连天红公司的网站，关注连天红公司产品的目的。由于连天红公司并非直接借助“罗浮宫”这一商标标识对其产品进行宣传和推广，“罗浮宫家具”关键词的使用与连天红公司的产品不存在直接关联，无法发挥识别商品来源的作用，被控侵权行为并不属于商标法所界定的“商标性使用”，不宜认定为商标侵权行为。

法院认为，将被控侵权行为定性为不正当竞争更符合事实和法律依据。主要理由是，作为同业竞争者，力天红公司对“罗浮宫”商标的品牌影响力应当是知悉的，力天红公司设置和使用“罗浮宫家具”这一关键词与其待推广的连天红

网站之间并不具有实质关联性，其目的显然是欲借助“罗浮宫”的商标知名度对连天红公司进行宣传推广，提升连天红公司及其产品的关注度，主观上具有“傍品牌、搭便车”的不正当性。客观上可能导致用户因搜索结果而产生不恰当的联想或者注意力被人为转移，误入连天红公司的网站，从而为连天红公司培养潜在客户，创造和提供更多的商业机会及交易的可能性，这必然对罗浮宫公司造成直接的损害后果。被告的行为属于为了获取竞争优势，违反市场交易中应当遵守的诚实信用原则和公认的商业道德，破坏公平竞争市场秩序的行为。因此，可以适用《反不正当竞争法》第二条的规定进行规制。

三、总结

根据《商标法》第四十八条的规定：“商标的使用，是指将商标用于商品、商品包装或者容器以及商品交易文书上，或者将商标用于广告宣传、展览以及其他商业活动中，用于识别商品来源的行为。”

通过上述案例可知，将他人的注册商标设定为广告搜索关键词是否构成商标使用行为的关键在于上述行为是否导致相关公众认为该关键词与搜索结果显示的特定商品或服务存在联系，从而产生混淆误认。

而对于未产生识别来源作用的“利用他人商标设置广告关键词”的行为，属于不当利用他人商标的知名度，为自己争取交易机会和关注度的行为，应当认定为违背诚实信用原则和公认的商业道德的不正当竞争行为，以《反不正当竞争法》第二条进行规制。

第七节　商标侵权诉讼中的“合法来源抗辩”规则解读

现行《商标法》第六十四条第二款规定：“销售不知道是侵犯注册商标专用权的商品，能证明商品是自己合法取得并说明提供者的，不承担赔偿责任。”该条也被称为《商标法》中的合法来源抗辩条款。

合法来源抗辩源自民法中的善意第三人理论，旨在促进商品流通，降低交易成本，在满足一定的主客观情形时，为善意的销售者提供不承担赔偿责任的抗辩,鼓励权利人锁定、追诉真正的侵权人。根据《最高人民法院知识产权法庭年度报告(2019)》:“合法来源抗辩、现有技术抗辩、先用权抗辩为最常见的抗辩事由。提出合法来源抗辩的案件占比最大……”可见,合法来源抗辩制度是知识产权诉讼中较为重要的规定之一。

根据法律规定,合法来源抗辩的审查包括主观和客观两个方面。主观上,销售者应为善意,即不明知且不应知涉案商品为侵权商品;客观上,销售者应举证涉案商品由合法的渠道获得,即所售商品的来源清晰、渠道合法、价格合理,其销售行为符合诚信原则,合乎交易惯例,并指明提供者。

从《商标法》第六十四条的字面意思看,适用“合法来源抗辩”的主体限定为商品销售者,但依据《商标法》第四条第二款的规定:“本法有关商品商标的规定,适用于服务商标。”即《商标法》并没有排除合法来源抗辩条款适用于服务商标。但在理论和实践中,合法来源抗辩能否适用于服务商标存在争议,笔者主要通过判决的梳理,对服务商标侵权诉讼中的合法来源抗辩的适用标准进行法律分析。

一、理论争议

从制度目的出发,有观点认为,合法来源抗辩的目的在于平衡物权和知识产权之间的冲突。在销售者进货时,上游主体作为物权的有权处分人与商标权的无权处分人的身份发生竞合,行为人善意地通过合法渠道进货,以合理的对价取得物权后,上游主体使用在商品上的商标不可避免地与商品一同发生转移,从而侵犯了权利人的商标权。从物权角度看,行为人系合法取得商品的所有权,对商品依法享有收益、处分的权能,因此,对于被诉侵权商品上的商标权保护需要通过合法来源抗辩规则予以调节。

但在服务活动中,由于不存在物权的转移,商标往往通过“使用行为”在服务场所内发挥识别来源的作用,服务提供者作为侵权源头,从无到有地向消费者提供了服务,并不存在从他人那里合法获取服务,因此,无法适用“善意取得”理论,从而也不能适用合法来源抗辩规则。

对于上述理论,也有观点予以反驳。反驳者认为,对于通过加盟等方式获得他人商标授权的服务,也存在形式合法、销售者主观善意的可能,不能将此类情形一概拒于合法抗辩的范围之外。如在现实的商业活动中,存在大量加盟商经过上游商标特许人的授权，向消费者提供服务的情形。如果特许人在授权时具有商标权利的外观，商标知名度不高，且行为人尽到了合理的注意义务后仍难以辨别其获得授权的商标是否侵犯了他人的权利，此时基于公平原则，不应过分加重行为人的注意义务。

二、实务观点：服务商标的使用通常难以区分“生产者”和“销售者”

实务中，法院判决服务销售者难以主张合法来源抗辩的原因主要来自服务商标使用的特殊性。在商品商标侵权案件中，商品销售者并未参与生产这一环节，但服务商标的使用往往难以清晰区分生产者和销售者。

如在天津市北辰区青光宝鸟眼镜店、晶华宝岛（北京）眼镜有限公司侵害商标权纠纷案[（2020）津民终 495 号]中，法院认为，依据《商标法》第六十四条第二款的规定，合法来源抗辩适用于销售行为。青光宝鸟眼镜店在店铺门头处有“宝岛眼镜连锁”字样，店内墙面上亦装饰“宝岛眼镜连锁”字样，该行为属于商标使用行为，并非销售行为，青光宝鸟眼镜店的商标使用行为不能适用合法来源抗辩。

同样，在杭州绿茶餐饮管理有限公司与中山区绿茶餐厅侵犯商标权及不正当竞争纠纷案[（2018）京 73 民终 1875 号]中，法院进一步指出，适用《商标法》第六十四条第二款的主体仅为侵权商品的销售者，也就是渠道商，而非生产商。本案中，中山区绿茶餐厅在其经营的店铺门头、菜单、名片、网络推销等活动中突出使用涉案标识的行为，显然并非推销、展示侵权服务的渠道行为，而系主动生产、使用侵权服务的源头行为。

由此可见，由于服务商标的使用方式通常由销售者直接参与、决定，在此种情况下，销售者同时作为被诉侵权服务的生产、使用者，实务中一般认为其不符合合法来源抗辩适用的主体条件，除非销售者能够将销售行为和生产行为割裂开，并举证证明其并未实施生产行为。

如在深圳美西西餐饮管理有限公司、赵某侵害商标权纠纷案[（2019）鲁 06 民终 1067 号]中，法院指出：本案中，被告制作、销售的被控侵权商品以及服务经营中所使用的标识皆源于案外人，被告在被控产品的制作、销售和标识的使用上并不具有自主权，未展现出直接侵权的故意，在案外人已经向被告出示相关商标注册证以及营业执照、食品经营许可证等证明材料的情况下，可以认定被告作为普通经营者已经尽到了合理的注意和审查义务。因此,在原告未能提供证据证明被告主观上存在明知或应知侵权故意的情况下,法院认为,被告主张的合法来源抗辩理由成立。

可见,事实上,服务商标侵权的合法来源抗辩与商品商标侵权并无区别,但考虑服务商标的特殊性,其生产、使用和销售行为往往难以割裂开来,实践中才产生了合法来源抗辩不适用服务商标销售者的认识。

三、服务销售者适用“合法来源抗辩”的善意要件审查

在符合能够区分服务商标使用者的生产行为和销售行为的前提下,销售者是否善意往往是能否适用合法来源抗辩的关键因素。

依据[(2019)最高法知民终118号]案中的裁判观点:“如果销售者能够证明其遵从合法、正常的市场交易规则,取得所售产品的来源清晰、渠道合法、价格合法,其销售行为符合诚信原则、合乎交易惯例,则可推定其无主观过错。此时,应由权利人提供相反证据。在权利人未进一步提供足以推翻上述推定的相反证据的情况下,应当认定销售者合法来源抗辩成立。”

在销售者证明了合法来源后,主观过错应由原告予以证明,但在大部分情况下,通常由法院结合以下客观因素综合推定销售者是否构成“善意”。

其一,商标的知名程度。一般而言,权利商标的知名度越高,侵权人知晓该商标的可能性就越大,对权利商标所指向的服务的了解程度也越大。如在上海紫燕食品有限公司与句容市宝华镇苗氏卤菜店侵害商标权纠纷案[(2019)苏11民初29号]中,法院认为,被告作为熟食食品行业的经营主体,对原告“紫燕”“嘉州紫燕”“紫燕百味鸡”等注册商标具有较高知名度的事实应系明知。

其二,行为人是否尽到了对授权合同的合理审查义务。销售者对服务商标支付的对价主要依据的是商标授权合同。一般而言,销售者需要提供服务来源方的初步权利证明,如相关的商标注册证以及营业执照、经营许可证等证明材料;结合涉及商标或品牌等知识产权的相关条款、商标知名度、授权价格予以判断是否尽到了合理的注意义务。

其三,行为人及其关联主体是否曾经因被诉行为或类似行为遭到过投诉、起诉。如在浙江淘宝网络有限公司(以下简称淘宝公司)与衣念(上海)时装贸易有限公司(以下简称衣念公司)侵犯商标权纠纷案[(2011)沪一中民五(知)终

字第40号]中,法院认为,衣念公司向淘宝公司发起过长期、大量的投诉,通过查看相关链接信息,作为经常处理商标侵权投诉的淘宝公司应知道卖家实施了侵犯衣念公司商标权的行为。通常情况下,经过合法授权的商品信息被删除,被投诉人不可能漠然处之,除非确实知晓是侵权商品信息。故淘宝公司在多次删除杜某的商品信息并通知杜某被删除原因后,杜某并没有回应或提出申辩,据此应推定淘宝公司完全知道杜某实施了销售侵权商品行为。

其四,行为人的规模及专业程度。销售者的认知能力通常会作为判断其是否明知侵权的因素之一。首先,如果行为人在商业链条中所处的层级较高,规模较大,甄别商标是否构成侵权的能力也会更强。其次,如果销售者作为某一行业中的专门经销商,甚至需要获取某种营业资质才可经营的情况下,相比于普通的销售者,具有更高的注意义务。如在李某民与劲霸男装(上海)有限公司侵害商标专用权纠纷案[(2015)新民三终字第52号]中,法院认为,李某民作为专门经营箱包的经营者,应当对品牌箱包的品质、价格有所了解,其对所销售的皮包具有合理的注意义务。

四、总结

《商标法》上的合法来源抗辩条款源于民法学中的善意第三人理论,旨在平衡知识产权权利人与善意第三人之间的利益,其保护的是善意的中间销售者。依据《商标法》第四条第二款的规定,《商标法》第六十四条并未排除服务商标的适用,在能够明确区分服务销售者的销售行为和生产行为的情况下,行为人若能同时证明其并未实施生产行为,满足善意要件,并能证明合法来源的,就不能当然排除服务商标销售者适用合法来源抗辩条款。对于主观善意的证明应当结合商标知名度、合理审查义务、商标过往争议情况、行为人认知能力等客观因素综合判断。

第八节 侵权方以“己方商标知名度”抗辩的裁判规则解读

根据《商标法》第五十七条第(二)项的规定,未经商标注册人的许可,在同一种商品上使用与其注册商标近似的商标,或者在类似商品上使用与其注册商标相同或者近似的商标,容易导致混淆的行为属于侵犯注册商标专用权。可见,商标本身的近似不是认定侵权行为是否成立的决定性因素,如果使用行为并未损害涉案商标的识别和区分功能,亦未因此而导致市场混淆的后果,该种使用行为即不在《商标法》所禁止的范围之中。

实务中,在判断混淆要件时,法院不仅会考察涉案商标本身的近似性,还会考虑原告、被告及涉案商标的知名度及使用状况等影响相关公众认知的各种要素,从而划定容忍近似商标的界限。被诉侵权方也往往会举证其自身的知名度、被诉侵权商标的知名度、被诉侵权方所拥有的其他注册商标的知名度,来主张其对涉案商标的使用不会造成市场混淆,进而不构成商标侵权。

针对上述情况,《商标法》及相关司法解释、地方法院的办案指南未明确提及商标知名度,特别是被诉侵权方的相关知名度证据是否会对判断混淆可能性造成影响,从而导致司法实践较为混乱。

一、商标知名度对认定商标近似及混淆的相关规定

1.《商标侵权司法解释》第十条规定:"人民法院依据商标法第五十七条第(一)(二)项的规定,认定商标相同或者近似按照以下原则进行:

(一)以相关公众的一般注意力为标准;

(二)既要进行对商标的整体比对,又要进行对商标主要部分的比对,比对应当在比对对象隔离的状态下分别进行;

(三)判断商标是否近似,应当考虑请求保护注册商标的显著性和知名度。"

2.《最高人民法院关于审理商标授权确权行政案件若干问题的意见》第十六条规定:"人民法院认定商标是否近似,既要考虑商标标志构成要素及其整体的近似程度,也要考虑相关商标的显著性和知名度、所使用商品的关联程度等因素,以是否容易导致混淆作为判断标准。"

3.《最高人民法院关于审理商标授权确权行政案件若干问题的规定》第十二条规定:"当事人依据商标法第十三条第二款主张诉争商标构成对其未注册的驰名商标的复制、摹仿或者翻译而不应予以注册或者应予无效的,人民法院应当综合考量如下因素以及因素之间的相互影响,认定是否容易导致混淆:

(一)商标标志的近似程度;

(二)商品的类似程度;

(三)请求保护商标的显著性和知名程度;

(四)相关公众的注意程度;

(五)其他相关因素。

商标申请人的主观意图以及实际混淆的证据可以作为判断混淆可能性的参考因素。"

4.《北京市高级人民法院商标授权确权行政案件审理指南》第十五条第二款规定:"适用商标法第三十条、第三十一条时,可以综合考虑商标标志的近似程度、商品的类似程度、引证商标的显著性和知名度、相关公众的注意程度以及诉争商标申请人的主观意图等因素,以及前述因素之间的相互影响,以是否容易造成相关公众混淆为标准。"

根据上述规定可知,被请求保护的注册商标的知名度是认定商标近似的因素之一,同时在商标民事纠纷和行政纠纷中,判断被诉商标是否构成侵权,须以"是否容易造成混淆"作为最终的判断标准。对于混淆要件的判断标准,仅有《最高人民法院关于审理商标授权确权行政案件若干问题的规定》第十二条规定了可以考量的相关因素,但也仅针对"未注册的驰名商标"。同时,被诉侵权商标、被诉侵权方以及被诉侵权方拥有的其他注册商标的知名度是否需要在混淆要件中进行考虑,法律没有作出明确规定。

二、司法观点总结

司法观点一:因恶意侵权行为形成的市场知名度不应得到保护。

在[(2015)浙知终字第152号]案件中,3M Company(以下简称3M公司)、3M中国有限公司(以下简称3M中国公司)是"3M"注册商标的权利人。上述两公司认为常州华威新材料有限公司(以下简称华威公司)在车身反光标识产品上使用"3N"标识侵害了其"3M"商标权,遂诉至法院。

本案的特殊之处在于,被告华威公司提出抗辩,认为由于其持续使用被诉标识"3N"长达七年,已积累了一定的知名度,并在诉讼中提供了大量证据证明"3M"商标和"3N"商标共存并不会造成市场混淆,两者已形成稳定的市场格局,故其不构成商标侵权。

对此,杭州市中级人民法院指出,"3M"引证商标在车身反光标识产品上具有较高的显著性和知名度;将“3M”和“3N”商标在构成要素及整体结构上进行比对,两者构成近似。将上述近似商标使用在相同的车身反光标识产品上均为红白相间的带状或条状,相关消费者在选购此类商品时所施加的注意程度较低,在两者均带有“CCC”认证标志的情况下,消费者容易将华威公司使用“3N”商标的车身反光标识产品和3M公司、3M中国公司使用“3M”商标的相同产品相混淆,至少容易认为两者在来源上具有特定的联系。

对华威公司提出的被诉商标的知名度抗辩,从主观要件上看,华威公司在2007年进入车身反光标识市场时,应当对在先知名的“3M”注册商标予以合理的避让,但华威公司选择了与“3M”注册商标相近似的“3N”作为其商标进行使用,在主观上难谓善意,故构成商标侵权行为。

浙江省高级人民法院更是明确指出,华威公司作为同业竞争者,在初涉该行业且毫无商誉积累之时即在相同商品上使用与“3M”商标相近似的“3N”商标,其不正当竞争的主观故意,具有可归责性。

虽然“3N”商标经过长期使用已具备一定影响力,但华威公司在无任何在先权益的情形下所实施的在后使用行为不具有正当性和合法性。如果司法裁判对华威公司因持续侵权行为所形成的市场份额和消费群体予以肯定的评判,则势必会变相鼓励商标侵权人以扩大侵权规模的方式规避侵权责任,这显然与我国《商标法》的立法原意相悖并损及《商标法》的基本价值。

该案入选了2016年浙江省高级人民法院发布的2015年度十大知识产权保护案例,其确立的司法观点表明:对于恶意攀附他人商誉的商标侵权行为,即使在后续使用中,被诉侵权商标积累了一定的市场规模和商业价值,也不能作为阻却其商标侵权行为的理由。

虽然,根据《最高人民法院关于充分发挥知识产权审判职能作用推动社会主义文化大发展大繁荣和促进经济自主协调发展若干问题的意见》中的观点,认定商标近似应根据各方面因素综合判定,注意尊重已经客观形成的市场格局,防止简单地把商标构成要素近似等同于商标近似,实现经营者之间的包容性发展。但包容性发展的司法政策应将其适用范围限制在特殊的例外情况中,通常是因为复杂历史因素或者其他客观因素所导致的善意共存。

司法观点二:被诉侵权人的自有商标知名度较高仍有可能构成市场混淆。

实务中,被诉侵权方除举证被诉侵权商标的知名度外,往往还会抗辩其与被诉侵权商标组合使用的其他自有商标具有较高的知名度,因而相关消费者可以识别被告的商标,不会造成市场混淆。

对此,最高院曾在公报案例[(2017)最高法民再273号]中提供了相关裁判观点。该案中,原告曹某冬系注册商标“金戈铁马”的在先权利人,该商标核定使用商品为第30类“茶叶”等。被告在其生产的茶饼系列产品包装上使用了“金戈铁马”四字字体,并组合使用了被告自有的“松鹤延年”注册商标和“下关沱茶”注册商标。

对于原告诉讼商标侵权的主张,被告抗辩其拥有自己的注册商标“下关沱茶”“松鹤延年”,且在被告的商品上进行了突出显示。由于被告的“下关沱茶”商标是驰名商标;“松鹤延年”商标是云南省著名商标,因而被告的商品没有必要攀附原告商标来提高自己的知名度。

对于被告提出的抗辩理由,最高院指出:首先,从时间上,曹某冬于2009年6月14日就已经注册了第5492697号“金戈铁马”注册商标,而下关沱茶公司的“松鹤延年”和“下关沱茶”商标,分别注册于2010年、2014年,均晚于原告商标注册时间;曹某冬于2009年8月16日许可云南金戈铁马茶业有限公司使用其注册商标,而下关沱茶公司生产被控侵权商品系2014年,也晚于曹某冬注册商标的使用时间。

其次,即使“下关沱茶”商标较本案诉争商标具有更高的知名度,原审法院认为被诉侵权商品没有必要攀附涉案商标有一定的可能性,但该推断忽视了注册商标作为一项标识性民事权利的权能和作用。

注册商标不仅有权禁止他人在相同类似商品上使用该注册商标标识,更有权使用其注册商标标识其商品或者服务,在相关公众中建立该商标标识与其商品来源的联系。

相关公众是否会混淆误认,既包括将使用被诉侵权标识的商品误认为商标权人的商品或者与商标权人有某种联系,也包括将商标权人的商品误认为被诉侵权人的商品或者误认商标权人与被诉侵权人有某种联系,妨碍商标权人行使其注册商标专用权,进而实质性妨碍该注册商标发挥识别作用。因此,如果认为被诉侵权人享有的注册商标更有知名度即可以任意在其商品上使用他人享有注册商标的标识,将实质性损害该注册商标发挥识别商品来源的基本功能,对该注册商标专用权造成基本性损害。

最后，最高院认定，二审法院以被诉侵权商品自有商标知名度高为由认定被告不构成侵犯涉案注册商标专用权的事实和适用法律均有不当。

通过该案可知，被诉侵权人自有商标的知名度较高仍不构成商标侵权的抗辩理由，相关公众有可能会将商标权人的商品视为被诉侵权人的商品，即构成"反向混淆"，从而妨碍了商标权人通过自己的注册商标发挥识别来源的作用。

司法观点三：商标权的保护强度应考虑被诉侵权人的在先知名度及使用方式。

虽然在上述两案中，相关法院的司法裁判明确了：(1)因恶意侵权行为累积的市场知名度不应得到保护；(2)被诉侵权人不能因其自有商标知名度较高就任意使用他人的注册商标。但最高院在另案中还曾明确提出，商标权的保护强度应当遵循比例原则，引证商标及被诉侵权商标的知名度情况在具体案件中仍可能对市场混淆的认定产生影响。

例如，在[(2016)最高法民再216号]案件中，新能源公司、凌普公司共同提起诉讼称：新能源公司系核定使用在第6类"金属建筑材料、家具用金属附件"等商品之上的"aopu 奥普"(以下简称涉案商标)商标的权利人，凌普公司为被许可使用人。涉案商标由新能源公司和凌普公司使用于其生产销售的金属集成吊顶等产品上。

上述两公司发现，在杨某的经营场所中存在标有"AUPU 奥普"商标、产品名称为"浴顶"的金属扣板，产品上标注的生产者为奥普卫厨公司；杨某在经营场所的装潢和广告宣传中还大量使用了"奥普 1 + N 浴顶"和"AUPU 奥普"等文字宣传。

一审法院认为，杨某和奥普卫厨公司在金属扣板商品上使用"AUPU 奥普"商标标识的行为构成对新能源公司涉案商标专用权的侵犯。原告、被告上诉后，二审法院仍认定，被告的行为构成商标侵权。但在再审中，最高院基于被诉侵权人及被诉侵权商标的知名度，以及知识产权保护激励创新的目的和比例原则判断本案被告不构成侵权。

通过最高院的分析可见，对于商标权的保护强度，应当与其应有的显著性和知名度相适应。就本案而言，涉案商标由中文文字和拼音两部分组成，其中的中文文字"奥普"为臆造词，具有较强的固有显著性，且与杭州奥普电器有限公司、奥普卫厨公司的商号完全一致。根据原审法院查明的事实，至涉案商标申请日之前，经杭州奥普电器有限公司、奥普卫厨公司及其关联企业的使用，“奥普”系列商标已经在与涉案商标核定使用的“金属建筑材料”商品关联程度很高的浴霸等电器商品上具有了较高的知名度。

并且，从杭州奥普电器有限公司享有在先权利的情况来看，除在第11类“浴室装置”等商品上拥有的“奥普”及“AUPU”注册商标之外，杭州奥普电器有限公司在第6类“建筑用金属板、金属隔板（建筑）”上还拥有“1+N”“1+N浴顶”注册商标，在第11类“浴室装置”等商品上拥有“1+N”“1+N浴顶”“浴顶”等注册商标。上述商标的核准注册日期均早于本案被诉侵权行为发生的时间。

从被诉侵权产品的销售场所来看，新能源公司公证购买被诉侵权产品的行为发生在奥普卫厨公司经销商的门店之中。在该门店的招牌上，以突出的方式使用了“奥普”及“1+N浴顶”字样。

从被诉侵权产品对标识的使用情况来看，在被诉侵权产品的外包装上，除标注有“产品名称：普通扣板”之外，还清晰地标明了生产商奥普卫厨公司企业名称的全称、“1+N浴顶”“浴顶”的商标图样。在拆开外包装后，可看到扣板侧面同时标注有“AUPU奥普©”“1+N浴顶”以及奥普卫厨公司企业名称的全称。据此，一般消费者凭借奥普卫厨公司在销售场所和被诉侵权商品上标注的上述信息，已足以实现对商品来源的清晰区分，不会导致误认被诉侵权产品源于新能源公司的结果，亦不会产生攀附新能源公司对涉案商标享有的商业信誉的损害后果。

对比该案与前述“金戈铁马”商标侵权案，笔者认为，该案认定被告不构成商标侵权的重要原因在于被诉侵权人及被诉侵权商标在涉案商标申请注册之前就享有较高的在先知名度，且根据被告的具体商标使用方式不会造成市场混淆的后果。该案中，原告享有的“aopu奥普”商标注册在第6类“金属建筑材料、家具用金属附件”等商品中；被告的“奥普”及“AUPU”商标注册在第11类“浴室装置”等商品中。虽然“金属建筑材料”与“浴霸等电器商品”具有较高的关联性，但由于在涉案商标申请日之前，被告已享有“奥普”企业字号权，且被告的“奥普”系列商标建立了较高的市场知名度，故被告不存在攀附原告商标的恶意。除此之外，被告享有的其他“1+N浴顶”“浴顶”商标的核准注册日期均早于本案被诉侵权行为发生的时间。结合被诉侵权产品以突出的方式使用了

"奥普"及"1 + N 浴顶"字样;清晰标明了生产商奥普卫厨公司企业名称的全称、"1 + N 浴顶""浴顶"的商标图样,故不会造成市场混淆的后果。

三、总结

综合上述案例,可以得出以下结论。

其一,对于恶意攀附他人商誉的商标侵权行为,即使在后续使用中,被诉侵权商标积累了一定的市场规模和商业价值,也不能作为其阻却商标侵权行为的抗辩理由。

其二,相关公众是否会混淆误认,既包括将使用被诉侵权标识的商品误认为商标权人的商品或者与商标权人有某种联系,也包括将商标权人的商品误认为被诉侵权人的商品或者误认商标权人与被诉侵权人有某种联系的反向混淆。因此,不能仅依据被诉侵权人享有的注册商标更有知名度,即认为不会造成市场混淆。

其三,商标权的保护强度会受到商标知名度的影响。如果被诉侵权人、被诉侵权商标在引证商标申请注册之前就享有较高的在先知名度,且根据被诉侵权人的具体商标使用方式不会造成市场混淆的后果,则不构成商标侵权。

第九节 注册商标被宣告无效前的使用行为,如何认定侵权及赔偿

我国作为实行商标注册制度的国家,商标专用权的取得主要通过注册人的申请及商标局的准许获得。商标注册制虽然使注册商标具有了一定的公信力及公示效力,但也导致了商标抢注现象的频频发生。根据国家知识产权局发布的数据,2019 ~ 2020 年每年受理的商标评审案件均在 30 万件以上。

根据《商标法》第四十七条第一款的规定,注册商标被宣告无效后,其原有的注册商标专用权视为自始不存在。然而,该条并未规定商标在核准注册后、无效宣告前的使用行为是否构成侵权,以及是否要承担赔偿责任。在现行法未明确规定的情况下,司法实践亦存在不同的做法,笔者将结合具体案例对这一问题进行详细分析。

一、对《商标法》第四十七条第二款"商标无效宣告溯及力"的理解与适用

《商标法》第四十七条第二款规定:"宣告注册商标无效的决定或者裁定,对宣告无效前人民法院做出并已执行的商标侵权案件的判决、裁定、调解书和工商行政管理部门做出并已执行的商标侵权案件的处理决定以及已经履行的商标转让或者使用许可合同不具有追溯力。但是,因商标注册人的恶意给他人造成的损失,应当给予赔偿。"

不难看出,该条款将宣告无效不具有追溯力的情形均限定在"已经执行"或"已经履行"的特定情况下。其立法目的在于维护已经作出并已执行的决定的稳定状态,避免在注册商标被宣告无效后,之前一切已经执行的各种法律文件被全盘推翻,从而导致司法、行政资源的过度消耗,不利于维持社会秩序的相对稳定。

但从法条的表述也可看出,该条采用了"穷尽式列举"的形式,严格限制了无效宣告裁定不具有追溯力的四种情形,以尽量增加无效决定或裁定具有追溯力的机会,避免不当的扩张解释。

实践中,因商标无效宣告存在行政程序和诉讼程序两个阶段,对于因不服商标评审行政程序而进入诉讼程序的无效宣告案件来说,如何认定宣告商标权无效的时间节点存在争议。

对此,在[(2017)最高法民再262号]案件中的裁判观点为实践提供了一定的指导。该案中,最高院对宣告无效的时间应以裁定作出日还是裁定送达日为准的问题,指出《商标法》第四十七条第二款的立法目的在于实现公平与秩序的协调和平衡。由于宣告无效的商标专用权视为自始即不存在,以该商标权为基础的商标侵权判决、调解书、商标侵权纠纷处理决定、商标实施许可合同、商标权转让合同等所确定的利益本不应由商标权人获得。因此,《商标法》第四十七条第二款的规定以商标无效决定或裁定有追溯力为原则,以无追溯力为例外。基于上述原因,在确定宣告无效的时间点时,应该考虑如下因素:

一是该时间点应有对世性,应是社会公众均可公开得知并明确知晓的;二是该时间点应有确定性,应是一个确定的时点,原则上不宜随当事人的具体情况或者其他人为因素发生变动;三是该时间点应是较早具有法律意义的时间点,尽量

增加无效决定或裁定具有追溯力的机会。

基于上述考量，最高院认为，相比于送达日，无效裁定日作为确定商标权被宣告无效的时间点，不仅具有对世性和确定性，还可以在一定程度上增加无效裁定具有追溯力的机会，实现结果公正。

笔者认为，基于最高院所确立的尽可能增加无效裁定具有追溯力的机会，实现结果公正的立法目的而言，在商标已经被商标局裁定无效宣告的情况下，若法院判决维持裁定结果，则应当以裁定作出日为时间节点；在商标未被裁定无效宣告，而一审法院判决应当无效宣告、撤销被诉裁定，且二审法院维持的情况下（若有），则应当以一审法院判决作出日为时间节点，即总体上以较早的具有法律意义的时间点为准。

总体而言，《商标法》第四十七条第二款对商标无效宣告溯及力的限制，不是额外赋予无效商标一个权利完整的“有效期”，而是仅限于维持该无效商标无效宣告前既往维权、流转、使用秩序稳定的制度安排，不存在也不适用于该无效商标“有效期”与在先注册商标的权利冲突。

也正因如此，商标无效宣告一经作出，无效商标即自始丧失对抗在先注册商标权利人的合法依据。相应地，司法实践的主流观点也认为，在商标被宣告无效前，原注册人基于国家知识产权局关于核准商标注册的公信力，以及其信赖利益而主张的不侵权抗辩，不能得到支持。

二、司法实践：根据主观过错及实际使用情况认定侵权赔偿

如前所述，因注册商标被无效宣告后，原注册人的权利基础自始不存在，司法实践普遍认为，在商标无效宣告前，因使用该商标而对他人注册在先的商标造成侵害的，被诉侵权人的使用行为构成商标侵权。

但侵权行为的成立与侵权责任的承担是两个不同的概念，行为人在无效宣告前的使用行为是否具有“恶意”，会对民事责任的承担方式、赔偿数额的确定产生重大影响。如在[（2020）浙01民终2289号]案件中，浙江省杭州市中级人民法院明确指出，虽然《商标法》第四十七条第二款并不构成被诉侵权人因自身使用行为对他人构成侵权的免责抗辩事由，但在赔偿金额上应考量侵权人出于信赖商标注册部门决定而实施侵权行为的主观过错程度较低的因素。

在[（2021）川知民终15号]案件中，四川省高级人民法院认为，《商标法》所

称“恶意”是指在无效宣告前,商标注册人的注册、使用行为是否具有攀附他人商誉、侵犯在先权利、获取不正当商业机会和利益的主观故意。主观故意的认定可以从被诉侵权商标的注册时间在后、被诉侵权人与商标权人之间具有一定联系、被诉侵权人除商标侵权外,还存在其他仿冒权利人标识的不正当竞争行为等因素综合考虑。

即使存在少数法院认为,注册商标被撤销或宣告无效前,对于撤销或无效之前的商标注册权人的使用行为原则上没有溯及力,不构成商标侵权,但前提是被诉侵权人没有主观故意。

如在[(2017)沪 73 民终 299 号]案件中,上海知识产权法院认为,商标局或商评委关于准予商标注册的决定对商标权人在内的社会公众均具有一定的公信力,因信赖商标注册部门的决定而实施的相关商标使用、许可、转让或者保护等行为应当受到保护,不能因为注册商标之后被撤销或无效而使原本合法的行为转变为侵权行为,否则基于注册商标而进行的各种市场活动将缺乏稳定性和可预期性,不利于市场主体的交易安全。

但是,《商标法》第七条规定,申请注册和使用商标,应当遵循诚实信用原则。如果商标注册人在申请商标注册时或者使用注册商标时,主观上存在恶意,即明知其申请注册或使用的商标侵害他人在先权利,那么上文提及的商标注册人值得保护的信赖利益便不复存在。无论注册商标是否被撤销或者宣告无效,在先的权利人均可以主张在后的商标使用行为构成侵权。因商标注册人的恶意给他人造成的损失,应当给予赔偿。

对实际使用情况的判断,其本质仍是对主观故意的判断。如在[(2020)粤 06 民终 3451 号]案件中,广东省佛山市中级人民法院认为,被诉侵权方境龙公司在无效宣告程序启动后,必然知道其对第 13045974 号商标的使用已经产生了因不当注册而引起的争议,在该争议未解决期间,境龙公司对该商标应负有审慎使用的义务。

但是,境龙公司于 2018 年 1 月 28 日仍在其与厨师傅公司生产的燃气热水器产品上使用被控侵权标识,其时商评委已作出《关于第 13045974 号“欧派富 OUPAIFU”商标无效宣告请求裁定书》,且已进行了送达(2018 年 1 月 7 日发文寄出)。因此,境龙公司在第 13045974 号注册商标的无效宣告程序已有处理结果,明知该商标存在权利瑕疵,且亦未就该处理结果进一步提起诉讼的情况下,仍然与厨师傅公司继续使用该商标生产产品，主观上难谓善意，存在一定过错，已侵犯了欧派公司的注册商标专用权，并需要承担赔偿责任。

可见，若注册商标被宣告无效前的注册或使用具有明显的主观恶意，司法实践均认为构成侵权并应当承担赔偿责任。

那么，当原注册人无明显的主观恶意，原注册人抗辩其仅因商标无效程序知道他人的在先注册商标而继续使用，是否构成侵权并应当承担赔偿责任？

司法实践对此存在不同的认识。在[（2017）沪73民终299号]案件中，认定被诉侵权人主观上存在恶意所要求的"明知"，并不是仅指被诉侵权人"知道且已经使用"权利商标，而是要求被诉侵权人知道其注册使用被诉标识很有可能构成侵权而仍然进行使用。

例如，在[（2019）浙01民初958号]案件中，杭州市中级人民法院认为，对于因商标近似而被认定不法的情形，其判断主观性强，需要相当专业的知识，作为普通的商标权人，要求其对双方商标构成近似作准确判断难免责之过重。因此，在无其他证据证明其存在过错的前提下，难以认定其在该商标有效期间的使用行为存在侵权的主观过错。可见，该案法院对于主观故意所要求的"明知"采用了较高的标准，不仅要求被诉侵权人明知他人的权利商标，还要求明知侵权风险而依然进行使用。

多数观点认为，对于"明知"的考量，只需知道他人商标存在却依然使用就达到了主观恶意要求的标准。特别是当原告、被告处于同一地区，生产、销售的产品相同或类似，权利商标具有较高知名度的情况下，如果被诉侵权人在基本相同的商品上申请注册并使用与权利商标近似的标识，且不能作出合理的解释，一般可以推定其主观上存在傍附权利商标的恶意，构成侵权且需要赔偿。

类似的观点在[（2018）京民初127号]案件中也有所体现，该案中，北京市高级人民法院认为，被告亚马逊通公司的关联公司在相关商标的申请注册过程中，早已知悉了涉案注册商标在先注册的事实，却仍实施本案被控侵权行为，其主观上漠视他人依法取得的合法权利，客观上挤压了炎黄盈动公司通过商标使用行为积累商誉、开拓市场空间的可能，属于恶意侵犯商标专用权的行为。

三、总结

通过上述分析可知，注册商标被宣告无效后，注册商标专用权视为自始即不存在,故在宣告无效前的使用行为自始缺乏权利基础,构成商标侵权。但行为人在无效宣告前的使用行为是否具有恶意,对其是否需要承担赔偿,以及赔偿数额的确定会产生重大影响。

若注册商标被宣告无效前的注册使用具有明显的主观恶意,如被诉侵权人与商标权人之间具有一定联系、被诉侵权人除商标侵权外,还存在其他仿冒权利人标识的不正当竞争行为等,司法实践一般认为,使用人构成侵权并应当承担赔偿责任。

若原注册人无明显的主观恶意,仅因商标无效程序知道他人的在先注册商标而在商标有效期内使用,则需要考量被诉侵权人是否系明知而继续使用。多数法院对“明知”采取了相对较低的标准,即达到被告知道原告注册使用在先注册商标即可,并未采取更高的关于侵权风险认知的考量标准。

第十节　商标侵权案件中如何获得更高的赔偿额

2020 年 8 月 31 日, www. bilibili. com(以下简称 B 站)的主办单位上海宽娱数码科技有限公司(以下简称宽娱数码)诉 www. dilidili. wang 网站(以下简称 D 站)的共同经营者福州市嘀哩科技有限公司(以下简称嘀哩公司)、福州羁绊网络有限公司(以下简称羁绊公司)、福建天下无双投资集团有限公司(以下简称天下无双公司)商标侵权案在上海市杨浦区人民法院宣判。

法院一审判决三被告立即停止侵权,在“嘀哩嘀哩更新姬”新浪微博上连续 5 日刊登声明以消除影响,并赔偿原告经济损失 300 万元及合理费用 11 万元。本案中,原告诉请索赔金额高达 5100 万元,为何一审法院最终只判赔 311 万元?赔偿损失额的计算作为商标侵权案件的一大难点,权利人应该如何举证以获得更高的赔偿额?

关于商标侵权的赔偿数额,我国现行《商标法》第六十三条第一款规定了以下三种计算方法:

(1)侵犯商标专用权的赔偿数额,按照权利人因被侵权所受到的实际损失确定;

(2)实际损失难以确定的,可以按照侵权人因侵权所获得的利益确定;

（3）权利人的损失或者侵权人获得的利益难以确定的，参照该商标许可使用费的倍数合理确定。

对恶意侵犯商标专用权，情节严重的，可以在按照上述方法确定数额的 1 倍以上 5 倍以下确定赔偿数额。赔偿数额应当包括权利人为制止侵权行为所支付的合理开支。

本案原告宽娱数码成立于 2005 年 8 月 12 日，经营范围包括数码科技、计算机软硬件科技领域内的技术咨询、技术转让、技术开发、技术服务等。被告嘀哩公司、羁绊公司、天下无双公司为 D 站的共同经营者，该网站主要向广大网络用户提供日本动漫等视频的网络播放服务。

原告主张，三被告在 D 站、手机 App 及羁绊网的诸多界面中持续、大量使用与原告第 11356033 号、第 15362394 号、第 11356069 号、第 19068427 号商标高度近似的“dilidili”标识，意图造成广大网络用户的混淆、误认，进而牟取不法利益，其行为系商标侵权行为。

在本案已经认定三被告构成商标侵权行为的前提下，针对民事法律责任的承担，除停止侵权、消除影响外，关于损害赔偿的数额，一审法院立足涉案商标本身的作用及价值，根据涉案商标的知名度，被告侵权行为的性质、范围、情节、涉案网站及手机应用程序的运营时间，D 站页面中存在广告的事实，被告在收到诉状材料后对网站的整改情况等因素，依法酌定损害赔偿的数额。

在本案的审理过程中，由于原告并未提供证据证明其因三被告的侵权行为而遭受的实际损失，原告因被侵权所受到的损失难以确定。原告认为，根据 B 站上对应广告位的价格、D 站广告位数量、网站知名度等因素，可估算出 D 站的最低广告收入也超过了 1000 万元。

但是，在三被告未提交广告合同、财务账册的情况下，仅凭原告的估算方法，难以确定被告的实际广告获利，因此侵权人因侵权所获得的利益也难以确定。在这种情况下，法院只能适用《商标法》第六十三条第三款“权利人因被侵权所受到的实际损失、侵权人因侵权所获得的利益、注册商标许可使用费难以确定的，由人民法院根据侵权行为的情节判决给予五百万元以下的赔偿”的规定，酌定赔偿原告经济损失 300 万元。

此外，原告主张的 5 倍惩罚性赔偿也未得到一审法院的支持。根据《商标法》第六十三条，适用 1 ~ 5 倍惩罚性赔偿的条件为“恶意侵犯商标专用权，情节严重”。《北京市高级人民法院关于侵害知识产权及不正当竞争案件确定损害赔偿的指导意见及法定赔偿的裁判标准》第一章第1.15条、第1.16条对如何认定“恶意”“情节严重”作出了详细规定。

对“恶意”的认定,原告可以举证被告存在以下情形:

(1)被告或者其控股股东、法定代表人等在生效判决作出后,重复或变相重复实施相同侵权行为或不正当竞争行为;

(2)被告或者其控股股东、法定代表人等经权利人多次警告或受到行政机关处罚后,仍继续实施侵权行为或不正当竞争行为;

(3)假冒原告注册商标;

(4)攀附原告驰名商标声誉、抢注原告驰名商标;

(5)被告在相同或类似商品上使用原告驰名商标;

(6)原告与被告之间存在劳动、劳务关系,或者具有代理、许可、经销、合作等关系,或者进行过磋商,被告明知他人知识产权存在;

(7)被告存在掩盖被诉行为、伪造或毁灭侵权证据等行为;

(8)被告拒不履行行为保全裁定。

对侵害商标权“情节严重”的认定,具有下列情形之一的,可以认定为侵害商标权的情节严重:

(1)完全以侵权为业;(2)被诉行为持续时间长;(3)被诉行为涉及区域范围广;(4)侵权获利数额巨大;(5)被诉行为同时违反了食品、药品、医疗、卫生、环境保护等法律法规,可能危害人身安全、破坏环境资源或者严重损害公共利益;(6)其他情形。

笔者建议,在商标侵权案件中,商标权利人应积极举证,必要时应及时向法院申请证据保全,固定侵权行为和侵权获利事实。在诉讼过程中,应尽量提供己方因侵权所遭受的实际损失的证据,或者对方因侵权所获利润的证据,以此作为法院认定赔偿数额的依据。

在权利人举证面临困难时,根据《商标法》第六十三条第三款:“人民法院为确定赔偿数额,在权利人已经尽力举证,而与侵权行为相关的账簿、资料主要由侵权人掌握的情况下,可以责令侵权人提供与侵权行为相关的账簿、资料;侵权人不提供或者提供虚假的账簿、资料的,人民法院可以参考权利人的主张和提供的证据判定赔偿数额”的规定,权利人应主动向法院申请调查令,请求法院要求对方出具相关证据。

此外，商标侵权案件中，诉讼标的往往金额比较大，为了确保判决生效后法院可以顺利执行侵权人的财产，权利人应向法院申请诉讼财产保全，以防止对方转移财产。

第十一节 商标侵权案件“惩罚性赔偿”的适用标准分析

2013 年，我国《商标法》第六十三条首次规定了商标侵权的惩罚性赔偿条款，其第一款规定：侵犯商标专用权的赔偿数额，按照权利人因被侵权所受到的实际损失确定；实际损失难以确定的，可以按照侵权人因侵权所获得的利益确定；权利人的损失或者侵权人获得的利益难以确定的，参照该商标许可使用费的倍数合理确定。对恶意侵犯商标专用权，情节严重的，可以按照上述方法确定数额的 1 倍以上 3 倍以下确定赔偿数额。赔偿数额应当包括权利人为制止侵权行为所支付的合理开支。

此后，在 2019 年《商标法》的修正中，第六十三条“惩罚性赔偿”的倍数由“一倍以上三倍以下”改为了“一倍以上五倍以下”，最高判赔额也由 300 万元改为了 500 万元，提高了对于商标权人的赔偿数额。

“惩罚性赔偿”是由法院作出的超出实际损害数额的赔偿，其目的在于通过重罚惩戒恶意侵权者，震慑其他潜在侵权者。通过分析“惩罚性赔偿”的内容可知，“惩罚性赔偿”主要适用于侵权人主观上恶意，且情节严重的情形。

对于具体如何判断主观故意及情节严重，在上海市高级人民法院发布的 2020 年第二批参考性案例中，第 95 号案例——永康一恋运动器材有限公司侵害商标权纠纷案[（2018）沪 0115 民初 53351 号]，对侵权人的“恶意”与“情节严重”给出了指导性裁判，对司法实务具有借鉴意义。

一、案例分析

该案中，原告平衡身体公司主要从事运动器材的生产销售、健身课程的推广，系“MOTR”商标的注册人，该商标核定使用于第 28 类“锻炼身体肌肉器械、体操器械、手动操作的健身器材（锻炼身体器械）、用于瑜伽和体育健身活动的弹力带”等商品上。通过与国内健身器材销售商及健身机构合作的方式进行产品的推广和销售，原告涉案普拉提滚筒产品及产品宣传册上均标有“MOTR”标识和“balanced body”标识。

被告永康一恋运动器材有限公司主要经营范围包括运动器材及配件制造。2017年11月11日，原告代理人在被告工厂处购买了一款普拉提滚筒产品。该产品及产品手册封面、培训视频等多处标注“MOTR”标识和“balanced body”字样。经原告调查发现，永康一恋运动器材有限公司还通过微信商城、微信朋友圈等方式销售上述产品，并于2018年3月在“第五届中国（上海）国际健身、康体休闲展览会”上进行展销。

关于争议焦点一：被控侵权行为是否构成对原告注册商标专用权的侵害。

法院认为，被告制造并销售的普拉提滚筒产品，与原告注册商标核定使用的商品相同。被告在上述产品及产品手册等处使用的“MOTR”文字标识与原告主张权利的“MOTR”注册商标比对，二者的文字构成、排列顺序完全相同，构成相同商标。被告对“MOTR”标识的使用行为属于在同一种商品上使用与注册商标相同的标识的行为，侵犯了原告的注册商标专用权。

关于争议焦点二：赔偿数额的确定，该案最终认定适用“惩罚性赔偿”的依据有以下几点：

第一，被告使用的侵权标识与原告的权利商标标识完全相同，且二者使用于相同产品上，产品的款式、颜色、商标的标识位置等几乎完全相同，此种全面模仿原告商标及产品的行为足见被告侵犯原告商标权、攀附原告商誉的主观意图明显。

第二，被告早在2011年已因出口西班牙的产品涉嫌侵权而被原告发函警告，并最终与原告签署和解协议，被告承诺今后不会从事任何可能侵犯或妨碍原告所拥有的工业产权的活动，但时隔几年之后，被告被再次发现生产销售侵犯原告注册商标专用权的产品。被告在明知原告商标及知名度的情况下实施重复侵权行为，系对平衡身体公司注册商标专用权的恶意侵害。

第三，被告在2016年的销售总额已达800余万元，被告通过微信商城、微信朋友圈、工厂、展览会等线上、线下多种渠道进行侵权产品的推广和销售，产品被售往厦门等省市，可见，被告的生产经营规模较大、产品销售渠道多、涉及地域范围广，侵权行为影响较大。

第四，被告的侵权行为不仅造成市场混淆，而且侵权产品还存在脱胶的质量问题，会使消费者误购并误认为原告的产品存在质量问题，会给原告通过长久努力积累起来的商业信誉带来负面评价，侵权后果较为严重。

综上所述，法院首先分别通过商标的近似程度、被告的重复侵权行为来判断被告的主观故意，其次分别通过被告的侵权规模、侵权后果来判断是否构成情节严重。

最后，关于赔偿基数的计算。在该案中，根据“产品单位利润 = 产品售价 - 产品成本”，可以计算出侵权产品的单位利润。再根据“侵权获利 = 侵权产品销售量 × 产品单位利润”，可以推算出被告对侵权产品的获利。

由于现有证据仅能够估算出被告的侵权获利范围，为进一步查明侵权产品的销售获利精确数额，法院责令被告提交有关销售数据、财务账册和原始凭证，但被告拒绝提交，其行为已构成举证妨碍。

根据《商标法》第六十三条第二款，在原告已经尽力举证，而与侵权行为相关的账簿、资料主要由被告掌握的情况下，被告不提供账簿、资料的，法院可以参考原告的主张和提供的证据判定赔偿数额，故在被告未提供其他证据的情况下，法院最终依据原告的估算数据，认定被告的侵权获利数额。

二、总结

商标侵权惩罚性赔偿适用于侵权人恶意侵权且情节严重的情形。

认定“恶意”可以考虑侵权行为人攀附被侵权人商誉的主观意图，如侵权标识与权利商标的近似程度、使用产品的类似程度、标识位置等以及是否存在重复侵权行为、违反诚信原则。

认定“情节严重”可考虑侵权行为的性质、地域范围、销售规模、侵权后果等因素。

认定赔偿基数可根据侵权商品销售量与侵权商品单位利润乘积计算的侵权获利确定，其中侵权商品销售量可根据侵权人的商品宣传内容确定，侵权商品单位利润可根据侵权人自认确定。认定赔偿倍数可根据侵权人的恶意程度、侵权情节的严重程度确定。

最后，法院在侵权人拒绝履行证据披露义务构成举证妨碍的情形下，可依据举证推定原则，综合权利人提交证据的证明效力确定赔偿额。

第四章　驰名商标保护法律实务及案例精解

第一节　驰名商标享有哪些特殊保护

驰名商标即在中国境内为相关公众广为知晓并享有较高声誉的商标。驰名商标制度的设立并非在于授予某商标“驰名商标”的称谓,而在于为驰名商标提供特殊的法律保护。根据我国《商标法》,驰名商标享有哪些特殊保护呢?

一、对已经注册的驰名商标的跨类保护

《商标法》第十三条第三款规定:就不相同或者不相类似商品申请注册的商标是复制、模仿或者翻译他人已经在中国注册的驰名商标,误导公众,致使该驰名商标注册人的利益可能受到损害的,不予注册并禁止使用。

根据《商标法》第十三条,驰名商标所有人可以在不相同或者不相类似的商品上获得跨类保护,并需要证明下列两个要件:

(1)争议商标是对已注册的驰名商标的复制、模仿或者翻译:复制是指与驰名商标完全相同;模仿是指争议商标模仿驰名商标的显著部分或显著特征;翻译是指争议商标与驰名商标含义相同,只是以不同语言文字表述,相关语言文字之间具有一一对应关系。

(2)争议商标的注册和使用已误导公众,可能损害驰名商标所有人的合法权益。“误导公众”,是指由于争议商标的使用从而使公众造成以下误认:以为该争议商标来自驰名商标所有人商品,由驰名商标所有人生产或提供,或者认为争议商标的使用者和驰名商标所有人之间存在密切投资、许可或其他合作关系。

这种情形下的“误导公众”并不以驰名商标所有人的实际损害为前提,只要

争议商标与驰名商标的近似使损害有可能发生，就会给予跨类商标保护。

例如，在米其林集团总公司诉国家知识产权局、第三人董某某商标权无效宣告行政纠纷案[(2020)京行终2983号]中，第三人董某某申请注册了“米记米芝莲”商标，核定使用在果汁、奶茶等饮料类产品上，米其林集团总公司认为，该商标是对其驰名商标“MICHELIN”商标的翻译，故申请宣告该商标无效。

本案中，米其林集团总公司提交的证据显示，我国行政部门和司法机关曾多次认定“MICHELIN”商标在“轮胎”商品上构成驰名商标。近年来，米其林集团总公司在我国年销售收入达到了70多亿元，年广告宣传投入超过4亿元。法院根据在案证据认定，“MICHELIN”商标已经在轮胎产品上构成驰名商标。

第三人董某某申请注册的“米记米芝蓮”商标，核定使用在果汁、奶茶等饮料类产品上，上述产品虽然与“MICHELIN”商标“轮胎”商品不构成类似商品，法院认为，在“MICHELIN”商标具有较高市场知名度的情况下，董某某将“MICHELIN”的翻译词语作为商标注册，相关公众在看到“米记米芝蓮”商标时，极易联想到“MICHELIN”商标，不但会对消费者产生误导，同时也会破坏“MICHELIN”与轮胎商品间的密切联系，损害米其林集团总公司的权益。据此，法院最终认定“米记米芝蓮”商标的注册违反了《商标法》第十三条的规定，应予无效。

二、驰名商标所有人对恶意注册的商标请求宣告无效，可以打破5年限制

《商标法》第四十五条规定：“已经注册的商标，违反本法第十三条第二款和第三款、第十五条、第十六条第一款、第三十条、第三十一条、第三十二条规定的，自商标注册之日起五年内，在先权利人或者利害关系人可以请求商标评审委员会宣告该注册商标无效。对恶意注册的，驰名商标所有人不受五年的时间限制。”

对于恶意注册的商标，驰名商标所有人提出无效宣告请求的时间不受5年的限制。关于“恶意注册”的判定，根据《最高人民法院关于审理商标授权确权行政案件若干问题的规定》第二十五条，人民法院判断诉争商标申请人是否“恶意注册”他人驰名商标，应综合考虑引证商标的知名度、诉争商标申请人申请诉争商标的理由以及使用诉争商标的具体情形来判断其主观意图。引证商标知名

度高、诉争商标申请人没有正当理由的，人民法院可以推定其注册构成我国《商标法》第四十五条第一款规定中所指的“恶意注册”。

例如，在第 3746575 号“施華洛及图”商标无效宣告案[商评字(2020)第 6686 号裁定]中，第 3746575 号“施華洛及图”商标(以下简称争议商标)由杨某国(本案原被申请人)于 2003 年 10 月 9 日申请注册，后于 2006 年 1 月 21 日获准注册，核定使用在第 41 类“婚纱摄影、婚纱录影、摄影”等服务上，经续展现仍在专用权有效期内；2019 年由商标局核准转让予北京雅姿妃文化发展有限公司，即本案被申请人。

申请人施华洛世奇股份公司于 2018 年 4 月 27 日对争议商标提出无效宣告申请，主张争议商标是对申请人第 385013 号“施华洛世奇”商标(以下简称引证商标)的恶意抄袭和模仿，损害申请人利益，请求宣告争议商标无效。(见表 4－1)

表 4－1　诉争商标对比

争议商标	引证商标
	施华洛世奇

根据申请人提交的证据以及国家知识产权局查明的事实，在争议商标申请注册之前，申请人的“施华洛世奇”“施华洛”等品牌商品有数十家国内知名报刊、网站等媒体进行宣传报道，且引证商标在人民法院相关判决书中亦被认定已为相关公众所熟知，在商评委作出的多件无效宣告裁定中亦有此认定。

故本案认定引证商标指定使用在“宝石”商品上已为相关公众所熟知，争议商标构成对引证商标的复制、模仿。争议商标核定使用的婚纱摄影等服务与引证商标核定使用的宝石等商品存在一定关联性。

原被申请人在实际使用中具有攀附申请人高知名度商标的主观故意，已在法院生效判决中予以确认。争议商标使用在指定服务上易使消费者误认为其指定服务源于申请人或与申请人之间存在密切关联，损害申请人权益。因此，本案中判定争议商标的注册违反了 2001 年《商标法》第十三条第二款的规定，即使争议商标注册时间已超过5年，依然可以适用《商标法》第四十五条规定宣告争议商标无效。

三、将他人未注册的驰名商标作为企业字号进行商业使用误导公众，构成不正当竞争

《商标法》第五十八条规定："将他人注册商标、未注册的驰名商标作为企业名称中的字号使用，误导公众，构成不正当竞争行为的，依照《中华人民共和国反不正当竞争法》处理。"

《反不正当竞争法》第二条是一个比较原则性的条款，司法实践中为了正确适用该条来解决此类争议，应当遵循以下几个原则：

(1)主张权利的在先注册商标或未注册的驰名商标具有较强的显著性，且经过长期使用和广泛宣传，已经在相关公众中具有较高的知名度；

(2)被控侵权的企业名称中的字号登记时间应该晚于第(1)点所述的在先权利形成的时间；

(3)被控侵权的企业名称中的字号与在先的注册商标或未注册的驰名商标相同或构成混淆性近似；

(4)被控侵权人登记被控侵权的企业名称中的字号时主观上具有非正当性；

(5)使用注册商标、未注册驰名商标的商品与被诉企业名称的商品之间具有一定的关联程度；

(6)被控侵权的企业名称中字号的使用，易造成相关公众的混淆误认。

在中建环球投资控股有限公司与中国建筑股份有限公司侵害商标权及不正当竞争纠纷案[(2018)京民终558号]中，原告中国建筑股份有限公司及其关联公司在大型机械设备、工程项目现场、人员服装、施工设施、品牌宣传等方面长期广泛使用了"中建"标志，被告中建环球投资控股有限公司作为建筑服务相关业务的同行业竞争者，在理应对"中建"未注册商标知晓的情况下，仍将"中建"作为其企业名称中识别不同市场主体核心标识的字号进行登记，并在商业活动中予以使用。

对于本案的焦点问题，中建环球投资控股有限公司在企业名称中使用涉案商标是否构成不正当竞争。涉案商标虽然尚未核准注册，但在2006年12月之

前已在“建筑”服务上达到驰名的程度。作为同行业经营者,中建环球投资控股有限公司对涉案商标及其知名程度应当知晓,中建环球投资控股有限公司在登记企业名称时应当主动避让,以免制造混淆和冲突。可见,中建环球投资控股有限公司主观上具有攀附涉案商标商誉的故意,客观上也易使相关公众产生混淆或误认,违反了诚实信用原则,扰乱了正常的市场秩序,即使规范使用企业名称仍足以产生市场混淆,构成不正当竞争。

第二节 驰名商标的反淡化保护

驰名商标对消费者和商标权人来说已经超越了商标原有的区别产品来源的功能,而与商业信誉和商业利益息息相关。为保护商标权人的合法权益,防止不正当竞争,以普通商标的保护理论已经不能满足对驰名商标的保护,这在客观上就要求对驰名商标的保护要优于普通商标的保护措施。

驰名商标反淡化保护,即防止驰名商标因显著性被淡化而减弱其影响力,反淡化保护既有利于保护竞争者,也有利于保护消费者。以下笔者将从我国反淡化保护的国内法出发,分析商标淡化的表现形式以及司法实践中法院的认定标准,进而从商标权利人的角度分析如何对驰名商标进行反淡化保护。

一、“驰名商标反淡化保护”的法律依据

驰名商标的跨类保护或扩大保护,被称为驰名商标反淡化保护。我国法律中虽然没有“反淡化”的概念,但《商标法》第十三条第三款、《最高人民法院关于审理涉及驰名商标保护的民事纠纷案件应用法律若干问题的解释》第九条第二款均对驰名商标的反淡化保护理论进行了明确和完善。

根据我国《商标法》第十三条第三款:“就不相同或者不相类似商品申请注册的商标是复制、摹仿或者翻译他人已经在中国注册的驰名商标,误导公众,致使该驰名商标注册人的利益可能受到损害的,不予注册并禁止使用。”

为了更明确地界定何为“误导公众,致使该驰名商标注册人的利益可能受到损害的”,《最高人民法院关于审理涉及驰名商标保护的民事纠纷案件应用法律若干问题的解释》第九条第二款规定:“足以使相关公众认为被诉商标与驰名

商标具有相当程度的联系,而减弱驰名商标的显著性、贬损驰名商标的市场声誉,或者不正当利用驰名商标的市场声誉的,属于商标法第十三条第二款规定的'误导公众,致使该驰名商标注册人的利益可能受到损害'。"

从上述法律规定我们可以看出,反淡化保护与普通商标的反混淆保护有如下显著区别:

(1)反淡化保护要求被保护的商标具有相当程度的知名度,具体到我国《商标法》框架下,即应达到"驰名"的高度,而反混淆保护虽然也会考虑商标自身的知名度,但知名度并非适用反混淆保护的决定性因素与前提条件。

(2)反混淆保护的本质是防止公众混淆被诉商标与请求被保护的商标所附着的商品来源或者二者存在某种特定的关系,而反淡化保护对"考虑公众是否混淆"这一因素,只要足以使相关公众认为被诉商标与驰名商标具有相当程度的联系,而减弱驰名商标的显著性,贬损驰名商标的市场声誉,或者不正当利用驰名商标的市场声誉的,驰名商标都可寻求反淡化保护。

二、商标淡化的具体类型和认定标准

淡化是指一个驰名商标识别和区分商品或服务来源的能力减弱,无论驰名商标所有人与其他当事人有无竞争关系,或者是否存在混淆、误认或者欺骗的可能性。根据《最高人民法院关于审理涉及驰名商标保护的民事纠纷案件应用法律若干问题的解释》第九条第二款的规定,可以将商标淡化分为以下三种不同的类型。

1. 弱化

弱化是指因某商标或商号与驰名商标近似而引起的联系,这种联系会削弱驰名商标的显著性。弱化是淡化驰名商标的一种典型的情形,一般是指行为人将他人的驰名商标使用在不相类似的商品上,虽不能使消费者产生混淆的可能性,但减弱了商标和特定商品之间的联系。弱化是一个逐渐稀释和冲淡的过程,商标与商品开始存在唯一的对应关系,由于他人对该商标在其他类别商品上的使用使这种对应关系变得越来越模糊。弱化的本质是行为人在非竞争性的商品上使用与驰名商标相同或者近似的商标,不正当地利用了该商标的良好声誉,并损害了商标发挥商品来源指示功能时具有的唯一性。

例如,在贵阳老干妈诉贵州永红食品公司侵害商标权及不正当竞争纠纷一案[(2017)京民终28号]中,北京知识产权法院认为:永红食品公司在涉案商品包装正面使用"老干妈"字样,并将"老干妈味"作为与"原味"、"麻辣"等并列的口味名称的行为,足以使相关公众在看到涉案商品时直接联想到涉案商标,进而破坏该商标与贵阳老干妈公司所生产的豆豉、辣椒酱(调味)、炸辣椒油商品之间的密切联系和对应关系,减弱该商标作为驰名商标的显著性,并不正当利用了驰名商标的市场声誉,构成《商标法》第十三条第三款所指的"误导公众,致使该驰名商标注册人的利益可能受到损害的"情形。

北京高院进一步认为:经营者在其商品包装显著位置上将他人驰名商标作为描述商品特征的名称使用,即使其商品中确有使用驰名商标核定使用商品作为该商品的组成部分,但如果该驰名商标核定使用商品并未成为行业常用原料,该驰名商标并未成为行业常用商品特征名称表述方式,则经营者对驰名商标的上述使用方式不具备正当性;且该使用行为会弱化该驰名商标告知消费者特定商品来源的能力,从而减弱驰名商标的显著性,构成《商标法》第十三条第三款所指的损害驰名商标注册人正当权益的情形。

2. 丑化

丑化即污损,是指在不相混淆的前提下,在不良环境中使用与驰名商标相同或者相似的商标,使商标的使用与商标的形象完全不合,对驰名商标的信誉产生玷污、丑化或负面效应的行为。一般情况下,商标丑化会出现在下列情形中:在不洁以及有伤风化的场合使用驰名商标,损害了商标在消费者心目中的正面形象;在质量低劣的商品上使用了他人的驰名商标,损害了商标权人只生产高质量商品的形象;在比较广告中对他人的驰名商标进行贬损,损害了商标权人精心打造的商标形象。

在中国中信集团公司与原工商行政管理总局商标评审委员会的商标异议复审纠纷案[(2011)高行终字第1196号]中,一审北京一中院认为,被异议商标指定使用的商品包括抽水马桶,该注册行为易造成对中国中信集团公司驰名商标声誉的贬损。

然而,北京高院则在二审判决中认为:"商标的贬损,通常是指在有伤风化或其他损害道德风尚的情况下使用商标,进而对商标造成负面影响或丑化商标。被异议商标指定使用的商品虽然含有'抽水马桶',但该商品系日常使用的商品,被异议商标使用在该商品上尚不足以对引证商标一造成贬损或丑化。原审法院就此所作认定不妥，本院对此予以纠正。”故本案应当适用《商标法》第十三条第二款的规定予以规制。

由此可见，对驰名商标的贬损丑化，应当基于确实有伤风化或者损害道德风尚，一般商标淡化的情况下，商标弱化的情形更为常见，且商标丑化通常也伴随商标弱化行为。

3. 退化

退化是一种严重的商标淡化行为，它使一个商标彻底失去了应当具有的识别功能。这样的行为使驰名商标演变成商标的通用名称，导致无法得到《商标法》的保护而最终被撤销。用他人的驰名商标指称自己的商品，在辞书、字典、产品目录、数据库等出版物中将一个驰名商标解释为商品的通用名称，行为人将他人的驰名商标作标志使用使消费者视其为商品通用名称，这些行为假以时日就可能将一个驰名商标演变成商品的通用名称。例如，“优盘”曾是深圳朗科公司于 1999 年注册的商标，核定使用商品为“移动存储产品”。但由于“优盘”商品逐渐的普及化，“优盘”逐渐成为了移动储存产品的通用名称，被各大商家所使用，最终该枚商标因失去显著性被予以撤销。

三、商标权利人如何对注册驰名商标进行反淡化保护

1. 增强企业对驰名商标反淡化的保护意识

目前，我国企业对商标的重视虽然得到了进一步的提高，但是对商标的保护意识还很淡薄，因商标问题造成企业经济、信誉损失的情况时有发生。不断增强企业和消费者的商标法律保护意识是防止商标淡化的重要方法。

2. 防止不当使用商务标语造成驰名商标的淡化

商务标语是指商品经营者为了吸引顾客、推销商品而用于宣传或广告的短语或口号，它可以用于商品或者服务的宣传材料上或者产品的包装上。有些商务标语具有一定的独创性，企业在经营时常常将驰名商标和商务标语一起进行宣传，经过一段时间以后，驰名商标与商务标语具有了很强的关联性，以至于在单独提到商务标语时消费者也同样会清楚其所联系的商品或者服务。

所以，经典的商务标语有利于提高驰名商标的知名度，但是如果被他人不正当地加以利用就会削弱驰名商标的显著性，给驰名商标的所有人造成巨大的损害，这显然是利用驰名商标所有人的广告宣传用语与驰名商标间紧密的联系，去

搭驰名商标的"便车",是一种不正当竞争行为。我国《商标法》虽然没有对这种不正当利用商务标语的行为进行规定,但企业可以通过《反不正当竞争法》进行救济。

3. 注册防御商标和联合商标加强对驰名商标的反淡化保护

联合商标和防御商标的注册可以起到积极的防卫作用,使商标侵权者无隙可乘。企业实施注册商标和防御商标策略,不仅保护了驰名商标,维护了消费者的利益,而且可有效地防止他人在不同类别的商品或服务上使用其商标,防止消费者对商品的来源产生误认。注册防御商标和联合商标可以通过预先注册的方式进行主动的事前防御,防止驰名商标被淡化,从而起到防患于未然的作用。这种方法是防止驰名商标用于其他类商品而淡化的有力措施。

第三节 认定"未注册驰名商标"的必要性审查与裁判因素分析

"未注册驰名商标"在我国《商标法》上具有特殊的保护地位,依据《商标法》第十三条第一款、第二款的规定:为相关公众所熟知的商标,持有人认为其权利受到侵害时,可以依照本法规定请求驰名商标保护。

就相同或者类似商品申请注册的商标是复制、模仿或者翻译他人未在中国注册的驰名商标,容易导致混淆的,不予注册并禁止使用。

由此可见,未注册驰名商标在相同或类似商品上不仅可以禁止他人使用,还能阻止他人的抢注。依据《最高人民法院关于审理涉及驰名商标保护的民事纠纷案件应用法律若干问题的解释》的相关规定,对未注册驰名商标,我国采取了"按需认定""个案认定"的原则。

"按需认定"是指当事人以商标驰名作为事实依据主张权利的,法院应当优先审查是否具有进行驰名商标认定的必要性。

"个案认定"是指当事人必须在具体的商标案件中,提出驰名商标的认定;当事人主张商标驰名的,应当根据案件具体情况提供证据;人民法院认定商标是否驰名,应当以证明其驰名的事实为依据,综合考虑《商标法》第十四条规定的各项因素。

基于法条的规定，实践中，法院对原告基于多个权利基础主张权利时，是否有必要认定未注册驰名商标，以及认定商标驰名时需要考虑的裁判因素已经形成了相对稳定的审理思路，笔者将从司法案例的角度，对上述问题进行分析。

一、未注册驰名商标的必要性审查

根据“按需认定”的原则，人民法院对驰名商标的认定应当根据当事人的请求和案件的具体情况，对于符合《商标法》以及《最高人民法院关于审理涉及驰名商标保护的民事纠纷案件应用法律若干问题的解释》规定的，确有必要认定为驰名商标的商标进行驰名商标认定。

由此可见，必要性审查是认定驰名商标的前置程序。实践中，对原告基于多个权利基础主张权利，仅依据其中的部分权利基础已经能够实现制止被告侵权行为的案件，是否还有必要作出驰名商标的认定，最高院曾在荣华饼家诉广州市好又多百货商业有限公司商标侵权及不正当竞争纠纷案[（2012）民提字第38号]中作出过回应。

该案中，原告我国香港特区荣华公司、东莞荣华公司既请求认定第1567181号、第1567182号、第1567183号、第1567184号注册商标为驰名商标，也请求认定“荣华”文字为未注册驰名商标，认定“荣华”文字加“花好月圆”（图形）组合标识为未注册驰名商标，还请求认定“荣华月饼”为知名商品特有名称。对此，最高院认为，由于“荣华月饼”的优良品质和我国香港特区荣华公司对该产品进行持续地、大量地宣传、销售，以及在使用过程中消费者已将“荣华月饼”与我国香港特区荣华公司联系在一起，故“荣华月饼”已成为使用在月饼产品上的特有名称，我国香港特区荣华公司享有排除他人相同使用的专有效力。由于通过认定知名商品特有名称并适用《反不正当竞争法》足以保护我国香港特区荣华公司的合法权利，故“荣华”文字在本案中无须认定为未注册驰名商标。可见，最高院认为，在有其他救济途径可以阻止侵权行为的情况下，没有必要再认定未注册驰名商标。

但应当注意的是，某个商业标识可以获得《反不正当竞争法》的救济，并不必然影响未注册驰名商标认定的必要性。在荣华月饼案中，最高院的意见表明：当权利人在一案中同时主张前述两种救济方式时，不存在未注册驰名商标认定的必要性。

但当权利人仅选择《商标法》项下的未注册驰名商标作为救济时，商标标识是否驰名仍是被诉商标侵权行为能否成立的事实依据和前提条件。如在拉菲罗斯柴尔德酒庄与上海保醇实业发展有限公司侵害商标权纠纷案[(2015)沪知民初字第518号]中，法院既肯定了“拉菲”为原告“LAFITE”葡萄酒的特有名称，认为我国相关公众通常以“拉菲”指代原告的“LAFITE”商标，并且“拉菲”已经与原告的“LAFITE”商标之间形成了稳定的对应关系。同时依据上述事实认为，在被诉侵权行为发生前“拉菲”已为中国境内相关公众广为知晓，可以被认定为未注册驰名商标。

二、认定未注册驰名商标的考虑因素

根据《商标法》第十四条的规定，认定驰名商标应当考虑下列因素：

(1)相关公众对该商标的知晓程度；

(2)该商标使用的持续时间；

(3)该商标的任何宣传工作的持续时间、程度和地理范围；

(4)该商标作为驰名商标受保护的记录；

(5)该商标驰名的其他因素。

在此基础上，《最高人民法院关于审理涉及驰名商标保护的民事纠纷案件应用法律若干问题的解释》第五条另增加了“使用该商标的商品的市场份额、销售区域、利税等”“该商标享有的市场声誉”作为当事人可以提供的证据。在司法裁判中，法院将综合考虑法条列举的因素，但根据案件的具体情况，上述因素也并非需要全部考虑。

如在商务印书馆有限公司与华语教学出版社有限责任公司侵害商标权及不正当竞争纠纷一案[(2016)京73民初277号]中，法院首先论证了“新华字典”是否具有商标显著性，是否能够发挥识别商品来源的作用，以及与商务印书馆能否产生对应关系。在此基础上，再从相关公众对涉案“新华字典”的知晓程度，商务印书馆对“新华字典”进行宣传所持续的时间、程度和地理范围，“新华字典”的影响力和知名度三个角度论证“新华字典”已经达到了驰名商标的程度。

而在南社布兰兹有限公司与被告淮安市华夏庄园酿酒有限公司、杭州正声贸易有限公司侵害商标权纠纷一案[(2018)苏01民初3450号]中，法院则基本遵循了《商标法》第十四条的规定，从相关公众对该商标的知晓程度，商标使用的持续时间,商标宣传工作的持续时间、程度和地理范围,商标受保护的记录,商标驰名的其他因素这五个方面来认定“奔富”为未注册驰名商标。

在相关公众对该商标的知晓程度方面,法院主要考虑了“奔富”商标用于其系列葡萄酒商品的广泛性,如原告及其关联公司通过授权许可方式在中国17个省32个市开设了48家“Penfolds奔富”品牌葡萄酒专卖店,以及原告对其品牌和产品在全国范围内进行的推广和原告所获得的荣誉,来认定“奔富”商标已被广大消费者所熟知。

在商标使用的持续时间上,法院认为,自20世纪90年代,原告的“Penfolds”与“奔富”通常作为一个整体被广泛使用和宣传,并在葡萄酒商品的瓶贴标签上和商业宣传中使用,至今已持续使用了20余年,累积了巨大的商业价值。

在该商标宣传工作的持续时间、程度和地理范围方面,法院考虑了原告对“奔富”品牌的推广费用,开展宣传活动的多样性,如在线上、线下的不同媒体上对“奔富”葡萄酒进行了全方位、多角度的介绍;通过举办葡萄酒品鉴活动、投放户外广告等形式让更多消费者了解、熟悉“奔富”品牌。

在该商标受保护的记录方面,值得注意的是,法院并未如法条所述,限定“受保护的记录”需“作为驰名商标”,而对于涉案商标作为一般商标的受保护记录都纳入了考虑范围。可见,法院真正考量的是原告是否对其商标品牌进行了管理和维护,并积极通过各种方式来维护自身权益。

对于该商标驰名的其他因素,法院还考虑了“奔富”系列葡萄酒通过线上、线下等多渠道的销售情况及其利润总额的上升情况。

三、总结

总结上述案例,可以看到,在进行未注册驰名商标的认定时,除了遵循《商标法》第十四条规定的五个因素外,还需要重点考虑以下因素:第一,未注册驰名商标首先需要达到具有“商标显著性”的要求,具备商品来源识别功能。第二,未注册驰名商标的使用,应以“商标法意义上的使用”为目的。第三,权利人对未注册商标的品牌维护、维权记录将成为法院认定未注册商标是否驰名的重要因素。

下　篇

反不正当竞争法律实务与疑难问题精解

第五章　商业标识保护法律实务及案例精解

第一节　“商品化权”适用《反不正当竞争法》保护的不同路径

“商品化权”最初源自美国的司法实践，在我国现行法中并无规定。近年来，随着作品名称、作品中的角色名称商业化的发展，在商标无效宣告案件中，权利人请求对“作品名称、作品中的角色名称”以“商品化权”作为《商标法》第三十二条规定的在先权利予以保护的案例逐渐增多。

在我国的司法实践中，“商品化权”经历了一个不断变化的过程：由最初的不保护，到通过《反不正当竞争法》第二条和第六条、《商标法》第十条第一款第（八）项的“有其他不良影响的标志”加以保护，再到将“商品化权”作为在先权利予以保护。

在近期北京知识产权法院审理的“冰雪奇缘”系列商标行政纠纷中，[①]一审法院尝试将作品名称认定为《反不正当竞争法》第六条第（一）项中的“有一定影响的商品名称”，并作为在先权利进行保护。与此前在“葵花宝典”商标无效行政纠纷[②]中，北京高院采用《反不正当竞争法》第二条、第六条第（四）项予以保护的路径有所不同。笔者将对比两案中“商品化权”指向的不同对象，分析法院适用《反不正当竞争法》不同条款的原因及保护条件。

---

① 参见北京知识产权法院行政判决书，（2017）京73行初5929、5931－5942、6807－6820、7371、7992－7999号。

② 参见北京市高级人民法院行政判决书，（2018）京行终6240号。

一、冰雪奇缘案与葵花宝典案简介

1."冰雪奇缘"系列商标行政案件

2014年4月,伽蓝公司将文字商标"冰雪奇缘"申请注册在全部45个商品或服务类别上,后将上述商标转让于美惠公司。此后,迪士尼公司针对已核准注册的42件商标提起无效宣告请求,请求认定对其电影名称"冰雪奇缘"作为"商品化权"予以保护。对此,国家知识产权局对其中的36件商标作出裁定,认定电影名称"冰雪奇缘"应作为在先"商品化权"得到保护,并在36个类别的全部商品或服务上对诉争商标宣告无效。美惠公司不服,向北京知识产权法院提起系列行政诉讼。

2."葵花宝典"商标无效宣告案件

2012年,游奇公司申请将文字商标"葵花宝典"注册在第41类"在计算机网络上提供在线游戏"等服务上。2015年,完美世界向商评委提出"葵花宝典"商标无效宣告申请,认为该商标的注册违反了《商标法》第三十二条前半段中规定的"在先权利"。2017年,"葵花宝典"商标被商评委宣告无效。2017年,游奇公司针对无效宣告裁定提起行政诉讼。

二、基于两案不同保护对象的法律分析

2017年1月10日,《最高人民法院关于审理商标授权确权行政案件若干问题的规定》第二十二条第二款[①]对具有较高知名度的作品名称、作品中的角色名称以在先权益进行保护作出了明确规定,该条被称作对商品化权益有名化的首次尝试。

在葵花宝典案中,北京高院对上述条款作出了解释,其认为:根据上述司法解释,作品名称、作品中的角色名称,如果具有较高知名度且该作品处于著作权保护期内,可以作为在先权益予以保护。但是,除了作品名称和作品中的角色名称外,作品中的其他元素是否可以作为在先权益予以保护,该司法解释并未予以

---

① 《最高人民法院关于审理商标授权确权行政案件若干问题的规定》第二十二条第二款规定:"对于著作权保护期限内的作品,如果作品名称、作品中的角色名称等具有较高知名度,将其作为商标使用在相关商品上容易导致相关公众误认为其经过权利人的许可或者与权利人存在特定联系,当事人以此主张构成在先权益的,人民法院予以支持。"

明确。对此,应当结合相关法律、司法解释的规定以及法律的基本原则,就该司法解释明确列举内容以外的作品中的其他构成元素是否可以作为在先权益予以保护作出认定。在本案中,有必要对作品中虚构的作品名称("葵花宝典")是否可以作为在先权益予以保护作出认定。

可见,在葵花宝典案中,权利人所要保护的对象实际为"作品中虚构的作品名称",即作品构成要素。法院认为,对作品构成要素的保护不能当然适用《最高人民法院关于审理商标授权确权行政案件若干问题的规定》,就该司法解释第二十二条第二款的规定而言,作品名称、作品中的角色名称的保护,更多地是从反不正当竞争的角度对具体的行为予以规制,并不意味着在现有法律规定之外创设新的民事权利或民事权益,即法院在否定了将"商品化权"作为新的民事权益予以保护的前提下,主张通过适用《反不正当竞争法》第二条及第六条第(四)项的原则性条款对作品构成要素进行保护,并同时限定了两项保护条件:(1)作品中的构成要素具有较高知名度;(2)易使相关公众认为使用人与作品的著作权人之间存在特定联系。

与葵花宝典案不同,在冰雪奇缘案中,权利人所要保护的客体为作品名称。在诉讼过程中,迪士尼公司申请将其主张的在先权利由"商品化权"变更为"有一定影响的商品名称",一审法院对此予以支持,即一审法院认可了将"作品名称"视为《反不正当竞争法》第六条第(一)项中的"有一定影响的商品名称",进而将"有一定影响的商品名称"作为在先权利,适用《商标法》第三十二条规定予以保护。

同时法院认为,要将"有一定影响的商品名称"作为在先权利适用《商标法》第三十二条的规定,必须符合以下四项保护条件:(1)该商品名称在中国相关公众中具有一定的知名度;(2)诉争商标标识与商品名称较为接近能够形成对应关系;(3)诉争商标指定使用的商品或服务与该商品名称所处领域相同或者类似;(4)诉争商标的注册与使用将损害在先商品名称的所有人利益。其中,第(3)项条件是本案判断的关键点,一审法院将"作品名称"作为"在先权利"限定于"部分商品或服务类别上",实际上否定了"有一定影响的商品名称"可以获得全类保护的可能性。

三、作品名称、作品中的角色名称、作品构成要素适用《反不正当竞争法》的不同路径

通过比较两案,可以发现以下不同。

其一,两案的保护客体不同。葵花宝典案的保护客体为作品构成要素,而冰雪奇缘案的保护客体为作品名称。

其二,基于不同的保护客体,作品名称、作品中的角色名称与作品构成要素适用《反不正当竞争法》的条款不同。北京高院认为,作品构成要素不是《最高人民法院关于审理商标授权确权行政案件若干问题的规定》中所规定的在先权益,应当适用《反不正当竞争法》第二条"经营者在生产经营活动中,应当遵循自愿、平等、公平、诚信的原则,遵守法律和商业道德"的原则性条款,以及《反不正当竞争法》第六条第(四)项"其他足以引人误认为是他人商品或者与他人存在特定联系的混淆行为"的兜底性条款予以保护。而在冰雪奇缘案中,北京知识产权法院认为,"作品名称"可以作为《反不正当竞争法》第六条第(一)项的"有一定影响的商品名称",进而构成《商标法》第三十二条中的"在先权利"。

其三,基于不同条款的适用,作品名称、作品中的角色名称与作品构成要素适用《反不正当竞争法》的保护条件不同。在葵花宝典案中,作品构成要素依据《反不正当竞争法》的一般性条款获得保护,需要满足:(1)作品中的构成要素具有较高知名度;(2)易使相关公众认为使用人与作品的著作权人之间存在特定联系两项条件。而在冰雪奇缘案中,除了满足上述条件外,"作品名称"作为在先权利获得保护,还需满足"诉争商标指定使用的商品或服务与该商品名称所处领域相同或者类似""诉争商标的注册与使用将损害在先商品名称的所有人利益"的条件。

虽然看起来作品名称相对于作品构成要素的保护条件似乎更加严格,但从适用对象上看,作品名称与作品中的角色名称、作品构成要素并非同一层面上的在先权益,前者获得保护的法律依据源于知名商品的特有名称,现为"有一定影响的商品名称";而后者并没有直接的法律依据。因此,作品构成要素要获得《反不正当竞争法》的保护,在知名度、与作品及作者之间的关联度等方面比作品名称的要求更高。同时,也有观点认为,即使采用《反不正当竞争法》的原则性条款对作品构成要素予以保护,也同样要考虑作品构成要素获得知名度的领

域所导致的相关消费者产生误认的范围,即应当着重阐述作品、角色形象与诉争商标使用商品和服务之间的关联性。

综上所述,通过对两案的分析可见:在目前司法实践中,对作品名称、作品中的角色名称、作品构成要素的保护仍在探索过程中,并分化出了不同的保护路径,葵花宝典案与冰雪奇缘案通过《反不正当竞争法》寻求法益基础和保护依据无疑是一种有益的司法尝试,未来也希望司法解释、法院判决能对上述权益的定性、保护要件及保护范围提供更多的解释与指引。

第二节　域名侵权不正当竞争纠纷的裁判规则解析

根据《反不正当竞争法》第六条的规定,有一定影响的商品名称、包装、装潢、企业名称、社会组织名称、姓名、域名主体部分、网站名称、网页均为我国《反不正当竞争法》所保护的商业标识。其中,域名侵权案件一般表现为侵权人注册或使用的域名与被侵权人的一种或几种商业标识构成相同或近似,并产生市场混淆的行为。

在域名侵权类的不正当竞争纠纷中,《最高人民法院关于审理涉及计算机网络域名民事纠纷案件适用法律若干问题的解释》(以下简称《网络域名民事纠纷司法解释》)一般被法院采用作为判断域名侵权行为的基本规则。根据《网络域名民事纠纷司法解释》第四条的规定,法院判定域名的注册、使用行为构成侵权或者不正当竞争,应当同时满足以下四个要件:(1)原告的在先民事权益合法有效;(2)被诉域名复制、模仿、翻译自原告的驰名商标,或与原告的注册商标、域名等相同或近似;(3)被告对被诉域名不享有权益,也无注册、使用的正当理由;(4)被告对被诉域名的注册、使用具有恶意。

不同于其他商业标识类的混淆侵权纠纷,由于域名通常的表达有限,《网络域名民事纠纷司法解释》规定了域名侵权的认定应当要求侵权人具有恶意,并在第五条列举了"恶意"的情形。基于上述法律及司法解释的特殊规定,笔者旨在通过结合实务案例与法律规则的形式,对我国域名侵权不正当竞争纠纷的裁判规则作出解析。

一、“在先民事权益合法有效”的认定

对要件一的认定，实务中，权利人在域名侵权案件中可以主张的权益基础包括驰名商标、注册商标、域名、企业名称、商品名称等具有一定影响并能够起到识别来源作用的商业标识。上述商业标识应当满足《商标法》《反不正当竞争法》对商业标识的一般要求。

原则上，对商业标识的权利冲突应采取保护在先权利的原则。如在[(2014)民申字第1414号]案件中，最高院指出，《网络域名民事纠纷司法解释》第四条的规定目的在于保护在先权利，本案被告注册域名的行为被认定为侵权或者不正当竞争的前提是被告的域名晚于原告的域名注册。但这并不意味着先使用、在先注册的商业标识即拥有无限的排他权，如果在后使用、注册的商业标识属于善意使用且在特定领域内具有了相当的知名度，那么为了维护公平的市场竞争秩序，避免消费者混淆，在先商业标识的权利人亦具有一定的避让义务。

如在[(2019)粤0192民初1573号]案件中，广州互联网法院指出，本案中虽然刘某注册争议域名“huya. com. cn”的时间早于虎牙的商标、网站名称、字号、企业名称等一系列商业标识注册/使用的时间，但虎牙的商业标识，通过虎牙的持续投入、用心经营，已成为国内网络游戏直播领域内头部平台，具有较高的知名度，刘某具有一定的合理避让义务。可见，要件一所包含的在先权利要件并不必然否定在后权利的保护，是否侵权仍需根据商业标识的知名度情况、具体使用行为、在后注册、使用人的主观情况进行综合认定。

二、被诉域名“混淆要件”的认定标准

对要件二的认定，商业标识的混淆判定标准基本与《商标法》相同。一是需要考虑被诉域名与被仿冒标识的显著部分是否相同或近似；二是需要判定被诉域名所指向的商品或服务是否与被仿冒标识相同或类似。

结合上述因素，判断被诉域名与被仿冒的标识是否容易造成相关公众对被诉域名与原告提供的产品、服务或者原告网站的混淆，需要结合商业标识本身的显著性，商业标识之间的相似程度，商品或服务之间的相关性，原告、被告的销售渠道、销售范围，原告、被告之间是否存在竞争关系，相关公众的通常注意程度，

实际混淆证据进行综合判定，既可以是对商品或服务的直接混淆，也可以是认为原告、被告之间存在关联关系的间接混淆。

三、“是否具有正当理由”及“恶意”的认定

要件三和要件四由于联系紧密，实务中通常会对两个要件综合判断。要件三——被告对该域名或其主要部分不享有权益，也无注册、使用该域名的正当理由——属于消极事实，权利人仅需对侵权人“无正当理由”提供初步证据，主要由侵权人承担举证责任；要件四“被告对被诉域名的注册、使用具有恶意”属于积极事实，应当由权利人承担举证责任。

对要件四的认定，《网络域名民事纠纷司法解释》第五条规定了四项属于恶意的典型情形和一项兜底条款：

（1）为商业目的将他人驰名商标注册为域名的；

（2）为商业目的注册、使用与原告的注册商标、域名等相同或近似的域名，故意造成与原告提供的产品、服务或者原告网站的混淆，误导网络用户访问其网站或其他在线站点的；

（3）曾要约高价出售、出租或者以其他方式转让该域名获取不正当利益的；

（4）注册域名后自己并不使用也未准备使用，而有意阻止权利人注册该域名的；

（5）具有其他恶意情形的。

同时被告能够举证证明在纠纷发生前其所持有的域名已经获得一定的知名度，且能与原告的注册商标、域名等相区别，或者具有其他情形足以证明其不具有恶意的，人民法院可以不认定被告具有恶意。

根据上述规定，当在先民事权利被认定为驰名商标时，则无须进一步证明“混淆”要件，他人只要基于“商业目的”注册该域名，即使没有使用也可推定其具有恶意。

法院对于要件三、要件四的认定通常需要判断被诉侵权人是否具有使用被诉域名的权利基础，如对相同、近似的其他商业标识享有权益，善意地在先注册或在先使用。对于具有“正当理由”的被诉侵权人，即使产生了混淆的结果，也不能必然推定知名度较小的一方具有攀附另一方商誉的主观故意并否定其具有“正当理由”。

如在[(2013)粤高法民三终字第565号]案件中,广东高院指出,由于本案双方当事人均享有来源合法的域名权益,双方需要彼此容忍,互相尊重,长期共存。一方不能因为在经营过程中知名度提升,就剥夺另一方的生存空间;另一方也不能恶意攀附知名度较高一方的商誉,以谋取不正当的商业利益。据此,广州去哪公司虽然有权继续使用“quna. com”“123quna. com”“mquna. com”域名,但是也有义务在与域名相关的搜索链接及网站上加注区别性标识,以使消费者将上述域名与北京趣拿公司“去哪儿”“去哪儿网”“qunar. com”等知名服务特有名称相区分。

但倘若域名的使用具有明显的恶意,即使被诉侵权人具有在先注册的权利基础,也构成域名侵权。如在[(2019)粤0192民初1573号]案件中,法院认为,被告刘某于2005年5月3日注册的被诉域名远远早于原告获得相关域名及商标的时间,因而没有注册的恶意;但是被告刘某没有正当理由,明知斗鱼直播平台与原告经营范围一致且有竞争关系,仍将被诉域名跳转至原告的竞争对手斗鱼直播平台上,足以造成相关公众的混淆误认,具有使用被诉域名的恶意,因此符合《网络域名民事纠纷司法解释》第四条的规定,构成对原告虎牙公司的侵权。

对于《网络域名民事纠纷司法解释》第五条第(三)项的判断,相关判决表明,如果被诉侵权人仅在交易中存在高价转让的行为,不能直接推定其具有恶意,而需要结合其他要素进行认定。如在[(2011)高民终字第1709号]案件中,北京高院认为,争议域名指向的服务内容与原告的经营范围不相同也不类似,故不会导致相关公众将争议域名与原告的域名相混淆。虽然旅游族公司向被告提出收购争议域名时,被告要求以较高价格转让争议域名,但是仅以提出较高转让价格的行为并不能证明被告有不正当地损害原告公司合法利益或者误导公众的恶意,而只构成不正当竞争。

最后,对于“注而不用”的域名注册行为,法院需要结合注册人是否具有在先权利,以及是否有意阻止权利人注册该域名进行“主观故意”的判断。如在[(2002)高民终字第286号]案件中,北京高院认为,国网公司作为一家计算机网络服务公司,对域名识别功能的重要性是很清楚的,国网公司对在英文中无任何含义的“OLAY”一词不享有任何在先权益,其在无其他正当理由的情况下,将其注册为域名,且至今未开通使用,客观上妨碍了宝洁公司以其享有商标权的

"OLAY"一词在中国注册"olay. com. cn"域名的权利，国网公司注册该域名行为的主观故意是显而易见的。

四、总结

通过上述分析可见，域名侵权的认定需要综合考虑：在先民事权益要件、近似要件、正当理由要件、恶意要件四个方面。

其一，在先民事权益要件主要考虑权利人引证的商业标识是否具有显著性和知名度，以及对权利归属的认定，但是诉请保护的商业标识是否在先注册、使用并非绝对条件，对于善意注册、使用并具有较高知名度的商业标识，在先权利人亦具有一定的避让义务。

其二，对近似要件的认定与商标近似的认定标准基本相同。当诉争域名使用在与权利人非类似的商品或服务上时并不必然排除混淆。如果被诉域名侵犯了驰名商标，已经注册的驰名商标可以进行跨类保护；倘若是故意利用他人商业标识的知名度注册域名，误导网络用户访问其网站或其他在线站点以谋取商业利益，则可能构成间接混淆。

其三，正当理由要件的认定一般会与恶意要件的认定相结合，虽然《网络域名民事纠纷司法解释》第五条列举了四种典型情况，但在具体案件中仍需要结合第一要件、第二要件综合判断被诉侵权人的主观意图。

第三节　域名与商标权冲突的法律适用争议与裁判观点解读

随着电子商务的发展，域名的作用已不再局限于标识网站本身，而更多地起到向公众展示商品或服务来源的功能。基于域名与商品或服务之间的联系，一些当事人将公众熟悉的商标注册为域名，使他人误认为该域名所指示的商品或服务与该商标具有某种联系，从而产生混淆。

对此，《网络域名民事纠纷司法解释》第七条明确了域名构成侵权或者不正当竞争的具体情形，但未明确何种情形下为商标侵权，何种行为构成不正当竞争。

当注册、使用的域名与他人的注册商标相同或近似时，根据不同的行为性质及表现，存在适用《商标法》或《反不正当竞争法》两种保护方式。

一、有关域名与商标权冲突的法律规定

我国目前有关域名与商标权冲突的主要法律依据包括《网络域名民事纠纷司法解释》第四条、《商标侵权司法解释》第一条第（三）项，以及国家知识产权局发布的《商标侵权判断标准》（国知发保字〔2020〕23号）第三十一条。

《网络域名民事纠纷司法解释》第四条规定："人民法院审理域名纠纷案件，对符合以下各项条件的，应当认定被告注册、使用域名等行为构成侵权或者不正当竞争：（一）原告请求保护的民事权益合法有效；（二）被告域名或其主要部分构成对原告驰名商标的复制、模仿、翻译或音译；或者与原告的注册商标、域名等相同或近似，足以造成相关公众的误认；（三）被告对该域名或其主要部分不享有权益，也无注册、使用该域名的正当理由；（四）被告对该域名的注册、使用具有恶意。"

上述规定对认定域名构成侵权或不正当竞争设定了四项要件：一是原告具有相关合法权益；二是被告注册、使用的域名与原告的商标构成了混淆误认；三是被告的行为不具有正当理由；四是被告具有主观故意。

如前所述，《网络域名民事纠纷司法解释》虽然明确了域名侵权或构成不正当竞争的四项要件，但对于具体应当适用《商标法》还是《反不正当竞争法》没有给出明确的指引。

对此，《商标侵权司法解释》第一条第（三）项规定了域名侵犯商标权的具体情形："将与他人注册商标相同或者相近似的文字注册为域名，并且通过该域名进行相关商品交易的电子商务，容易使相关公众产生误认的。"适用该条款必须满足三个要件：一是注册与他人商标相同或相似的域名；二是通过该域名进行相关商品交易的电子商务；三是造成混淆误认。

2020年国家知识产权局发布的《判断标准》吸收了《商标侵权司法解释》第一条第（三）项的规定，在第三十一条写明："将与他人注册商标相同或者相近似的文字注册为域名，并且通过该域名进行相关商品或者服务交易的电子商务，容易使相关公众产生误认的，属于商标法第五十七条第七项规定的商标侵权行为。"将该类域名注册及使用视为符合《商标法》第五十七条"兜底条款"的商标

侵权行为。

通过梳理上述法条可知,在域名纠纷案件中,只有通过该域名进行了相关商品或服务交易的电子商务,并易使相关公众产生误认的行为才构成商标侵权,因而实践中对于何为“相关商品或服务交易的电子商务”的认定便关系到应适用《商标法》还是《反不正当竞争法》规制该类纠纷的具体界限。

二、相关裁判观点梳理

根据司法实践的观点,《商标侵权司法解释》第一条第(三)项中规定的“相关商品交易”不限于“相同或类似商品服务”,还包含了与商标知名度相适应的商品或服务。

对于“跨类的联想误认”在认定要件上不以认定驰名商标为前提,但仍然应当考虑商标的显著性和知名度、商品和服务之间的关联关系以及相关公众的重合范围等因素,在此基础上认定“相关商品交易”上的注册并使用域名的行为是否会产生“跨类的联想误认”。

如在北京奇虎科技有限公司与云南贷贷网络信息科技有限公司等侵害商标权纠纷案[(2019)京民终306号]中,法院认为,对于“相关商品交易”是否仅限定在“相同或类似商品交易”的范围内,需要对“相关商品交易”的立法过程进行考察。

在《商标侵权司法解释》施行之前,2001年施行的《网络域名民事纠纷司法解释》)第四条第(二)项规定:“被告域名或其主要部分构成对原告驰名商标的复制、模仿、翻译或音译;或者与原告的注册商标、域名等相同或近似,足以造成相关公众的误认。”上述规定将涉及域名注册和使用导致侵犯商标权的行为区分为侵犯一般商标的专用权和侵犯驰名商标的专用权两种类型。

因此,《网络域名民事纠纷司法解释》第四条第(二)项中所使用的“误认”对应两种类型的侵权行为,既包括侵犯一般商标专用权造成的直接混淆的误认,也包括侵犯驰名商标专用权造成的“与驰名商标具有相当程度联系”的跨类联想误认。从法律体系解释论的角度看,将《商标侵权司法解释》中的“相关商品交易”的概念既包括侵犯一般商标的专用权,也包括侵犯驰名商标的专用权才能够保证法律概念内涵的一致性。

同时,《最高人民法院关于审理涉及驰名商标保护的民事纠纷案件应用法律若干问题的解释》第三条规定：原告以被告注册、使用的域名与其注册商标相同或者近似，并通过该域名进行相关商品交易的电子商务，足以造成相关公众误认为由提起的侵权诉讼，侵犯商标权或者不正当竞争行为的成立不以商标驰名为事实根据的，人民法院对于所涉商标是否驰名不予审查。最高院曾在上述解释的理解与适用中表明，该规定旨在明确只要原告的注册商标具有一定的知名度，被告注册、使用与其相同或者近似的域名，足以误导相关公众，即可以认定构成侵犯商标权或者不正当竞争，原告的权利可以获得保护和救济，无须再以认定驰名商标为前提条件。

由此可见，其一，《商标侵权司法解释》第一条第（三）项并不是将侵犯商标专用权造成跨类联想误认的行为排除在保护范围之外，只是不再通过“认驰”的方式进行保护。因此，只有将《商标侵权司法解释》第一条第（三）项中规定的“相关商品交易”解释为不限于“相同或类似商品服务”，还包括与商标知名度相适应的商品或服务，才能保证法律概念内涵的统一。

其二，如果域名并不存在相关商品交易的电子商务，不构成商标侵权，人民法院应当依据《网络域名民事纠纷司法解释》第四条适用《反不正当竞争法》的相关规定依法作出认定和裁判。

对《商标侵权司法解释》第一条中的“电子商务”有严格的考量因素，是指市场经营者使用电脑技术和网络通信技术在互联网上以电子交易方式进行交易活动和相关服务活动，核心是以计算机网络为基础所进行的各种商务活动，包括商品和服务的提供者、广告商、消费者、中介商等有关各方行为的总和，单纯的企业宣传和商品展示不属于商品交易的电子商务活动。

在上海谊嘉宝达仕体育用品有限公司与谊嘉宝实业有限公司侵害商标权纠纷、不正当竞争纠纷案［（2014）沪一中民五（知）终字第 80 号］中，法院认为，电子商务是指市场经营者使用电脑技术和网络通信技术在互联网上以电子交易方式进行交易活动和相关服务活动，是传统商业活动各环节的电子化、网络化。

涉案的三个网站如下：（1）www. yijiabao. com 网站。该网站展示了多款棉鞋，并在“客户服务”一栏有详细的加盟流程介绍，因而该网站仅有企业宣传和商品展示的作用，无证据证明存在商品交易的电子商务活动。（2）www. yijiabao. com. cn 网站。招商加盟中有详细的步骤，联系方式的信息同 www. yijiabao. com 网站内容一致，点击该网站的棉鞋商品，即跳转至 www. easyes. cn

上海谊嘉宝达仕体育用品有限公司的官方商城网站，该网站有多款上海谊嘉宝达仕体育用品有限公司生产的棉鞋销售，标识了详细的型号、款式和价格以及购买方式，具有棉鞋商品交易的电子商务，使相关公众能通过 www. yijiabao. com. cn 域名进行上海谊嘉宝达仕体育用品有限公司生产的棉鞋商品交易的电子商务。(3) www. yijiabao. net 网站，网站显示内容与 www. yijiabao. com 网站相同，亦无证据显示其存在棉鞋商品的电子商务活动。因此，上海谊嘉宝达仕体育用品有限公司使用 www. yijiabao. com. cn 进行棉鞋商品交易电子商务活动的行为属于《商标侵权司法解释》第一条第(三)项规定的商标侵权，侵害了谊嘉宝实业有限公司的商标专用权。另外两个被控侵权网站不构成商标侵权，应当从是否构成不正当竞争角度评判。

其三，当域名的注册、使用涉及商标侵权与不正当竞争行为的竞合时，优先在侵犯商标权相关条款范畴内进行规制，认定构成商标侵权的，不宜同时认定构成不正当竞争。

在武汉东道广告有限公司、东道品牌创意集团有限公司(原北京东道形象设计制作有限责任公司)侵害商标权纠纷案[(2017)鄂民终 660 号]中，法院认为，武汉东道广告有限公司对"dongdaoad"域名的主要部分即"dongdao"不享有权益，也没有注册使用该域名的正当理由。该公司与北京东道形象设计制作有限责任公司注册商标近似的英文注册为域名，并通过该域名进行商业活动，容易导致相关公众误认，其行为属于给他人注册商标专用权造成损害的行为，侵害了北京东道形象设计制作有限责任公司的注册商标专用权。在武汉东道广告有限公司注册使用的"dongdaoad"域名构成侵权的情况下，北京东道形象设计制作有限责任公司对网络域名享有的民事权益已经得到法律保护，本案无须再认定该行为构成不正当竞争。

三、总结

通过对上述法条与裁判观点的梳理可知，域名纠纷案件可以同时构成商标侵权与反不正当竞争行为。根据《商标侵权司法解释》和《判断标准》的规定，构成商标侵权行为的域名纠纷需要满足以下要件：(1)将与他人注册商标相同或者相近似的文字注册为域名；(2)通过该域名进行相关商品交易的电子商务；(3)容易使相关公众产生误认。其中，对于"相关商品交易"的界定除了判断是否属于同一种或类似商品，还包括根据商标的显著性和知名度、商品和服务之间的关联关系以及相关公众的重合范围等因素，在此基础上认定“相关商品交易”上的注册并使用域名的行为是否会产生“跨类的联想误认”。对于“电子商务”应当将其界定为：通过互联网等信息网络销售商品或者提供服务的经营活动。

当域名的注册、使用不满足上述要件时，不构成商标侵权。是否构成反不正当竞争行为则应当审查被诉行为是否满足《网络域名民事纠纷司法解释》第四条规定的四个成立条件，并根据《反不正当竞争法》第二条第一款、第六条第（四）项的规定进行判决。

第四节 广告语满足何种条件可构成受《反不正当竞争法》保护的商业标识

2020 年 8 月 3 日，北京金堤科技有限公司诉苏州朗动网络科技有限公司广告语不正当竞争纠纷案［（2019）京 0108 民初 54091 号］一审判决胜诉，现已生效。法院判决认定，“企查查”公司构成不正当竞争，需停止使用“查企业、查老板、查关系”广告语（以下简称“三查”广告语）及类似用语，并赔偿“天眼查”公司 200 万元，在官网、微博首页等显著位置连续 48 小时刊登道歉声明。

根据《反不正当竞争法》第六条的规定，经营者不得实施引人误认为是他人商品或者与他人存在特定联系的混淆行为。虽然“广告语”并非该条明确列举的商业标识，但由于《反不正当竞争法》第六条设置有兜底条款，当某一具有影响力的广告语具有识别商品来源的意义时，亦可作为商业标识适用该条进行保护。

一、案例分析

原告北京金堤科技有限公司系“天眼查”App 的研发公司，被告苏州朗动网络科技有限公司研发“企查查”App，两者都是向用户提供企业信息查询服务的企业。

自 2017 年起，原告将“查公司、查老板、查关系”广告语用于宣传“天眼查”，并进行了大量的广告宣传。其后，原告发现被告在“企查查”产品及其经营活动中使用了与之类似的广告语（如“查企业、查老板、查关系”）。原告认为被告的上述行为违反了《反不正当竞争法》的相关规定，构成不正当竞争，遂将其诉至法院。本案中，法院综合考虑了如下因素：第一，原告系在提供企业信息查询服务的产品及服务中最早使用“三查”广告语的市场主体。第二，涉案广告语并非企业信息查询服务市场中的特定用语，现有证据亦未表明该广告语已经成为该行业中约定俗成的用语或为其他经营者所普遍使用的广告语。第三，“天眼查”产品及服务具有一定的影响力。第四，原告紧密联系的使用和宣传推广方式使“三查”广告语不仅具有指代“天眼查”产品及服务核心功能的第一含义，且在此过程中成为了具有显著性并可使相关公众将“三查”广告语与原告“天眼查”产品及服务联系起来的用语。

根据上述事实，法院认定“三查”广告语已和原告的“天眼查”产品及其服务建立起稳定联系，相关公众能够通过该广告语区分“天眼查”与其他产品及服务来源，故该广告语可以被认定为可为原告带来竞争优势和经济利益的商业标识。

在此基础上，该案中，被告的“查企业、搜老板、找客户”“查企业、搜老板、找关系”等广告语与原告的“三查”广告语为句式类似的三字短语，二者的区别仅在于被告进行了同义替换，未达到表达层面上的实质不同。结合两者的竞争关系、市场占比以及公众误认的可能性，可以认定被告在“企查查”产品和服务中使用“三查”广告语及类似广告语，足以误导公众，明显存在主观故意，违反了《反不正当竞争法》第六条第（四）项之规定，构成不正当竞争。

二、具有一定影响及显著性的广告语可作为商业标识受到保护

《反不正当竞争法》第六条规定：“经营者不得实施下列混淆行为，引人误认为是他人商品或者与他人存在特定联系：

（一）擅自使用与他人有一定影响的商品名称、包装、装潢等相同或者近似的标识；

（二）擅自使用他人有一定影响的企业名称（包括简称、字号等）、社会组织名称（包括简称等）、姓名（包括笔名、艺名、译名等）；

（三）擅自使用他人有一定影响的域名主体部分、网站名称、网页等；

（四）其他足以引人误认为是他人商品或者与他人存在特定联系的混淆行为。”

根据上述规定，在该条新增第（四）项后，其所保护的商业标识已不限于前

三项所列举的具体情形。但从第六条所列举的商业标识特征来看,受到该条保护的商业标识必须具有一定影响及识别商品来源的意义。

如在[(2019)最高法民申 579 号]案件中,广药集团主张对"怕上火喝王老吉"广告语、"怕上火喝"广告句式享有权益。对此,最高院指出,虽然不同于商品名称,但广告语仍然属于商业标识的一种具体类型,在当事人提出诉讼主张的情况下,人民法院可以依据《反不正当竞争法》第六条的规定,判断其能否作为知名商品的特有名称受到保护,即根据其是否具有一定影响以及是否具备显著性等要件,确定涉案广告语或广告句式是否具有可保护性。

本案中,当事人请求保护的"怕上火喝王老吉"广告语及"怕上火喝"广告句式,均属于通常意义上的描述性短语,识别性仍主要源于其中包含的注册商标,难以认定上述广告语或广告句式在整体上具有可保护性。广药集团、大健康公司虽然进一步主张上述广告语与广告句式通过使用具有了识别性,但正如二审法院已经指出的,在实际使用过程中,并无证据显示上述广告语或广告句式曾被作为商品名称独立使用,也无证据证明消费者在不考虑注册商标指示功能的情况下,可以单独依据广告语或广告句式识别商品来源。

可见,广告语必须同时具备知名度和显著性才能构成《反不正当竞争法》所保护的商业标识。在显著性的判断上,法院通常会考虑当事人使用广告语的时间与宣传情况、广告语的独创性以及此前市场上是否存在其他相关经营者使用相同或近似的广告语等因素。

如在[(2019)京 73 民终 3814 号]案件中,原告圣康尼公司主张被告索康尼公司在其经营场所内大量使用原告独创的品牌理念"LOYAL TO THE SPORT"作为广告语,构成不正当竞争行为。

根据在案证据,自 2006 年起,圣康尼公司将"LOYAL TO THE SPORT"作为其运动鞋产品的广告语而在中国市场上宣传使用,且此前中国市场并无其他相关市场的经营者使用相同或近似的广告语。该广告语经过在中国市场的长期宣传使用,具有很强的显著性和识别力,已经和圣康尼公司及其涉案注册商标一并为中国市场的普通消费者所熟知,并已与圣康尼公司的企业形象和品牌商品之间形成了一一对应的关系。

在此基础上,法院认定,作为与圣康尼公司为市场竞争关系的索康尼公司,成立时间晚于圣康尼公司及其涉案注册商标进入中国市场使用的时间,故在公司成立之时应当知晓圣康尼公司及其涉案注册商标的知名度及与其广告语“LOYAL TO THE SPORT”之间的稳定对应联系和承载的商品商誉，索康尼公司却将与“LOYAL TO THE SPORT”广告语文字表达近似的“LOYAL TO THE CLASSIC”作为宣传其涉案侵权商品的广告语，并与被诉侵权标识组合使用在被诉侵权商品的吊牌、包装、宣传材料、网络媒体和店面牌匾上，极易造成中国市场普通消费者对于原告、被告企业及其各自商品的生产者及来源的混淆误认，由此判断索康尼公司主观上明显具有攀附圣康尼公司及其涉案注册商标“SAUCONY”“圣康尼”商誉的故意。

通过上述案例可见，《反不正当竞争法》第六条规定了经营者不得实施引人误认为是他人商品或者与他人存在特定联系的混淆行为。虽然广告语并非该条明确列举的商业标识，但由于《反不正当竞争法》第六条设置有兜底条款，当某一具有影响力的广告语同时具有识别商品来源的意义的显著性时，也可作为商业标识纳入该条进行保护。在显著性的判断上，法院通常会考虑当事人使用广告语的时间与宣传情况、广告语的独创性以及此前市场上是否存在其他相关经营者使用相同或近似的广告语等因素。

第五节 从“知名商品特有的名称”到“有一定影响的商品名称”的认定标准与审理思路变化

“知名商品特有的名称”最早规定于 1993 年《反不正当竞争法》第五条第（二）项：“经营者不得采用下列不正当手段从事市场交易，损害竞争对手：……（二）擅自使用知名商品特有的名称、包装、装潢，或者使用与知名商品名称、包装、装潢，造成和他人知名商品相混淆，使消费者误认为是该知名商品……”

实践中，法院通常采用先判断某一商品是否“知名”，再判断该商品名称是否“特有”的思路来审理知名商品特有的名称侵权案件。

“知名 + 特有”的审理思路看似清晰，实际却可能引发扩大或缩小商品保护范围，以及增加原告举证负担的情形。不少实务人士认为，知名商品与特有名称实际上难以分割，且在商业活动中，真正具备来源识别功能的应是“特有名称”，而并非商品。

2017年修订的《反不正当竞争法》将“知名商品特有的名称”修改为“有一定影响的商品名称”，明确了“商品名称”的识别功能；而实务中也有部分法院将知名商品或服务的特有名称、包装、装潢看作一个整体，以此来判断其是否知名和特有。

2022年，《最高人民法院关于适用〈中华人民共和国反不正当竞争法〉若干问题的解释》颁布，其中第四条规定：“具有一定的市场知名度并具有区别商品来源的显著特征的标识，人民法院可以认定为反不正当竞争法第六条规定的‘有一定影响的’标识。”确立了认定《反不正当竞争法》第六条所保护的“有一定影响的”标识的整体判断方法，即“有一定的市场知名度+具有识别商品来源的显著特征”。

基于上述变化，笔者将通过对现有裁判的梳理，分析从“知名商品特有的名称”到“有一定影响的商品名称”在审理思路上的变化。

一、“知名商品+特有名称”区分判断的审理思路

我国司法实践长期以来对“知名商品名称”的认定思路采取的是“知名+特有”的区分判定方法。

从2007年《最高人民法院关于审理不正当竞争民事案件应用法律若干问题的解释》（已废止）中可以看出此种认定思路，该司法解释第一条第一款规定：“在中国境内具有一定的市场知名度，为相关公众所知悉的商品，应当认定为反不正当竞争法第五条第（二）项规定的‘知名商品’。”

《最高人民法院关于审理不正当竞争民事案件应用法律若干问题的解释》第二条规定：“具有区别商品来源的显著特征的商品的名称、包装、装潢，应当认定为反不正当竞争法第五条第（二）项规定的‘特有的名称、包装、装潢’……”

2022年实施的《最高人民法院关于适用〈中华人民共和国反不正当竞争法〉若干问题的解释》第四条一定程度上延续了该种判定思路，将《反不正当竞争法》第六条规定的“有一定影响的”标识定性为“具有一定的市场知名度”并具有“区别商品来源的显著特征”的标识。

依据《最高人民法院关于适用〈中华人民共和国反不正当竞争法〉若干问题的解释》的规定，法院在适用时通常会按照同时满足“具有一定市场知名度”和“具有识别商品来源的显著特征”两个要件的审理思路判断知名商品特有的

名称。

如在天津津酒集团有限公司与天津佳酿酒厂知名商品特有名称、包装、装潢纠纷一案[(2015)一中民五初字第0103号]中,法院先认定涉案的新港牌佳酿白酒是否属于“知名商品”,再认定涉案新港牌佳酿白酒的包装、装潢是否属于知名商品“特有的包装、装潢”。该案被作为天津市2015年的知识产权十大典型案例之一。

又如在上海游爱之星信息科技有限公司与安乐(北京)电影发行有限公司不正当竞争纠纷案[(2019)沪73民终91号]中,法院同样先认定了电影《捉妖记》基于广泛的宣传推广、票房成绩、多种奖项属于知名商品;再认定“捉妖记”名称具有区别商品来源的显著特征,属于知名商品涉案影片的特有名称。

但有所不同的是,在保护范围方面,“捉妖记”案并未严格限定在法院所认定的“知名商品”上。本案中,法院将原告安乐公司发行的影片与被告游爱之星公司经营的互联网游戏、手机游戏的功能进行了比较,认为两者虽并非直接竞争关系,但电影、网络游戏的功能和用途都是为了丰富相关公众的文化生活,从而扩大了“捉妖记”特有名称的保护范围,即采用了《商标法》上“类似商品”的判断方法。但倘若严格按照对“知名商品”和“特有名称”区分判断的审理思路,电影《捉妖记》被认定为知名商品,是否必然得出其衍生游戏也为知名呢?显然,法院在本案中并未严格划分知名商品与特有名称的判断标准,而是已经将其作为整体看待,类比《商标法》中对“未注册商标”的保护规则进行判断。

二、“知名商品”与“特有名称”实际难以分割

在经典案例广东加多宝饮料食品有限公司、广州王老吉大健康产业有限公司擅自使用知名商品特有名称、包装、装潢纠纷案[(2015)民三终字第2号]中,一审法院认为:知名商品是指不为相关商品所通用,具有显著区别性特征,并通过在商品上的使用,使消费者能够将该商品与其他经营者的同类商品相区别的商品名称,即一审法院实质上将“知名商品”视为了商品的特有名称。

但在二审中,最高院指出:“王老吉凉茶”作为一种商品名称,在双方纠纷发生之时,至少可以指代由广州王老吉大健康产业有限公司生产的绿色纸盒及广东加多宝饮料食品有限公司生产的红色罐装等不同包装、装潢形式的凉茶商品。而本案界定“知名商品”的目的,是判断附着于其上的特定的包装、装潢形式,是

否符合《反不正当竞争法》对商业标识性权益提供保护的条件。因此,该“知名商品”应当与涉案包装、装潢形式具有明确的指向关系。一审法院脱离了商品与包装、装潢所应具有的依附关系,将指代并不唯一的商品名称“王老吉凉茶”认定为本案的“知名商品”,缺乏事实与法律依据。最终,二审法院将“加多宝公司生产经营的红罐王老吉凉茶”视为本案特有包装、装潢所依附的商品。但这种认定结果似乎也并未将商品名称“王老吉凉茶”与商品本身进行清晰分割。

值得注意的是,法院还在判决中指出:只有使用了特有包装、装潢的商品,才能够成为《反不正当竞争法》评述的对象。相反,抽象的商品名称,或无确定内涵的商品概念,脱离于包装、装潢所依附的具体商品,缺乏可供评价的实际使用行为,不具有依据《反不正当竞争法》第五条第(二)项规定进行评价的意义。

可见,最高院事实上想强调:认定商品的存在是保护特有名称、包装、装潢的前提条件。但在审理思路上,若将“知名”这一因素用来限定“商品”,而非“特有名称”,可能导致《反不正当竞争法》第六条保护对象的错置。

实践中,商品的知名本身就是为了证明其特有名称具有一定影响力,能够作为非注册商标进行保护。由于商品本身无法成为识别性标识,只有商品上存在区别性的名称、包装、装潢时,才可能因为知名而为消费者所知,成为《反不正当竞争法》保护的对象,即商品的“知名”其实是由“特有名称”的识别性所带来的,难以分割认定。

三、最高院近期案例:逐渐采用整体认定的审理思路

鉴于商品、服务与特有名称在“知名”这一因素上的整体性,从最高院近期的一些判决中可以看出,法院在论述中逐渐不再单独对“知名商品”进行界定,而在“知名”这一因素上更多采用了整体认定的方式。

如在福建榕金集团有限公司、福建榕金网络科技有限公司擅自使用知名商品特有名称、包装、装潢纠纷案[(2019)最高法民申84号]中,法院先从“山姆”字号的知名度、宣传推广、使用情况出发,再结合沃尔玛公司经营的“山姆会员商店”提供零售等百货服务的持续时间、地域范围和消费者的认知程度等因素,认定“山姆”文字系“山姆会员商店”这一知名服务的特有名称,应当受到《反不正当竞争法》的保护。

又如在延津怡凯绿色饮品有限公司、农夫山泉股份有限公司商业贿赂不正

当竞争纠纷案[(2019)最高法民申4183号]中,法院虽然指出,认定商品包装、装潢是否构成有一定影响的包装、装潢,首先要考察商品在中国境内是否具有一定的市场知名度;其次考察该商品的包装、装潢是否具有区别商品来源的显著特征。但对于"知名"的论述采用了整体性思路,如在判决中写明:"'农夫山泉'商标及系列产品经过长期持续的宣传、使用和销售,被相关公众广为知悉;'茶π'饮料自开始销售以来,依托于'农夫山泉'品牌的巨大优势,经过持续、大力的宣传、推广和使用,在国内亦已经具有较高的商品声誉。"上述判决即不再分割商品与特有名称二者的知名度。

四、总结

从"知名商品特有的名称"到"有一定影响的商品名称",《反不正当竞争法》的本意旨在对那些在相关消费者中具有知名度、产生一定市场影响力、具有识别功能的商品名称、包装和装潢进行保护。

在司法实践中,证明某一商品是否知名,本身就是为了证明其特有名称、包装和装潢具有一定影响力,二者不应被分割看待。因此,过往将知名商品的特有名称、包装、装潢分割为"知名商品"和"特有名称、包装、装潢"的审理思路会对案件的审理造成一定障碍,《反不正当竞争法》于2019年修正后,判断商品的名称、包装、装潢整体是否知名和特有的思路变化也更加符合立法保护的本意。

第六节　"商品包装、装潢"如何适用《反不正当竞争法》

2020年7月,四川成都"吼堂老火锅店"与"火凤祥火锅店"装修风格抄袭事件引起了公众的广泛讨论。从两家火锅店的对比图来看,无论是设计风格、装修细节,还是食品的摆放、元素的搭配,几乎达到了"复制粘贴"的程度。

随着人们消费习惯的改变,独特的店面设计已成为"网红餐厅"的标配,装修环境的独具一格无疑对品牌发展起到了重要作用,但随之而来的"山寨"他人装修设计的侵权行为也层出不穷。

我国《反不正当竞争法》第六条规定:"经营者不得实施下列混淆行为,引人误认为是他人商品或者与他人存在特定联系:(一)擅自使用与他人有一定影响的商品名称、包装、装潢等相同或者近似的标识……”

而《最高人民法院关于审理不正当竞争民事案件应用法律若干问题的解释》第三条也明确对《反不正当竞争法》中的“装潢”进行扩张性解释:将经营者营业场所的装饰、营业用具的式样、营业人员的服饰等构成的具有独特风格的整体营业形象,认定为《反不正当竞争法》所规定的“装潢”。

但某一商品的装潢具体能否落入《反不正当竞争法》的保护范围,还应满足如下条件:(1)承载该包装、装潢的商品有一定影响;(2)该包装、装潢具备特有性。

一、关于商品“有一定影响”的认定

《反不正当竞争法》于2017年修订时将“擅自使用知名商品特有的名称、包装、装潢”的表述改为了“擅自使用与他人有一定影响的商品名称、包装、装潢等相同或者近似的标识”,意在解决该条款适用中对“知名商品”的认定问题。但2019年《反不正当竞争法》施行后由于缺乏恰当的法律解释,直接影响了此类权益的保护范围和裁判尺度问题。

从立法原意、修法背景和公平竞争的角度出发,认定某类商品的名称、包装、装潢可以纳入《反不正当竞争法》保护的范畴仍应以该类商品的知名度及名称、包装、装潢的特有性为基本要件。

在东阿阿胶股份有限公司诉河南省四方药业集团有限公司、厦门祝强大药房有限公司不正当竞争纠纷一案[(2020)闽民终65号]中,二审法院认为:“东阿阿胶产品的包装、装潢在颜色、图案及文字的整体组合上具有独创性和显著性,经过权利人多年使用,已经具备识别商品来源的功能,可以认定属于有一定影响的商标包装、装潢。”二审法院在“有一定影响”的判定上,综合考虑了商品包装、装潢的独创性、显著性,权利人的使用事实,包装、装潢的识别功能三项因素。本案法官指出:从立法的原意和严格保护的角度出发,法律概念的修订并不意味着认定标准的降低,认定某类商品的包装、装潢可以纳入《反不正当竞争法》保护的范畴仍应以该类商品的知名度及包装、装潢的特有性为基本要件。将“知名商品”修改为“有一定影响”是为了防止市场主体滥用“知名商品”的称号,故《反不正当竞争法》通过以“有一定影响”来表达对商业标识的知名度的要求并未降低。

依照上述意见,根据《最高人民法院关于审理不正当竞争民事案件应用法律若干问题的解释》第一条的规定:法院认定“有一定影响”的标准应当结合该商品的销售时间、销售区域、销售额和销售对象,进行任何宣传的持续时间、程度和地域范围,作为知名商品受保护的情况等因素综合判断。此外,还应注意商品特有的名称、包装和装潢需在中国境内知名;知名度判定的群体应是根据商品的属性和特点涵盖的相关经营者和消费者,而不要求在所有的市场或者人群中都达到知名,且只要在特定地域内知名,而无须全国知名。

二、关于包装、装潢特有性的认定

“特有性”是指显著的而非行业通用的特征。商品的包装、装潢作为商业标识的一种,需要通过权利人的实际使用,使该特征在相关公众中建立起与该商品的联系,从而发挥区分商品来源的功能。

判断包装、装潢的“特有性”,应当排除包装、装潢中的通用部分和惯常设计。通用部分是指包装、装潢中表现产品一般功能的部分,如对配料、材质的提示性设计。惯常设计是指市场中较为普遍的设计方式,如餐厅装修设计中餐桌的一般摆放方式。

判断包装、装潢的特有性还应当结合产品的整体形象或综合外观,如形状、尺寸、颜色、质地、图案及组合,装潢的风格、色彩、图案、布局等,判断是否具有较强的显著性、独创性、美观性,以及是否能够达到吸引普通消费者的注意力,与同类商品的包装、装潢相区别的目的。

另外,按照相关规定,知名商品特有的包装、装潢应当依照使用在先的原则,即经营者在将包装、装潢用于自己生产的商品前,市场上不存在其他经营者在相同或类似商品上使用与本包装、装潢相同或类似的包装、装潢。知名商品的特有名称、包装、装潢的权益应属于使用在先的人。

三、关于相似和混淆性的判断

同为商业标识,对于商品包装、装潢相似性的判断可以借鉴商标相似性判断的方法,即遵循整体观察、要部观察和隔离观察三项原则。整体观察是指从包装、装潢的整体形象来综合判断近似程度。要部观察是指以包装、装潢中的主要部分，即最显著、最容易引起消费者注意的部分进行对比判断，某些次要部分的不同不影响近似的认定。隔离观察是指对不同包装、装潢近似的判断应当分别观察。同时，在判断的主体上也应从一般消费者的角度出发，结合特定商品或服务的性质，匹配消费者的注意力程度进行考虑。

对于混淆性的判断，我国采取了广义的混淆原则，即不仅在消费者误认为同一商品或者服务时构成混淆，而且在消费者认为二者存在某种联系时，也应认定为混淆。具体而言，在考虑混淆可能性时，应考虑包装、装潢本身的标识作用，商品近似程度及混淆的可能性，一般消费者的注意力，商品销售渠道，实际混淆证据，原告使用时间等因素。

商品的包装、装潢注入了经营者的投入，原创不易，而对包装、装潢的“抄袭”势必会影响正常的市场竞争秩序。权利人在维权时需要留意依据以上标准来证明商品或服务的知名度，包装、装潢的特有性以及相似、混淆的事实，充分的举证与合理的知识产权布局是未来需获得司法保护时取胜的关键。

第七节 “服务特有装潢”如何适用《反不正当竞争法》的保护

在我国现行法律制度下，经营者的“服务特有装潢”虽然受到《反不正当竞争法》的保护，但在具体的司法实践中，对“装潢”的保护通常是指“商品外包装”上的设计要素，即商品包装、装潢；而对诸如店铺设计、App 标识等“服务装潢”保护的支持案例数量较少。那么，“服务特有装潢”应当如何适用《反不正当竞争法》的保护？以下笔者将结合法律规定与实务案例进行具体分析。

《反不正当竞争法》第六条第（一）项规定：“经营者不得实施下列混淆行为，引人误认为是他人商品或者与他人存在特定联系：（一）擅自使用与他人有一定影响的商品名称、包装、装潢等相同或者近似的标识……”

根据《最高人民法院关于适用〈中华人民共和国反不正当竞争法〉若干问题的解释》第八条的规定，由经营者营业场所的装饰、营业用具的式样、营业人员的服饰等构成的具有独特风格的整体营业形象，人民法院可以认定为《反不正当竞争法》第六条第（一）项规定的“装潢”。

可见,《反不正当竞争法》所规定的“服务特有装潢”需形成“具有独特风格的整体营业形象”。对“具有独特风格的整体营业形象”的认定,具体可分为以下几点。

一、具有超越实用性功能的独立审美意义

装潢,原意是指为识别与美化商品而在商品或者包装上附加的文字、图案、色彩及其排列组合。一般而言,凡是具有美化商品作用、外部可视的装饰,都属于装潢。以餐饮服务为例,餐厅的装潢通常包括两个部分:一部分是附着在餐厅经营场所上的装修,如吊顶、墙面等;另一部分是可以与餐厅经营场所分离的物品的选取及摆放布置。但司法实践表明,装潢只有具有超越实用性功能的独立审美意义,才可能构成《反不正当竞争法》所保护的“特有装潢”。

如在[(2019)京73民终3003号]案件中,北京知识产权法院认为,关于西贝莜面村餐厅装潢外延的问题,西贝公司主张的半通天式玻璃外墙,用餐区顶棚,厨房区明厨亮灶设计、顶上置物架、操作台等,属于附着于餐厅经营场所上的装修部分;等候区的店铺招牌、红白相间的镂空等候椅,用餐区的用餐椅、用餐沙发、沙发靠垫及用餐桌布,厨房区的顶上置物架装饰物,属于与经营场所分离但可以起到修饰美化作用的装饰。

西贝莜面村餐厅中的上述元素,均超越了物品本身的实用功能,具有独立的审美意义,符合餐厅装潢的内涵。同时,西贝公司服务员及厨师的服饰虽然与餐厅本身的装修布置无关,但员工属于餐厅服务有机整体的一部分,且各个餐厅通常都会为员工选择统一的制服,以求其与整个餐厅的装修布置协调统一,故员工服饰也构成餐厅装潢的要素之一。但对于西贝公司关于桌面一次性用品、菜单、桌面台号牌及底座摆放牙签筒等物品也属于其餐厅装潢元素的主张,法院认为,上述物品仅为一些日常用品,在实用性之外并不能起到装饰作用,更无法上升到视觉艺术的高度。故对西贝公司的这部分主张不予支持。

二、具有独立的足以识别服务来源的识别性和影响力

装潢之所以能够受到《反不正当竞争法》的保护,本质上在于其具有区别性特征,能够发挥识别服务来源的作用,这与《商标法》中关于申请注册的商标应当具有显著特征、便于识别的要求一致。经营者通过在服务上使用某种装饰、装

潢,将其服务与其他同类服务相区分,以此降低服务识别成本,提高交易效率。此种装潢设计经过经营者的持续使用,在其与经营者之间建立了稳定的联系,承载了经营者一定的商誉,故具有应予以法律保护的正当利益。

实践中,服务装潢与注册商标通常会进行组合使用,共同发挥识别服务来源的作用。因此,判断服务装潢是否能够独立地发挥识别作用,对于其能否适用《反不正当竞争法》具有重要意义。

服务装潢的独立识别作用,是指当装潢不依附于注册商标显著性的情况下,本身是否已经达到足以识别服务来源的程度,即具有可识别性和一定的影响力。上述因素的判断可以从装潢本身的设计情况和使用宣传情况综合考虑,即装潢是否为有"区别性特征"的设计,是否经过大量的推广和使用后在市场上具有一定知名度且客观上能独立起到识别服务来源的作用。

例如,在中匡石油集团(福建)有限公司、海城市东四镇水寨加油站与中国石油天然气集团有限公司、中国石油天然气股份有限公司侵害商标权及不正当竞争纠纷[(2020)辽民终437号]中,法院指出,从原告提交的证据来看,中国石油天然气集团有限公司、中国石油天然气股份有限公司自2000年起为加油站制定了统一标准,并在全国的业务范围内推广执行;原告在全国范围内设立的加油站使用了统一的装饰,具有鲜明的特点。且原告拥有的加油站数量较大,其装饰样经过长期、大规模使用,显著性和知名度进一步增强,并与中国石油天然气集团有限公司、中国石油天然气股份有限公司的加油站服务建立了稳定、唯一的对应关系,已经具有识别服务来源的功能。

本案被诉侵权加油站的装饰装潢与原告中国石油天然气集团有限公司、中国石油天然气股份有限公司加油站的装饰相比较,主色系均为红色和黄色,文字均为白色字体,颜色搭配及各具体设计元素均近似,足以造成相关公众在隔离比对时,将被诉侵权加油站与原告加油站服务相混淆,误以为是中国石油天然气集团有限公司、中国石油天然气股份有限公司加油站。(见表5-1)

从法院的分析可见,法院对原告加油站的装潢设计能否独立发挥识别来源的作用进行了分析。即使原告实际上组合使用了涉案装潢与自身商标,但不能机械区分装潢与商标各自对权利人服务区分性及知名度的贡献程度,而应当结合涉案装潢设计的显著性程度,以及权利人对涉案装潢的宣传与使用情况进行判断。

表 5-1 诉争装潢对比

原告使用的加油站装潢	被告使用的加油站装潢

该案中，即使被诉侵权人使用了“中匡石油”的标识，但从整体识别性上看，由于中匡公司使用被诉装饰的行为不正当地利用了原告中国石油天然气集团有限公司、中国石油天然气股份有限公司具有一定影响的装饰和良好的商业信誉，扰乱了正常的市场竞争秩序，具有“搭便车”“傍名牌”的故意，故构成不正当竞争。可见，涉案装潢经过原告长期、广泛的宣传和使用，已经获得了更强的显著性，并具有一定的影响力。

三、“服务装潢”的认定不要求“装潢”的每一种元素具有独创性

如前所述，《反不正当竞争法》所保护的“服务装潢”需要起到区分服务来源的作用。根据《最高人民法院关于适用〈中华人民共和国反不正当竞争法〉若干问题的解释》第八条的规定，经营者营业场所的装饰、营业用具的式样、营业人员的服饰等装潢只要在整体上具有独特风格，即可以认定为《反不正当竞争法》第五条第（二）项规定的“装潢”，而不要求“装潢”的每一种元素具有独创性。重点在于权利人的装潢是否形成了自己的独特风格、布局、风采，使相关公众可以将该装潢与经营者的服务相联系。

如在茶颜悦色诉茶颜观色不正当竞争案[（2020）湘 0103 民初 8252 号]中，“茶颜悦色”门店装潢由使用特殊字体的“茶颜悦色”字样与“新中式鲜茶、越中国更时尚”等标语构成门头店招。“我不源自英伦，我也不做美国派，我更不来自日本。我钟情中国茶四千八百年的历史。不盲从，敢不同……我姓茶颜名悦色”的室内装潢标语以及“中茶西做、爆款定名声、周三半价、雨天半价”等海报宣传标语，“浣纱绿、红颜、豆蔻、花间词”菜单以及集点卡设计等元素共同构成

了"茶颜悦色"茶饮料整体营业形象。

虽然该装潢中的每一项要素并不都具有独创性,但该整体营业形象与其他奶茶店营业形象具有显著特征,无论是其门头店招还是店内宣传标语、室内海报以及菜单、集点卡等元素,均具有古风意蕴,系自成一派的中国风营业形象。且经过消费者、媒体以及互联网用户等公众的大量报道、宣传,"茶颜悦色"茶饮料门店装潢已经在全国范围具有影响力并具备显著性及可识别性。

故法院认定,原告对上述装潢的设计体现了其特有的思维,并与其享有著作权的相应作品设计相呼应,且对使用上述装潢的涉案商品进行了持续的广告宣传,已经与原告的"茶颜悦色"茶饮及提供茶饮过程中的服务产生了紧密联系,具有区别来源的显著特征,应认定为有一定影响的装潢。

四、总结

作为未注册商标,装潢之所以能够受到《反不正当竞争法》的保护,本质上在于其具有区别性特征,能够发挥识别服务来源的作用。经营者通过在服务上使用某种商业标识,将其服务与其他同类服务相区分,以此降低服务识别成本,提高交易效率。此种商业标识经经营者持续使用,在其与经营者之间建立了稳定的联系,承载了经营者一定的商誉,故具有应予法律保护的正当利益。

对"服务特有装潢"的认定应当满足以下条件:(1)具有超越实用性功能的独立审美意义。(2)具有独立的足以识别服务来源的识别性和一定影响力。对于识别性的认定,不要求"服务装潢"的每一种元素具有独创性,重点在于权利人的装潢是否形成了自己独特的整体营业风格,使相关公众可以将该装潢与经营者的服务相联系。

第八节　企业名称权与商标专用权的冲突处理规则

商标与企业名称同是企业商誉的载体,都具有区分商事主体、商品或服务来源的重要功能。依据我国《民法典》的相关规定,商标专用权和企业名称权(也称字号权)分属于不同的法律范畴;商标专用权属于知识产权,企业名称权属于人格权,二者不仅由不同的法律法规予以规制,并且分属于不同的登记系统。

商标专用权的注册申请依据《商标法》《商标法实施条例》等规定，由国家知识产权局商标局进行审查、注册；企业名称权的登记取得依据《公司法》《企业名称登记管理规定》等规定，由各地县级以上的市场监督管理部门负责登记、管理。

长久以来，商标注册程序与企业名称登记之间存在数据互不共享、互不检索的审查盲区，导致市场上存在大量企业名称和注册商标相冲突的情形，即不同主体的企业名称权和商标专用权虽在形式上均处于合法状态，但实际存在“市场混淆”的权利并存与利益冲突的现象。

通常来说，企业名称权与商标专用权的冲突分为以下两种情形：一是将与他人在先登记的企业名称中的字号相同或者近似的文字申请注册为商标；二是将与他人在先注册商标相同或者近似的文字登记为企业名称。笔者将根据上述两种不同的权利冲突情形，分别解读法律法规与司法实践中形成的处理规则。

一、在先登记的企业名称权与商标权的冲突处理规则

在我国，商标专用权的取得以申请注册为基本原则。根据《商标法》第三十二条的规定：“申请商标注册不得损害他人现有的在先权利……”同时，由商标局、商评委发布的《商标审查及审理标准》对上述条款中的“在先权利”作出了进一步解释，将“企业名称权”归于该条中的“在先权利”；并明确“将与他人在先登记、使用并具有一定知名度的字号相同或者近似的文字申请注册为商标，容易导致中国相关公众混淆，致使在先字号权人的利益可能受到损害的，应当认定为对他人在先字号权的损害，系争商标应当不予核准注册或者予以无效宣告”。

可见，我国《商标法》及相关规定对在后商标侵犯在先企业名称权的情形，规定了“商标异议”和“商标无效”两个行政程序。若在后商标在初步审定公告期内，则企业名称权人可依照《商标法》第三十三条的规定提起商标异议程序；若在后商标已经注册，则其可依照《商标法》第四十四条的规定申请注册商标宣告无效，且当事人对商评委作出的裁定不服的，可以向人民法院提起行政诉讼。

在适用条件方面，行政程序和诉讼程序认定商标注册侵犯在先企业名称权的条件基本相同，依据《商标审查及审理标准》及《最高人民法院关于审理商标授权确权行政案件若干问题的规定》第二十一条的规定，认定在先企业名称权被侵犯，需要满足以下条件：

(1)在争议商标申请注册之前，他人已在先登记或使用其企业名称；

(2)该企业名称在中国相关公众中具有一定的知名度;

(3)争议商标的注册与使用容易导致相关公众产生混淆,致使在先企业名称权人的利益可能受到损害。

对于"在先登记"要件,判断企业名称权是否属于现有的在先权利,应当以争议商标的申请注册日为时间点,确定在先权利是否形成,且是否仍处于合法状态。以企业名称权对抗争议商标的,企业名称的登记、使用日应当早于争议商标的申请注册日;实践中,在先享有企业名称权的事实可以用企业登记资料、使用该字号的商品交易文书、广告宣传等材料予以证明。

对于"知名度"要件,从利益平衡的角度来看,由于《商标法》第三十二条规定的在先权利产生了禁止他人注册商标的效果,故在先企业名称权人应举证企业名称具有一定的市场知名度。

司法实践表明,通常情况下,法院主要根据在先使用证据认定企业名称在相关公众中是否具有一定知名度。如在[(2019)最高法行申 2882 号]案件中,最高院认定,企业名称权利人于诉争商标申请日之前,在水泵等相关产品上使用"威乐""Wilo"字号进行了大量的经营活动,覆盖的地域范围极广,包括北京、上海、广州、深圳、重庆、成都、西安、长沙、南京等城市;营业额较大,且优质客户众多,客户单位反馈其产品质量过硬;结合权利人获得的权威奖项、国家图书馆检索资料、业内期刊关于权利人及其"威乐""Wilo"品牌宣传报道、展会合同、发票及照片等证据,足以证明权利人的"威乐""Wilo"字号在诉争商标申请日前在水泵等相关产品上已经具有较高的知名度。乐威公司作为同业竞争者,明知或者应当知道威乐公司"威乐""Wilo"字号知名度的情况,仍然在与威乐公司经营的相同商品或者类似的商品上申请注册与威乐公司的"威乐""Wilo"字号近似的诉争商标,难谓正当。

同时,司法实践还表明,对于企业名称的知名度举证具有一定的弹性空间。法院结合当事人的主观故意程度、在先企业名称的独创性程度以及争议商标与企业名称的近似程度,可能适当降低权利人提供企业字号在先使用证据的要求。如在[(2014)高行(知)终字第 3108 号]案件中,权利人提供的企业名称在先使用证据仅有少量的与国内企业进行商业交易的发票和提单,以及两家网络媒体的报道。然而一审、二审法院均综合考虑了本案中第三人的恶意因素,如争议商标与权利人具有较高独创性的字号在文字构成、呼叫、含义等方面完全相同,第三人亦不能合理说明争议商标的创意来源，最终认定争议商标的注册侵犯了权利人的在先字号权。

对比上述两案可见，如果权利人的企业字号知名度已经达到了较高的程度，则可以推定对方知晓在先字号，对主观故意的举证义务可以适度降低；而当知名度的举证较为困难时，如果可以证明对方存在攀附的主观故意，则可推定对方字号具有一定的知名度，降低权利人对知名度的举证义务。

对于"混淆可能性"要件，《商标审查及审理标准》规定，认定系争商标容易与在先字号发生混淆，可能损害在先字号权人的利益，应当综合考虑下列各项因素：

（1）系争商标与字号的近似程度。原则上系争商标与在先字号相同或基本相同时可能容易产生混淆，但在个案中应根据在先字号的独创性、知名度对系争商标与字号是否构成近似进行判断。

（2）系争商标指定使用的商品或服务与字号权人实际经营的商品或服务的关联程度。对在先字号权的保护原则上应当以与字号权人实际经营的商品、服务相同或者类似的商品、服务为限，但在个案中同样应根据在先字号的独创性、知名度以及双方商品、服务的关联程度，具体确定该在先字号的保护范围。

司法实践表明，混淆可能性的认定一般由法院结合案件具体情况综合考虑。如在[（2020）京行终7505号]案件中，北京高院指出："混淆可能性的认定，应当从在先字号的市场知名度、诉争商标与该字号是否相同或者近似、所使用商品或服务的关联程度、诉争商标申请人是否具有主观故意等方面综合予以考量。"

二、在先注册的商标权与在后企业名称权的冲突处理规则

对于第二种权利冲突的情形，通过诉讼程序，可以被诉企业名称侵犯注册商标专用权或构成不正当竞争两种案由进行保护；在我国《商标法》《反不正当竞争法》和最高院的司法解释中也能找到相应的依据。

《商标法》第五十八条规定："将他人注册商标、未注册的驰名商标作为企业名称中的字号使用，误导公众，构成不正当竞争行为的，依照《中华人民共和国反不正当竞争法》处理。"

《反不正当竞争法》第六条规定："经营者不得实施下列混淆行为，引人误认为是他人商品或者与他人存在特定联系：……（四）其他足以引人误认为是他人

商品或者与他人存在特定联系的混淆行为。”

《最高人民法院关于审理注册商标、企业名称与在先权利冲突的民事纠纷案件若干问题的规定》第四条规定:“被诉企业名称侵犯注册商标专用权或者构成不正当竞争的,人民法院可以根据原告的诉讼请求和案件具体情况,确定被告承担停止使用、规范使用等民事责任。”

《商标侵权司法解释》第一条规定:“下列行为属于商标法第五十七条第(七)项规定的给他人注册商标专用权造成其他损害的行为:(一)将与他人注册商标相同或者相近似的文字作为企业的字号在相同或者类似商品上突出使用,容易使相关公众产生误认的……”

《最高人民法院关于当前经济形势下知识产权审判服务大局若干问题的意见》规定:“企业名称因突出使用而侵犯在先注册商标专用权的,依法按照商标侵权行为处理;企业名称未突出使用但其使用足以产生市场混淆、违反公平竞争的,依法按照不正当竞争处理。对于因历史原因造成的注册商标与企业名称的权利冲突,当事人不具有恶意的,应当视案件具体情况,在考虑历史因素和使用现状的基础上,公平合理地解决冲突,不宜简单地认定构成商标侵权或者不正当竞争;对于权属已经清晰的老字号等商业标识纠纷,要尊重历史和维护已形成的法律秩序。”

综合上述规定可知,判断被诉企业名称构成侵犯商标专用权还是不正当竞争,关键在于是否突出使用企业名称。

其一,根据司法实践,在判断企业名称是否构成突出使用时,需要把握:(1)企业名称是否在字体、颜色或表现形式等方面有突出的视觉效果;(2)企业名称的使用是否附加有区别性标识,且该区别性标识是否足以防止市场混淆。

如在重庆市高院2015年指导性案例[(2013)渝高法民终字第00292号]案件中,法院指出:根据法律、法规和司法解释的相关规定,除驰名商标外,将与他人注册商标相同或近似的文字登记为企业字号的行为本身并不为法律所禁止,只有将上述企业字号在相同或者类似商品上突出使用且容易使相关公众产生误认的,才属于《商标法》第五十二条第(五)项规定的给他人注册商标专用权造成其他损害的行为。

该案中,从重庆同德福公司产品的外包装来看,重庆同德福公司使用的是企业全称,标注于外包装正面底部,“同德福”三字位于企业全称之中,与整体保持一致，没有以简称等形式单独突出使用，也没有为突出显示而采取任何变化，且整体文字大小、字形、颜色与其他部分相比并不突出。因此，重庆同德福公司在产品外包装上标注企业名称的行为系规范使用，不构成突出使用字号，也不构成侵犯商标权。

其二，在商标权与企业名称权冲突案件中，判断行为人登记并使用企业名称是否构成不正当竞争，应结合被诉企业名称的登记时间、涉案商标的知名度、行为人主观意图及是否容易造成混淆误认等因素进行判断。对于涉案商标在被诉企业名称登记时是否具有一定知名度的问题，应当考虑特定行业和商誉积累的实际情况。

例如，在“银泰”商标侵权及不正当竞争纠纷案[（2018）浙民终 1026 号]中，原告浙江银泰公司成立于 1997 年 8 月 7 日，其名下第 1329902 号“银泰百货”文字及图形组合商标核准注册于 1999 年 10 月 28 日。被告湖州银泰公司成立于 2002 年 8 月 23 日。由于被告在大厦外墙、入口处指示牌、大厦内部多处使用了“银泰商业大厦”“时尚银泰”等字样，原告向法院起诉请求判令被告停止侵权、停止使用或者变更目前的企业名称。

本案中，对湖州银泰公司登记并使用企业名称全称的行为是否构成不正当竞争的问题：根据二审新证据，原告浙江银泰公司继在杭州开设门店后，又于 2001 年在宁波开设门店，并进行了广告宣传；2001 年 8 月获得“杭州商贸特色企业品牌”荣誉称号；2004 年 1 月被评为“浙江省知名商号”。

虽然“银泰百货”商号被认定为“浙江省知名商号”的时间在 2004 年 1 月，但商誉的形成是一个逐渐积累的过程，并非一蹴而就。

被告湖州银泰公司虽辩称，上述荣誉仅针对浙江银泰公司及其字号，但权利商标的主要部分和浙江银泰公司的字号均为“银泰”，就相关公众而言，该商标和字号所指向的主体同一，故浙江银泰公司及其字号的知名度可及于涉案商标。

被告作为从事商场经营的同业竞争者，在成立时理应知晓涉案权利商标的知名度，却仍将“银泰”作为其企业字号进行登记并长期使用，在主观上具有攀附他人商誉的故意，在客观上容易产生市场混淆。

故最终法院判定，湖州银泰公司登记并使用涉案企业名称的行为侵害了浙江银泰公司的在先商标权，构成不正当竞争行为，应承担相应法律责任。

其三，在商标侵权及不正当竞争纠纷中，即使企业名称所表明的行业与注册商标核定使用的商品类别及行业并非直接竞争关系，仍应当遵循《反不正当竞争法》第二条关于不正当竞争行为的概括性规定，从主客观两个方面分析当事人主观上是否存在刻意仿冒的不诚信意图，以及客观上是否造成混淆、误认，进而增加消费者识别成本并扰乱市场秩序。

例如，在“樱花卫厨”商标侵权及不正当竞争纠纷案[（2019）苏05知初667号]中，原告樱花卫厨公司成立于1994年，其在经营过程中持续使用“樱花”字号及樱花图文组合系列注册商标，经过多年的市场推广和品牌培育，“樱花”品牌在相关公众中具有较高的声誉和市场知名度。在系列注册商标中，“樱花”为发挥呼叫功能的主要识别部分之一。同时，基于樱花卫厨公司及其“樱花”品牌在厨卫产品上的知名度，“樱花”字号在厨卫产品行业被法院认定为有一定影响的企业名称。

被告樱花建材公司在后设立“樱花”为字号，其企业名称所表明的行业虽为建材，但单从企业名称看，其与樱花卫厨公司系列注册商标核定使用商品类别以及所处行业并非直接竞争行业。然而，樱花建材公司以“樱花”为企业字号进行注册和使用是否构成不正当竞争行为，还应当遵循《反不正当竞争法》第二条关于不正当竞争行为的概括性规定，从主客观两个方面加以分析，即判断樱花建材公司主观上是否存在刻意仿冒的不诚信意图，以及客观上是否造成混淆、误认，进而增加消费者识别成本并扰乱市场秩序。

本案中，由于樱花卫厨公司通过经营使“樱花”品牌在厨卫产品上具有知名度，法院认为，从事厨卫电器经营的企业以“樱花”为字号，必将造成产品来源的混淆、误认。樱花建材公司的企业名称虽表明为建材行业，但其登记经营范围包括厨房电器，则樱花建材公司从事其登记经营范围内的厨房电器产品时，使用其企业名称及字号将不可避免产生与樱花卫厨公司在产品来源上的混淆。

同时，结合该案审理查明的事实，被告樱花建材公司至少在2017年2月15日已经实际从事厨卫产品的经营，应认定此时樱花建材公司对企业名称的使用已经具有非诚信的不正当竞争目的。

其四，无论是商标侵权还是不正当竞争案件，都应视案件的具体情况判断当事人使用被诉企业名称是否具有恶意；且应以“市场混淆”作为侵权标准，判断市场混淆的标准与前述第一种权利冲突情形基本一致，此处不再赘述。

判断当事人使用企业名称是否具有恶意，根据司法实践的做法，可以考量以下因素。

(1)企业名称的登记注册时间。如在[(2013)民申字第1202号]案件中，最高院认为，因铜陵市凯伦西餐厅在企业登记成立之日起就将“凯伦”登记为企业字号并在经营场所内使用，早于营口凯伦公司涉案商标的申请注册日，且营口凯伦公司不能证明铜陵市凯伦西餐厅具有主观故意，故铜陵市凯伦西餐厅在店面招牌以及其他经营活动中使用“凯伦”字样的行为并不构成对涉案商标专用权的侵害。

(2)登记使用的企业名称是否有合理来源。如在[(2013)渝高法民终字第00292号]案件中，重庆市高院认为，由于历史上，同德福斋铺先后由余某春、余某光、余某祚三代人经营，尤其是在余某光经营期间，同德福斋铺生产的桃片获得了较多荣誉。因此，被告余某华基于同德福斋铺的商号曾经获得的知名度和同德福斋铺原经营者直系后代的身份，将其个体工商户及企业的字号登记为“同德福”符合常理，具有合理性。

在[(2020)沪73民终167号]案件中，上海知识产权法院认为，被告取得“冠生园”字号自有其历史渊源与时代背景，被告企业与新都县冠生园食品联营厂具有承继关系，其注册、使用“冠生园”字号时间早于原告上海冠生园公司取得“冠生园”字号时间，亦早于“冠生园”商标被认定为驰名商标、中华老字号的时间。同时，考虑到一个传统老字号因历史原因形成一脉相承之下多个老字号经营主体并存的情况并不少见，各个经营主体都不具有恶意，形成的字号权具有其正当性。但在这种情况下，被告只有完整规范地使用企业名称，才不会引起相关公众的混淆误认，不构成不正当竞争。

其五，在行政程序上，于2021年3月1日正式施行的《企业名称登记管理规定》对企业名称登记作出了重大改革，也为实践中解决企业名称和商标权冲突提供了新的思路。

2012年《企业名称登记管理规定》第三条规定：“企业名称在企业申请登记时，由企业名称的登记主管机关核定。企业名称经核准登记注册后方可使用，在规定的范围内享有专用权。”

2020年修订的《企业名称登记管理规定》第十六条规定：“企业名称由申请人自主申报。申请人可以通过企业名称申报系统或者在企业登记机关服务窗口提交有关信息和材料，对拟定的企业名称进行查询、比对和筛选，选取符合本规定要求的企业名称。申请人提交的信息和材料应当真实、准确、完整,并承诺因其企业名称与他人企业名称近似侵犯他人合法权益的,依法承担法律责任。”

通过上述修订,企业名称的登记由登记机关的核准转变为企业的自主申报;企业可以在政府相关部门的数据库中提前查询已有的企业名称,选择符合命名规范的名称进行申报。

为了规范企业的自主申报,2020 年修订的《企业名称登记管理规定》还作出如下规定:

第二十条规定:“企业登记机关在办理企业登记时,发现企业名称不符合本规定的,不予登记并书面说明理由。企业登记机关发现已经登记的企业名称不符合本规定的,应当及时纠正。其他单位或者个人认为已经登记的企业名称不符合本规定的,可以请求企业登记机关予以纠正。”

第二十一条第一款规定:“企业认为其他企业名称侵犯本企业名称合法权益的,可以向人民法院起诉或者请求为涉嫌侵权企业办理登记的企业登记机关处理。”

第二十二条规定:“利用企业名称实施不正当竞争等行为的,依照有关法律、行政法规的规定处理。”

第二十三条规定:“使用企业名称应当遵守法律法规,诚实守信,不得损害他人合法权益。人民法院或者企业登记机关依法认定企业名称应当停止使用的,企业应当自收到人民法院生效的法律文书或者企业登记机关的处理决定之日起 30 日内办理企业名称变更登记……”

上述规定打破了原本企业可能认为“企业名称经过行政机关审批,应受到完全、全面的保护”的想法;“自主申报”的规定要求企业在登记名称时,需自觉查询和获取其他企业的注册商标信息及企业名称信息,从而避免出现注册商标与企业名称混用的现象;并明确了对涉及企业名称的侵权行为,除向人民法院起诉之外,也可以请求涉嫌侵权企业的登记机关处理。

三、总结

通过上述分析可知,企业名称权和注册商标专用权发生冲突时,无论是行政程序还是诉讼程序都应遵循诚实信用、保护在先权利和禁止市场混淆的原则;其中,保护在先权利原则是规制企业名称权与商标权冲突的首要原则。

对于将与他人在先登记的企业名称中的字号相同或者近似的文字申请注册为商标的权利冲突纠纷，权利人可以通过商标异议、商标无效的行政程序或行政诉讼的途径予以解决。对于注册商标是否构成侵犯在先企业名称权的判断，应以权利人企业名称的登记、使用时间，在先知名度，混淆可能性作为判断要件。

对于将与他人在先注册商标相同或者近似的文字登记为企业名称的权利冲突纠纷，权利人可以商标侵权或构成不正当竞争作为案由提起诉讼，也可以请求涉嫌侵权企业的登记机关处理。

对企业名称是否构成商标侵权的判断，关键在于企业名称是否进行了突出使用；对企业名称未突出使用，但其使用足以产生市场混淆，违反公平竞争的，按照《反不正当竞争法》相关规定予以处理。并且，无论是商标侵权还是不正当竞争的认定，都应分析被诉侵权人是否具有主观故意以及是否在客观上造成了市场混淆。对侵权人主观意图及客观混淆性的认定，应当结合双方所在行业、实际经营范围、是否具有竞争关系、企业名称与在先商标的相似程度等因素进行认定。即使侵权人所使用的企业名称表明的行业与权利人注册商标核定使用的商品类别及行业并非直接竞争关系，仍应遵循《反不正当竞争法》第二条关于不正当竞争行为的概括性规定，从主客观两个方面分析当事人主观上是否存在刻意仿冒的不诚信意图以及客观上是否造成混淆、误认。

在商标权与企业名称权冲突的案件中，对在先商标知名度的认定不能仅依据在先商标核准注册的时间，还应充分考虑商标知名度扩散的实际情况以及商誉的积累过程。在权利人企业名称与权利商标相同的情况下，企业字号的知名度证据可及于权利商标。

第九节　企业在先商号权对抗在后商号权的适用条件

如何解决企业之间商号权利的冲突，是一个比较复杂的问题。目前，我国法律并未对商号权作出明确的规定。相对而言，商号权是一项比较微弱的权利，根据《企业名称登记管理规定》第三条的规定，企业名称在企业申请登记时，由企业名称的登记主管机关核定。企业名称经核准登记注册后方可使用，在规定的范围内享有专用权。

因而,实践中,在不同的行政区划、不同的行业中,使用相同商号的企业比比皆是。但当在先登记、使用的商号满足一定市场知名度条件,且能证明在后商号企业具有主观故意、在后商号的使用构成了市场混淆的前提下,在先商号企业可以依据《反不正当竞争法》第六条第(二)项,主张在后商号企业的行为违反了诚实信用原则,应承担停止使用该商号的义务,以下笔者将结合两个具体案例进行分析。

在远东电缆有限公司(以下简称远东公司)与湖州远东电线电缆有限公司(以下简称湖州远东公司)擅自使用他人企业名称、姓名纠纷案[(2016)苏02民终2924号]中,原告远东公司前身为1992年由宜兴市范道电工塑料厂更名的无锡市远东电缆厂,2000年7月6日更名为无锡远东电缆厂,2003年3月24日,无锡远东电缆厂更名为远东电缆厂,2006年,更名为远东公司,该名称沿用至今。

被告湖州市洋西远东五金电线厂成立于1998年1月2日,于2008年3月6日进行名称变更登记,变更后名称为湖州织里中奥五金电线厂。湖州远东公司成立于2008年3月26日。

该案中,根据法院查明的事实,远东公司自2006年成立起即使用"远东电缆有限公司"这一企业名称,自1992年起就使用"远东"字号,远东公司先后获得多项荣誉,其企业的"远东"字号有较高的市场知名度和影响力,可以认定为《反不正当竞争法》规定的企业名称。

而湖州远东公司与远东公司的经营范围基本类似,均系电缆行业相关联的专业经营企业,从事类似的商业活动。远东公司的企业名称登记在先,湖州远东公司的企业名称登记在后,且湖州远东公司登记时远东公司"远东"字号在电缆行业已具有较高知名度。

在此情况下,法院认定,湖州远东公司将"远东"文字登记注册为企业字号用于市场经营,有借助和利用"远东"字号的良好商誉,从而获取不当利益的主观故意。湖州远东公司使用含有"远东"字号的企业名称,很容易使相关公众产生误认和混淆,认为湖州远东公司与远东公司存在某种特定联系,从而对商品和服务来源产生错误的认识,对远东公司的经营造成客观上的不正当竞争。

通过该案可见,虽然由于企业名称注册的地域性,不同地域的经营者在相同或类似的经营范围上注册相同或近似的字号时有发生,故在先字号并不当然享有排斥在后字号使用的权利。但是,在先使用的字号如确实具备了识别经营主体的商业标识意义,承载了一定的商誉的,可作为在先权利予以保护。

在擅自使用他人企业名称的案件中,认定经营者是否具有主观上的不正当竞争意图,主要通过他人企业名称是否具有一定的知名度及使用人是否在明知的情况下注册、使用他人的字号等因素作出判断。

回到案件事实,湖州远东公司在 2008 年设立,其字号使用行为始于 2008 年,而当时远东公司已获得江苏省乃至全国性的多项荣誉奖励,湖州远东公司作为经营电缆的同业竞争者,不可能不知道远东公司已注册了"远东"字号,应就此作出善意合理的避让,但湖州远东公司仍然注册并使用了"远东"字号,故法院认定其主观上具有攀附"远东"字号商誉,以此获取不正当利益的意图。

同时,鉴于远东公司的"远东"字号具有较高的知名度和影响力,即使湖州远东公司规范使用其字号,不进行商标性使用,其字号使用行为仍会使相关公众产生混淆和误认,使相关公众认为湖州远东公司与远东公司之间存在特定的关联关系。最终,法院判决湖州远东公司于判决生效之日起立即停止使用含有"远东"字样的企业名称。

在上海海洋王照明工程有限公司(以下简称上海海洋王公司)与海洋王照明科技股份有限公司(以下简称海洋王科技公司)侵害商标权纠纷案[(2019)沪73 民终 209 号]中,关于上海海洋王公司将"海洋王"作为字号进行企业名称登记并使用的行为,法院分别从以下三点进行了分析:(1)争议企业商号是否具有一定的市场知名度。(2)在后登记商号的企业是否具有主观上的恶意。(3)在后登记商号企业使用该商号是否足以造成市场混淆。

首先,"海洋王"既是被上诉人海洋王科技公司于 1995 年登记并开始使用的企业名称中的字号,又是被上诉人于 2002 年经核准注册的商标。法院认为,被上诉人在一审时已提供大量证据证明其"海洋王"照明产品的行业排名、所获荣誉以及其字号曾被认定具有较高知名度的多份判决等,虽然大部分证据显示的时间集中于 2008 年之后,但被上诉人商标被核准注册时间比上诉人成立时间早了近 5 年,该商标于 2012 年被国家商标局认定为驰名商标的事实进一步证明"海洋王"商标在被认定驰名前几年已经具有较广的知晓度和较高的声誉,与"海洋王"商标文字完全相同的字号知名度自然也相应提升。

其次，上诉人作为同行业竞争者，在成立时应当知道被上诉人已具有一定知名度的“海洋王”字号，仍选用相同文字作为字号进行企业名称登记并予以使用，其主观上具有利用被上诉人商誉“搭便车”的故意，其行为易导致相关公众对两者是否系具有关联关系的市场主体产生混淆和误认，从而使被上诉人的利益受损，故上诉人的行为构成擅自使用他人有一定影响企业名称的不正当竞争。

通过上述两案可知，在字号权利冲突的案件中，在先字号知名度是认定在后企业字号是否构成不正当竞争的基础，法院往往立足于知名度的认定，在此基础上，再通过同业竞争关系的认定推定主观故意以及市场混淆。

第十节　论侵犯企业名称权不正当竞争行为的“主观故意”要件

不正当竞争行为作为侵权行为的一种发展形态，其基本构成要件在一定程度上沿袭了侵权行为的一般构成要件，即行为、过错、损害后果、因果关系。但单纯从《反不正当竞争法》的条文来看，《反不正当竞争法》第二章直接采取了列举不正当竞争行为的立法模式，对主观要件并无直接规定。

以企业名称混淆行为为例，《反不正当竞争法》第六条规定：“经营者不得实施下列混淆行为，引人误认为是他人商品或者与他人存在特定联系：……（二）擅自使用他人有一定影响的企业名称（包括简称、字号等）、社会组织名称（包括简称等）、姓名（包括笔名、艺名、译名等）……”

从法条本身来看，构成企业名称混淆的客观要件为：“擅自使用＋有一定影响＋混淆”。那么应当如何理解法条中的“擅自”？“擅自”是否意味着对主观故意的界定？主观故意是否必须作为企业名称混淆侵权行为的构成要件？

一、相关法律及司法解释对不正当竞争行为“主观要件”的规定

根据《反不正当竞争法》第二条的规定，经营者在生产经营活动中，应当遵循自愿、平等、公平、诚信的原则，遵守法律和商业道德。作为《反不正当竞争法》的一般条款，诚信原则与商业道德在不正当竞争行为的认定中具有指导性作用。法院在认定被诉侵权人是否具有攀附他人商誉的主观故意时，通常也会

从遵守诚实信用原则及公认的商业道德的角度出发。

较为类似的规定是《最高人民法院关于当前经济形势下知识产权审判服务大局若干问题的意见》第10条。该条规定了对于因历史原因造成的注册商标与企业名称的权利冲突，当事人不具有恶意的，应当视案件具体情况，在考虑历史因素和使用现状的基础上，公平合理地解决冲突，不宜简单地认定构成商标侵权或者不正当竞争；对于权属已经清晰的老字号等商业标识纠纷，要尊重历史，维护已形成的法律秩序。该条在一定程度上对企业名称混淆行为案件认定"主观要件"的需求进行了回应。

此外，2022年施行的《最高人民法院关于适用〈中华人民共和国反不正当竞争法〉若干问题的解释》第三条规定，特定商业领域普遍遵循和认可的行为规范，人民法院可以认定为《反不正当竞争法》第二条规定的"商业道德"。人民法院应当结合案件具体情况，综合考虑行业规则或者商业惯例、经营者的主观状态、交易相对人的选择意愿、对消费者权益、市场竞争秩序、社会公共利益的影响等因素，依法判断经营者是否违反商业道德。人民法院认定经营者是否违反商业道德时，可以参考行业主管部门、行业协会或者自律组织制定的从业规范、技术规范、自律公约等。该条对《反不正当竞争法》第二条的适用条件进行了细化，并重点强调了"商业道德"，对判定商业道德的因素、参考依据进行了详细规定。可见，最高院认为，法院在运用一般条款认定市场竞争行为的正当与否时，其核心是判断经营者是否违反了商业道德。

二、司法实践中认定侵犯企业名称权不正当竞争行为的要件

在实践中，法院对侵犯企业名称权的不正当竞争行为的认定通常会从经营者是否具备攀附他人既有商誉等商业优势故意的角度进行分析，逐一对"有一定影响""主观故意""混淆"三个要件进行认定。

在[(2020)沪73民终305号]案件(2020年上海法院知识产权司法保护十大案件之九)中，上海知识产权法院认为：首先，原告慈溪公牛公司以"公牛"为字号的企业名称早在1995年1月便已登记注册，远远早于被告上海公牛公司的成立时间(2004年7月)，"公牛"字号则已符合有一定影响的企业字号的客观要求，能够明确地区分具体的商品来源。其次，原告经过多年的持续经营，其享有权利的"公牛"商业标识累积了相当的商誉，所能够辐射的地域范围远远超出了

其登记注册的省份。而就主营业务内容相同,法定代表人亦为浙江籍,成立在后的上海公牛公司而言,选取"公牛"作为企业字号时不知晓省域毗邻慈溪公牛公司的概率较低。且上海公牛公司于2004年申请注册抗辩商标时,摒弃了诸多可能的"公牛"形态,"恰恰"选取了与原告第942664号注册商标构图部位相同的"牛头",从抗辩商标的细节设计上亦不难察觉出上海公牛公司的仿冒意图。最后,法院从商业外观,提供商品的功能、用途、生产部门、销售渠道、消费对象等方面认定上海公牛公司使用"公牛"字号确会产生市场混淆。

该案中,法院清晰地遵循了"有一定影响""主观故意""混淆"三个要件的逐一认定。值得注意的是,在主观故意方面,法院分别从以下客观方面进行推定:(1)原告字号的知名度和显著性;(2)是否为同行经营者;(3)是否在同一行政区划开展经营、原被告之间的人员联系、地点联系;(4)被告注册大量与原告相同的商标等其他混淆行为。

该案认定被诉侵权人具有主观故意的司法意义还在于:法院认为,虽然被告上海公牛公司通过长期傍附承载于原告慈溪公牛公司"公牛"字号上的良好商誉,客观形成了一定的固有格局和市场利益。但在维护市场竞争秩序、依法保护经营者的竞争权益与稳定市场现有格局、提升竞争效能之间作出利益平衡与取舍,直接决定司法向社会昭示和倡导的价值立场。本案裁判立足于良好营商环境的构建,认定商业标识间的合理共存,应以善意注册、使用为前提,就恶意仿冒者而言,即便凭借不正当竞争行为持续获得了一定的市场份额,亦应当对其给予否定,以维护良性的市场竞争秩序。

反之,当字号的使用是历史形成的、善意的,则不构成商标侵权及不正当竞争。如在[(2013)鲁民三终字第2号]案件中,原告制药公司与被告母公司医药集团都与"宏济堂"老字号存在一定历史渊源,且相关公众对谁有权使用"宏济堂"生产阿胶没有历史积淀,没有认知,不能认定双方对使用"宏济堂"老字号进行阿胶生产进行了权利划分。

法院认定,被告母公司医药集团对"宏济堂"这一老字号的传承与发扬作出巨大贡献,其有权在公司名称中保留使用"宏济堂"这一老字号。而制药公司在1966年至1999年,企业名称中未使用"宏济堂"字号,产品上亦未使用"宏济堂"商标,而是使用"鲁牌"商标,其对"宏济堂"这一老字号的传承存在三十多年的中断和空白。被告阿胶公司使用"宏济堂"字号实际上是基于其股东医药集团的授权，是股东对其拥有的“宏济堂”老字号在合理范围内的扩展使用。阿胶公司使用该老字号并非恶意攀附他人企业名称或商标，不构成不正当竞争。

该案是处理老字号权利冲突的典型案件。对于因历史原因造成的商标与老字号之间的权利冲突，应本着善意共存和包容发展的原则进行处理。本案中，制药公司“宏济堂”商标、字号与医药集团的“宏济堂”商标、字号双方共存的状态是客观的，历史的，也是善意的。简单地以一方权利“打死”对方，做“你死我活”的处置不符合历史和现状，更不符合公平原则。

在处理老字号与在后有一定影响的企业名称权利冲突的案件时，法院同样考量了历史因素。如在[(2009)苏民三终字第91号]案件中，江苏省高院认为，在审查具有一定知名度的老字号企业依据《反不正当竞争法》所规定的知名商品特有名称权和企业名称权，主张禁止同业竞争者使用其注册商标与企业名称时，需要根据《反不正当竞争法》的立法目的、法律条文及司法解释的规定，综合考量老字号企业的历史沿革以及现有社会影响力的范围、同业竞争者及其商品知名度的范围以及其是否具有攀附老字号企业现有商誉的主观故意等因素予以确定。

并且，即使法院在考虑上述因素的基础上，认定同业竞争者不构成不正当竞争，但为了更好地保护老字号企业，同时促进同业竞争者正当权益的进一步发展，法院也可以要求双方当事人各自诚实经营，各自规范使用其商品名称和商标，以防止市场主体的混乱和冲突，保护消费者权益，维护正当的市场竞争秩序。

三、字号的高知名度与同业经营可推定为主观故意

实务中，并非所有的法院都会逐一对“有一定影响”“主观故意”“混淆”三个要件进行认定。在权利人的字号或商标知名度较高时，法院会从“知名度”与“同业经营”的角度直接推定被诉侵权人具有“主观故意”以及“混淆”，而不要求有直接证明主观故意要件的证据。

如在[(2021)京民终490号]案件中，北京高院认定，原告的“德国马牌”商标为驰名商标，被告将涉案商标的显著识别部分“马牌”作为企业名称中的字号使用，作为同业经营者，被告在其成立时应当知道权利人的商标已经具有较高知名度，理应从遵守诚实信用原则及公认的商业道德出发，对他人的在先使用的知

名度较高的商标予以合理避让。但被告仍将企业名称中起识别不同市场主体作用的核心标志——企业字号确定为“马牌”，明显具有攀附涉案商标权利人商誉的主观故意，并在客观上易使相关公众产生混淆或误认，违反了诚实信用原则，破坏了公认的商业道德，扰乱了正常的市场秩序，即使规范使用仍足以产生市场混淆，构成不正当竞争。

类似的案例还有[（2020）京民终 193 号]案件，北京高院在该案中认定，原告的字号“爱慕”在被告成立之前在内衣的生产、销售领域已为相关公众熟知，具有较高知名度，属于有一定影响的企业名称，应当予以保护。被告亦从事内衣的生产经营，作为同行业经营者，在原告字号具有较高知名度的情况下，被告理应知晓原告字号，在注册登记企业名称时应尽合理避让义务。被告明知原告的“爱慕”企业字号，仍将“艾慕”作为企业字号登记注册并使用，具有恶意。

可见，当涉案字号的知名度达到了较高程度时，以字号的高知名度及同业经营两个要件足以推定主观故意，那么权利人又该如何举证字号的知名度？

实务中，字号知名度的认定可从持续使用、显著性和可识别性、权利人的销售收入与行业排名、荣誉、广告投入等方面进行举证。如在[（2019）浙民终 297 号]案件中，浙江省高院认定，“纽威”系苏州纽威公司在名称变更前后持续使用的字号，同时“纽威”二字亦是苏州纽威公司的注册商标，且“纽威”为臆造词，显著性和可识别性强。结合苏州纽威公司提交的关于产值和销售收入在阀门行业内的排名、公司所获荣誉以及广告宣传投入等证据，丽水尚威公司在 2012 年 6 月 12 日将公司名称变更为云和县纽威精密阀门制造有限公司时，“纽威”作为苏州纽威公司的商标和字号，已经在阀门行业形成了较高的知名度和品牌影响力，“纽威”二字在阀门行业已经与苏州纽威公司形成特定对应关系，为阀门产品的消费者所熟知。

对于企业字号的持续使用时间，最高院的司法实践明确，企业字号持续使用的时间可追溯到企业前身的成立时间。在[（2021）最高法民再 3 号]案件中，最高院认为，该案原告华联超市股份有限公司的前身为上海时装（集团）公司，上海时装（集团）公司改制后受让上海华联超市公司股权，并更名为“华联超市股份有限公司”，工商行政机关向其核发的《企业法人营业执照》显示，其成立日期为 1992 年 11 月 11 日，后经多次变迁主体变更为现华联公司。虽然被告认为，华联公司的前身与华联公司不是同一主体，其前身主体是国有企业，而华联公司是有限责任公司,华联公司营业执照及在企业信用信息公示系统上显示的成立时间均为 2006 年 8 月 17 日。但法院认为,现华联公司与其前身各主体之间存在紧密的承继关系,华联公司使用"华联"字号的时间应追溯至其前身成立之时,即 1992 年 11 月 11 日。

同时,字号所享有的知名度及权益并不因"长期中断使用"而当然不受《反不正当竞争法》的保护。在[(2021)京 73 民终 954 号]案件中,北京知识产权法院认为,本案中,"西四包子铺"经过长期使用和历史沉淀,已经形成较为丰厚的品牌价值,承载了独特的商誉,且与其经营者形成了较为稳定的对应关系。

对于被告东方名邸公司辩称,因原告华天集团多年未使用"西四包子铺",该品牌已不具备知名度及影响力,东方名邸公司和荣俊凯业公司使用"西四包子铺"字号不具有主观故意,"西四包子铺"字号和知名度应属东方名邸公司的主张,法院并未采信,主要理由为以下几点。

第一,受《反不正当竞争法》保护的企业名称,特别是字号,不同于一般意义上的人身权,是区别不同市场主体的商业标识,本质上属于一种财产权益。虽然华天集团较长时间内未继续实体经营该字号,但该老字号所享有的相关权益并不因此而当然不受《反不正当竞争法》的保护。"西四包子铺"近年来仍然具有一定影响力和较高的知名度,相关公众的认知中仍将该老字号积蓄的美誉度与其早年经营者相联系,该字号仍具有识别商品来源的作用,其所享有的历史商誉、知名度以及潜在的商业价值仍持续存在,应当得到肯定并获得保护。

第二,原、被告同属北京地区,且经营范围均包括餐饮服务,双方系存在竞争关系的同业经营者。作为同地区同行业的经营者,被告理应知悉老字号"西四包子铺"的知名度,但其未能尽到合理的避让义务,被告与"西四包子铺"并无历史渊源,其在店铺招牌上标有"西四包子铺记忆中的北京味道"字样,主观上显然是为了承袭"西四包子铺"老字号的商誉,被告的涉案行为明显具有不正当意图。客观上相关的报道和评论也进一步印证了相关公众误认为两者具有一定的关联关系。

四、总结

通过上述分析可知,虽然《反不正当竞争法》并未直接规定不正当竞争行为的主观要件,但从《反不正当竞争法》的一般条款、司法解释以及司法实践来看,侵犯企业名称权的不正当竞争行为的认定仍需以主观故意为前提。

在实务中,主观故意的认定可分为直接证明和间接推定两种模式。当涉案字号的知名度未达到较高程度时,需要权利人证明被告具有直接侵权的故意,如原、被告之间具有人员联系、地域联系,被告具有其他混淆行为。通过较高恶意程度的证明来补强原告字号较低的知名度。而当涉案字号的知名度较高时,则可从字号的"知名度"以及"同业经营"两个要件来推定主观故意,从而减轻权利人对主观要件的举证责任。

第十一节 《反不正当竞争法》第六条"混淆误认"要件的界定与举证

我国《反不正当竞争法》第六条所保护的有一定影响的商品名称、包装、装潢、企业名称(包括简称、字号等)、社会组织名称(包括简称等)、姓名(包括笔名、艺名、译名等)、域名主体部分、网站名称、网页等均属于广义上的商业标识。

商业标识不仅是无形财产权,也是市场主体凝结商誉,标识商品及服务来源,参与市场竞争的重要武器。我国对商业标识的法律保护由《商标法》和《反不正当竞争法》共同组成。注册商标的保护以《商标法》为主,其他标识的保护则以《反不正当竞争法》为主,《反不正当竞争法》对商业标识的保护可以视为对《商标法》的扩展和延伸。两部法律密切相关,互为补充,其共同点在于:对注册商标和商业标识的保护均以造成混淆误认为构成要件。

与《著作权法》和《专利法》不同,因商业标识的保护不仅涉及相关的权利主体,还涉及保护消费者利益以及维护公平的市场竞争秩序。若在相同市场上使用同一或近似商业标识的市场主体,导致消费者对商品或服务的来源产生了混淆误认,则商业标识就失去了其原有的作用。从反面来说,在认定商标侵权及商业标识的不正当竞争侵权时,造成混淆误认是必不可少的构成要件。

实践中,对混淆误认的举证证明存在不同的认识:有人认为,只要原告举证证明被告使用的商业标识与自身的相同或者近似,就应推定混淆;也有人认为,因造成混淆是构成《反不正当竞争法》第六条的独立要件,按照"谁主张谁举证"的原则,原告不仅要对被告使用的商业标识与原告的权利基础相同或近似承担举证责任，也应对这种使用会实际造成混淆误认承担举证责任。

一、相关法律表明混淆并不要求实际产生，只需足以导致即可

1993 年《反不正当竞争法》第五条第（二）项、第（三）项对“混淆误认”的表述为“使购买者误认为是该知名商品”“引人误认为是他人的商品”。可见，1993 年《反不正当竞争法》所规定的混淆仅限于对商品本身的混淆误认，且未明确是否必须举证“实际已产生混淆”。

在 2017 年《反不正当竞争法》修订后，采取了更为广义的混淆概念，除商品混淆外，认可混淆还包括控制、许可、赞助等关联关系，修订后的《反不正当竞争法》增加了混淆的类型，扩大了范围。

根据现行《反不正当竞争法》第六条第（四）项的规定：“经营者不得实施下列混淆行为，引人误认为是他人商品或者与他人存在特定联系：……（四）其他足以引人误认为是他人商品或者与他人存在特定联系的混淆行为。”

可见，《反不正当竞争法》第六条禁止的混淆行为，是以足以导致混淆为要件，而并不要求实际产生了混淆，这与《商标法》对商标混淆的相关规定是一致的。

《商标法》第十三条第二款对在相同或类似商品上复制、模仿、翻译未注册驰名商标的行为，以及第五十七条第（二）项对在相同或类似商品上使用与他人注册商标相同或近似商标的行为，均以容易导致混淆为要件。

综上，根据相关法律规定，对于仿冒有一定影响的商业标识的行为，只要容易或者足以导致相关公众混淆就已构成侵权，应予以规制，而无须要求实际产生混淆。

二、司法实践中以客观要素为主，结合主观要素、实际混淆证据判断是否达到了足以混淆的程度

根据上述法律规定可见，混淆误认并不要求权利人必须举证实际混淆，而只要举证足以导致混淆即可。那么，应当如何举证并判断“足以导致混淆”？很大程度上，这是执法或司法人员主观判断和内心确认的结果，是一个对程度的判断过程。

实务中，法院在判断商业标识的混淆可能性时，一定程度上借鉴了《最高人

民法院关于审理商标授权确权行政案件若干问题的规定》第十二条的规定,即应当综合考量如下因素以及因素之间的相互影响,认定是否容易导致混淆:

(1)商标标志的近似程度;

(2)商品的类似程度;

(3)请求保护商标的显著性和知名程度;

(4)相关公众的注意程度;

(5)其他相关因素。商标申请人的主观意图以及实际混淆的证据可以作为判断混淆可能性的参考因素。

总体而言,需在综合考虑商业标识的近似程度、商品或经营范围的类似程度、相关市场、客户、销售方式的近似度、商业标识的显著性、相关公众的注意程度的基础上,参考侵权人的主观恶意以及实际混淆的证据,以客观要素为主,主观要素为辅,认定商业标识是否足以导致混淆。

例如,在[(2019)湘知民终266号]案件中,从客观行为上看,法院从被告的多种仿冒行为出发,认为被告"变更与原告相同的企业字号""使用与原告字号近似的微信公众号名称""在培训服务上使用原告字号"的三种不正当竞争行为结合后,足以导致相关公众混淆误认。

从主观方面来看,法院认为被告公司的股东曾与原告武汉银成公司有过业务往来,知晓"银成""YC",在武汉银成公司的"银成""YC"于2015年已经有一定影响的情况下,被告仍将含有"银成"字样的标识申请注册为商标。根据诚实信用原则和保护在先权利原则,即使湖南银成公司在后注册了商标,也不能成为其实施被诉不正当竞争行为的合法依据。

有所不同的是,《反不正当竞争法》第六条并未要求相关商业标识必须在相同或类似的商品上使用,这恰恰体现了《反不正当竞争法》区别于《商标法》的特性。《反不正当竞争法》立足于竞争行为的正当性,旨在维护公平的市场竞争秩序。因此,在混淆行为的认定中,法院首先判断的往往是诉讼双方是否构成竞争关系,即双方的经营区域是否相同或相近,经营范围是否相同或类似,而不像《商标法》基于保护专用权和确定专用权的边界,需要将注册商标专用权限定在相同或类似的商品上。

例如,在[(2019)陕民终284号]案件中,首先,法院从主体方面认定双方的经营区域均在陕西省范围内,经营范围同为餐饮业,两者之间存在竞争关系。其次,在已经认定原告古今长安公司的“长安大牌档”服务名称有一定影响力的基础上,判断原被告商业标识的近似性。

该案中,由于被告登记注册的“富县长安大牌档”字号与古今长安公司的“长安大牌档”名称相比较,从文字字形、内容、读音、含义等方面可以认定两者构成近似。按照汉语语言文字的一般理解,“富县长安大牌档”这种地名作前缀的偏正结构短语,地名后边的部分才是整个短语的中心语。由于“富县长安大牌档”店面位于富县,这样结构的短语很容易被理解为“富县长安大牌档”是富县的“长安大牌档”。因此,以相关公众施以一般注意力的标准,“富县长安大牌档”的字号容易使相关公众误认为其提供的服务源于“长安大牌档”,或误认为两者之间存在特定关联关系,造成混淆、误认。

此外,法院还论证了被告使用侵权字号是否具有攀附原告“长安大牌档”名称的故意,认为混淆行为往往存在主观上的攀附故意。法院从原告服务名称的影响力、双方为同业经营者的角度推定被告对餐饮市场具有一定的了解与认知,应当知道位于同省的“长安大牌档”这一商业标识的经营及影响力的大致状况。且由于被告未对使用“长安大牌档”作出合理的解释,故可以认定被告明知或应知“长安大牌档”系原告在餐饮服务的商业标识,主观上具有攀附“长安大牌档”名称的故意。

原国家工商行政管理局也曾在《关于在非相同非类似商品上擅自将他人知名商品特有的名称、包装、装潢作相同或者近似使用的定性处理问题的答复》中明确表示:仿冒知名商品特有的名称、包装、装潢的不正当竞争行为一般发生在相同或类似商品上,但经营者在非相同、非类似商品上,擅自将他人知名商品特有的名称、包装、装潢作相同或者近似的使用,造成或者足以造成混淆或者误认的,亦违反《反不正当竞争法》第二条规定的市场竞争原则,可以按照《反不正当竞争法》第五条第(二)项的规定认定为不正当竞争行为。

可见,对于商业标识的保护并不仅限于在相同或类似的商品上,更为重要的是结合混淆要件进行判断,其保护范围相比于《商标法》而言更加广泛。

三、总结

通过上述法律分析及案例分析可知,虽然混淆是《反不正当竞争法》第六条保护商业标识必不可少的构成要件,但其举证并不要求必须存在实际混淆的证据,只需证明足以混淆或容易混淆即可。根据司法实践,判断混淆的客观要素包括以下几点。

1. 商业标识的近似程度。被控侵权的商业标识与原告的商业标识相比,在文字的字形、读音、含义或者图形的构图、颜色及各要素组合后的整体结构是否相似,或者其立体形状、颜色组合是否相近似。

2. 商品的类似程度。虽然商业标识是否应用于同种商品或者类似商品作为判断混淆的要素之一,但并非必要因素。在商品的销售渠道、销售区域、销售模式、供货方式等因素重合的情况下,非同种或非类似商品上的使用也可能造成混淆。

3. 商业标识的显著性及影响力。可围绕商业标识所获荣誉,商品的市场占有率,商品的销售数量、销售范围,相关公众的知晓程度,广告宣传情况,维权情况等内容进行举证。

4. 是否造成了实际混淆。虽然仅作为参考因素,但若已有证据证明消费者实际产生了误购或者混淆,将极大提高对混淆要件的证明程度。

5. 相关公众的一般注意力。相关公众的一般注意力需要综合考量商品的性质、价格、原被告销售商品的价格差异、相关公众的组成。

主观要素即侵权人的主观故意。一般而言,侵权人的主观故意可以通过客观行为进行推定。如是否在宣传中突出使用被侵权人的商业标识、是否实施了多种与被侵权人相关的混淆行为、是否与被侵权人具有某种联系而应当知晓被侵权人的在先商业标识等。

第六章　商业秘密不正当竞争纠纷法律实务及案例精解

第一节　企业商业秘密的保护与侵权赔偿

随着知识经济产业的到来，知识产权逐渐成为现代企业的核心竞争力之一。其中，商业秘密作为一项特殊的知识产权，与专利权既密切相关又存在显著区别。

《专利法》属于权利赋予法，权利人需通过申请、公告、异议、授权取得权利，此权利属于绝对权，赋予了权利人对特定发明创造在一定期限内依法享有的独占实施权，实质是以“公开换保护”。商业秘密相关法律属于行为规制法，由权利人通过建立保密措施自动取得，此权利属于财产权，禁止他人通过不正当手段或违反诚信的方法获取、披露、使用；只要商业秘密未被合法的反向工程或独立研发手段破解，其保护期限可以为无期限。

就企业而言，一些不容易被研发、破解、模仿，能够在很长时间内保持先进性的技术方案，或一些无法达到可专利性标准但仍有一定市场价值的技术成果更适合作为商业秘密保护。企业根据自身情况选择合适的知识产权保护方式，才能最大限度地提高企业的核心竞争力。

一、商业秘密保护有哪些独特优势

根据《反不正当竞争法》第九条的规定，商业秘密，是指不为公众所知悉、具有商业价值并经权利人采取相应保密措施的技术信息、经营信息等商业信息。从上述规定可见，商业秘密具有秘密性、价值性、采取保密措施三个法定条件，且包含技术信息和经营信息两个类别。

从定义上看，商业秘密的保护范围相比于专利权而言更为广泛，不仅包括生产配方、工艺流程、技术方案、设计图纸、算法、数据、计算机程序等技术信息，还包括与经营活动有关的管理方法、客户名单、产销策略、货源情报、创意、财务、计划、样本、招投标材料、数据等经营信息。

从权利的产生方式上看，专利权的取得需经过公开及较长时间的审查程序，且保护范围仅以《权利要求书》的说明为限。我国对发明专利实行的是“早期公开、迟延审查”的制度，[①]在该种制度下，若国家知识产权局经过实质审查后认为，发明创造不符合专利的授予条件，则申请人既无法获得专利权，也无法再将该发明作为商业秘密进行保护，即该项技术被视为无偿奉献给了社会。相比之下，商业秘密由权利人通过保密措施自动取得，某种程度上可视为没有通过专利权保护的技术信息，因此其不仅可以是一种具备可专利性的成熟技术方案，也可以是权利人在研发过程中的实验记录，或是目前尚未成功但有潜在价值的技术信息，包含从技术研发开始到结束的全部信息。

从保护期限上看，专利中发明专利的保护期限为20年，实用新型和外观设计专利的保护期限为10年；而商业秘密的保护期限可以为无限期，但前提是他人未通过合法的反向工程[②]或独立研发手段破解该项秘密信息。商业秘密的保护以“秘密性”为条件，一旦秘密性消失了，商业秘密也随之消失。因而，对于一些不容易被反向工程破解、模仿，能够在很长时间内保持先进性的技术方案更适合通过商业秘密保护。反之，若某项技术成果具有一定的时代性，其本身的生命周期较短，较易被技术人员发现且攻破，企业较早通过申请获得专利权，可在特定期限内获得排他性权利，从而得到更大程度的利润回报。

从维护成本上看，专利权的维护成本包括专利申请费、代理费、年费等；而商业秘密的维护无须向国家行政部门缴纳任何费用，但权利人为了使商业秘密具备秘密性，需采取一系列持续的保密措施。

从保护方式上看，专利权一般通过侵权救济获得保护；而商业秘密可以通过

① 就发明专利而言，权利人首先需向国家知识产权局提出申请，经过初步审查符合要求的专利申请，将自申请日起满18个月内即行公布；公开之后，申请人可自申请日起3年内向国家知识产权局申请实质审查；实质审查将决定专利权能否最终授权公告。

② 反向工程是用于平衡商业秘密制度与专利制度的必要工具，是指通过技术手段对从公开渠道取得的产品进行拆卸、测绘、分析等合法获得有关技术信息。通过合法的反向工程获取的秘密信息受到法律保护，是被控侵权人的法定抗辩事由。

侵权救济与违约救济两种方式获得保护。在企业与雇员签订保密协议,为雇员设定保密义务的情况下,雇员违反保密义务,不当披露或不当使用企业的商业秘密,应依法承担相应的违约责任。

通过上述对比可见,就企业而言,选择商业秘密保护技术信息、经营信息至关重要。特别是对一些无法达到可专利性标准的技术成果,商业秘密相关法律能够为企业提供必要的保障。但是,任何制度的设计均存在利益平衡的考虑,为防止技术被过度隐藏,无法为公众所使用,从国家整体技术发展的角度考虑,商业秘密在权利证明方面相比于专利权而言更为复杂,采取"事后标准、个案认定、救济获权,权利人阐明"的方式。但从维护私权的角度考虑,我国在商业秘密的界定及保密措施的认定方面都存在明确规定,下文笔者将围绕企业保护商业秘密的具体措施进行分析。

二、企业应当如何保护商业秘密

从事先预防的角度,企业需要对商业秘密采取合理的保密措施,保密措施的采取不仅是为了保护商业秘密,也是为了保障商业秘密侵权民事纠纷中权利人可以尽到基本的举证义务。

因商业秘密的法定条件之一"秘密性"属于消极事实,原告的举证客观上具有一定困难,权利人可以通过委托鉴定机构鉴定的方法,经过与公共领域技术的比对,证明涉案信息属于"不为其所属领域的相关人员普遍知悉和容易获得"的信息。同时,因"秘密性"实际上内含采取了一定的保密措施,司法实践认为,在原告能够证明其主张的信息具有不易从公开渠道获取的特点,[①]且处于合理的保密措施的情况下,可以推定该信息具有秘密性,除非被告能举出相反的证据。那么,企业采取保密措施的合理性标准应怎样设定?

根据《最高人民法院关于审理侵犯商业秘密民事案件适用法律若干问题的规定》第五条第二款的规定,人民法院应当根据商业秘密及其载体的性质、商业秘密的商业价值、保密措施的可识别程度、保密措施与商业秘密的对应程度以及权利人的保密意愿等因素,认定权利人是否采取了相应保密措施。

《最高人民法院关于审理侵犯商业秘密民事案件适用法律若干问题的规

① 参见最高人民法院民事判决书,(2020)最高法知民终726号。

定》第六条细化了以下几点保密措施：

(1)签订保密协议或者在合同中约定保密义务的；

(2)通过章程、培训、规章制度、书面告知等方式，对能够接触、获取商业秘密的员工、前员工、供应商、客户、来访者等提出保密要求的；

(3)对涉密的厂房、车间等生产经营场所限制来访者或者进行区分管理的；

(4)以标记、分类、隔离、加密、封存、限制能够接触或者获取的人员范围等方式，对商业秘密及其载体进行区分和管理的；

(5)对能够接触、获取商业秘密的计算机设备、电子设备、网络设备、存储设备、软件等，采取禁止或者限制使用、访问、存储、复制等措施的；

(6)要求离职员工登记、返还、清除、销毁其接触或者获取的商业秘密及其载体，继续承担保密义务的。

综上，首先，出于成本的考虑，企业采取的保密措施并不要求能够阻止不正当的手段；其次，企业采取的措施必须是现实的、已执行的；最后，企业必须把希望保护的信息当作商业秘密来对待。例如，向他人明示商业秘密的属性、签署保密协议、对商业秘密进行物理隔离、进行场所限制、设置有限制的访问、严格限制传送属于商业秘密的信息。

其中，保密协议属于商业秘密管理和保护实践的核心内容。保密协议不仅可以精确界定需要保密的信息范围，也是当事人之间建立信任关系的直接证据。在签订保密协议的过程中，企业需要注意以下几点。

1. 应在披露信息之前签署保密协议，或至少在披露信息的同时就必须签署保密协议。事后签订保密协议的行为将增加权利人的举证义务，权利人必须举证相对方在接触信息时就存在默示的保密义务，但一般的商品交易通常不具有保密义务。

2. 保密事项必须明确但不能过于宽泛。若企业将雇员接触到的每个信息都纳入商业秘密的保护范围，从而不当限制了雇员对自身专业技能的使用或思想层面的交流，将不被视为单纯保护商业秘密，是法律所不允许的。

3. 设定保密义务的语句应当清晰且无歧义。企业除告知接收者某一信息的秘密性外，还需明确告知接收者具有保密义务，对其使用设定限制，否则难以简单推定保密关系的存在。

在没有保密协议的情况下，虽然企业也可根据自身已经采取的其他保密措施以及雇员的工作性质推定雇员具有默示的保密义务,但保密协议的订立不仅能够为雇员设立明示的保密义务,即使企业不能证明该秘密信息最终构成商业秘密,保密协议的另一方当事人基于合同约定仍应当承担保密义务,对不当披露或使用所涉保密信息对企业造成的损害承担责任。

与竞业限制不同,多数法院认为雇主无须为雇员的保密义务支付对价,因为这属于双方整体交易关系的组成部分。但竞业限制涉及雇主、雇员和社会公共利益等多方利益的考虑,我国法院一般认为,竞业限制协议不仅必须以企业存在商业秘密为生效的前提要件;而且根据《劳动合同法》第二十三条的规定,用人单位与劳动者约定竞业限制条款,需约定在解除或者终止劳动合同后,在竞业限制期限内按月给予劳动者经济补偿。

在设定主体上,竞业限制的人员限于用人单位的高级管理人员、高级技术人员和其他负有保密义务的人员。竞业限制的范围、地域、期限由用人单位与劳动者约定,但前款规定的人员到与用人单位生产或者经营同类产品、从事同类业务的有竞争关系的其他用人单位,或者自己开业生产或者经营同类产品、从事同类业务的竞业限制期限,不得超过二年。

虽然竞业限制能够提供比保密协议更强的保护效力,但其合理范围的界定也较为复杂;相比于竞业限制协议,保密协议对企业商业秘密的保护范围覆盖面更广,也更为便利。

从事后救济的角度,企业的商业秘密在受到侵犯时,若通过民事诉讼主张侵权救济,需举证以下内容:

(1)权利人拥有的商业秘密符合法定条件,包括商业秘密的载体、具体内容、商业价值和对该项商业秘密所采取的具体保密措施等;

(2)对方当事人使用的信息与权利人的商业秘密相同或者实质相同;

(3)对方当事人采取了不正当手段的事实,具有获取商业秘密的条件。

在商业秘密的法定条件方面,因前文已经阐述了“秘密性”与“采取保密措施”的关系及举证内容,此处主要对“价值性”这一要素进行分析。

商业秘密的价值实质是指企业因商业秘密而获得的竞争优势,其可以是已经体现的优势,也可以是潜在的价值。只要有竞争优势,就有价值性;而且所谓的优势不一定是巨大的,只要具有比“微不足道”多一点的优势,就有价值。

在司法实践中,商业价值的证明可以通过原、被告的审计报告、年度报表等证据,认定以涉案秘密信息所生产的产品具有经济效益;[①]也可以通过对商业秘密的具体内容、权利人商业模式的举证,间接推定商业秘密具有现实的或者潜在的价值。[②]

因此,商业秘密内容的举证也至关重要。商业秘密因其不公开,本身具有权利边界模糊的特点。权利人必须在诉讼中明确商业秘密的范围,即明确秘密点。只有通过明确秘密点,才能准确划定权利人主张商业秘密的权利边界,这是权利人寻求司法保护的前提和基础。

在侵权的认定方面,根据《反不正当竞争法》第九条[③]的规定,侵犯商业秘密的行为类型可大体分为"不正当获取"和"未经同意披露或使用"两种行为类型。权利人需证明侵权人接触到了商业秘密,且其使用的信息与权利人的商业秘密相同或者实质相同。对权利人的主张,侵权人可主张合法来源抗辩。总体而言,侵权的认定遵循"接触 + 实质性相似性 - 合法来源抗辩[④]"的公式。

根据《反不正当竞争法》第三十二条第一款的规定:"在侵犯商业秘密的民事审判程序中,商业秘密权利人提供初步证据,证明其已经对所主张的商业秘密采取保密措施,且合理表明商业秘密被侵犯,涉嫌侵权人应当证明权利人所主张的商业秘密不属于本法规定的商业秘密。"

《反不正当竞争法》第三十二条第二款规定:"商业秘密权利人提供初步证据合理表明商业秘密被侵犯,且提供以下证据之一的,涉嫌侵权人应当证明其不存在侵犯商业秘密的行为:

(一)有证据表明涉嫌侵权人有渠道或者机会获取商业秘密,且其使用的信息与该商业秘密实质上相同;

---

① 参见最高人民法院民事判决书,(2019)最高法知民终 562 号。

② 参见最高人民法院民事判决书,(2007)民三终字第 1 号。

③ 《反不正当竞争法》第九条规定:"经营者不得实施下列侵犯商业秘密的行为:(一)以盗窃、贿赂、欺诈、胁迫、电子侵入或者其他不正当手段获取权利人的商业秘密;(二)披露、使用或者允许他人使用以前项手段获取的权利人的商业秘密;(三)违反保密义务或者违反权利人有关保守商业秘密的要求,披露、使用或者允许他人使用其所掌握的商业秘密;(四)教唆、引诱、帮助他人违反保密义务或者违反权利人有关保守商业秘密的要求,获取、披露、使用或者允许他人使用权利人的商业秘密。经营者以外的其他自然人、法人和非法人组织实施前款所列违法行为的,视为侵犯商业秘密。第三人明知或者应知商业秘密权利人的员工、前员工或者其他单位、个人实施本条第一款所列违法行为,仍获取、披露、使用或者允许他人使用该商业秘密的,视为侵犯商业秘密……"

④ 不侵犯商业秘密的合法来源抗辩包括自行开发研制、反向工程、个人信赖抗辩、第三人不明知不应知抗辩。

（二）有证据表明商业秘密已经被涉嫌侵权人披露、使用或者有被披露、使用的风险；

（三）有其他证据表明商业秘密被涉嫌侵权人侵犯。”

上述规定虽明确了举证责任倒置的条件，看似减轻了权利人的举证责任，但“合理表明”的表述意味着权利人的初步证据必须进行实质性审查，至少要达到：（1）证明侵权行为的实施主体；（2）证明涉嫌侵权人的具体不正当行为；（3）证明双方信息具有同一性或者实质相同，以避免部分权利人利用商业秘密诉讼“刺探”竞争对手的商业秘密信息，滥用诉讼权利。

总体而言，商业秘密在事后救济方面赋予了权利人较高的举证义务，因此，企业也应当更为注重防止商业秘密泄露的事前工作，做好保密措施的制度设计。

三、商业秘密侵权案件中，企业应当如何举证获得更高的赔偿数额

根据《反不正当竞争法》第十七条的规定，商业秘密侵权的赔偿损失按照“实际损失—侵权获利—法定赔偿”的顺序计算。经营者恶意实施侵犯商业秘密行为，情节严重的，可以在按照上述方法确定数额的一倍以上五倍以下确定赔偿数额。

经营者违反《反不正当竞争法》第九条（侵犯商业秘密条款）的规定，权利人因被侵权所受到的实际损失、侵权人因侵权所获得的利益难以确定的，由人民法院根据侵权行为的情节判决给予权利人500万元以下的赔偿。

同时根据《最高人民法院关于审理侵犯商业秘密民事案件适用法律若干问题的规定》第十九条的规定，因侵权行为导致商业秘密为公众所知悉的，人民法院依法确定赔偿数额时，可以考虑商业秘密的商业价值。人民法院认定前款所称的商业价值，应当考虑研究开发成本、实施该项商业秘密的收益、可得利益、可保持竞争优势的时间等因素。

司法实践表明，商业秘密侵权案件赔偿数额的计算，可综合考虑被告的主观恶意、侵权情节、侵权时间，通过被告侵权产品的数量乘以原告产品的销售价格及原告的销售利润率计算。

在我国目前判决最高的侵害商业秘密纠纷“香兰素”案[（2020）最高法知民终1667号]中，判赔1.59亿元，法院首先从侵权情节中指出，被告非法获取涉案技术秘密的手段恶劣，在自身未掌握相关技术时，采取现金及股权收买等方式，

策划、利诱掌握涉案技术秘密的原告公司员工到被告公司工作,且不仅自身实施了侵害原告技术秘密的行为,还成立了以侵权为业的关联公司。被告非法获取及使用了原告数量较多的技术秘密,包括涉案技术秘密中最为重要的缩合和氧化步骤设备主图,使用了其中最为关键的缩合、氧化和脱羧工段工艺流程图,实质以侵权为业。

从主观故意上,法院认为被告的主观故意不仅体现在侵权手段上,还体现在当原告意识到其技术秘密可能被侵害后,原告采取了指向被告的系列维权措施,但被告面对原告的维权毫无收敛;面对原审法院责令被告立即停止侵害涉案技术秘密的行为保全裁定时,被告依然无动于衷,构成对司法权威的藐视。

特别是从技术秘密的价值上看,商业秘密本身的价值对确定损害赔偿数额有重要的参考意义。该案中,因涉案技术秘密的商业价值高,属于创新技术,从贡献度上分析,涉案技术秘密对原告的香兰素产品生产贡献巨大,且被告获取的商业利益也主要源于使用原告的技术秘密。

综合以上因素,法院最终按照 2011 ~ 2017 年被告生产和销售的香兰素产量乘以原告香兰素产品的销售价格及销售利润率计算赔偿数额。

通过该案可见,为提高判赔数额,企业可尽力举证以下内容:(1)商业秘密的价值与贡献程度;(2)侵权人侵权情节严重;(3)侵权人具有较强的主观恶意;(4)侵权人如有不诚信诉讼、举证妨碍、藐视法庭等情节,也可作为提高判赔的依据。

此外,商业秘密侵权的赔偿数额还可以参照商业秘密使用许可费的合理倍数确定,但法院需对许可使用费的真实性、合理性进行审查。合理评价商业秘密的价值;考虑许可人与被许可人之间的关系是否会影响许可费用的设置;考虑许可费的支付方式、支付期限、许可方式、许可年限、许可使用范围、被许可人的实际履约能力、许可合同是否实际履行等情况。

综上,商业秘密保护制度完善了专利权保护制度的不足,就企业而言至关重要。企业可以通过建立完善的保密措施,签订保密协议,事先防止商业秘密侵权的发生。虽然商业秘密民事侵权纠纷给予了企业较高的举证义务,但我国在商业秘密的界定及保密措施的认定方面都存在明确规定。企业可以结合自身情况,将商业秘密保护和专利权保护有机结合,最大程度地保护企业的技术信息和经营信息。

第二节 基于商业秘密保护的竞业限制范围探讨

商业秘密的产生与流动和劳动关系有紧密联系,而竞业限制作为一项重要的利益平衡手段,能够在合理限制雇员利益的情况下,有效保护雇主的商业秘密。目前,我国的竞业限制制度主要规定了竞业限制协议保护的客体、执行条件,违反竞业限制的违约金,竞业限制的主体、内容、期限等。但部分规定较为原则性,如对“地域”没有给出具体的范围限制;又如,对于“其他负有保密义务的人员”应如何界定存在争议。为了在司法实务中更好地适用竞业限制制度,笔者从比较法视角进行研究,结合国内学者理论,探讨竞业限制制度在商业秘密保护框架下的合理范围。

一、竞业限制协议必须以保护雇主的商业秘密为前提

我国《劳动合同法》第二十三条规定:“用人单位与劳动者可以在劳动合同中约定保守用人单位的商业秘密和与知识产权相关的保密事项。对负有保密义务的劳动者,用人单位可以在劳动合同或者保密协议中与劳动者约定竞业限制条款……”对此,有学者认为:该条中的“与知识产权相关的保密事项”没有作出明确说明和解释。在无法明确“与知识产权相关的保密事项”具体内容的情况下,通常认为竞业禁止保护的对象就是商业秘密,为了确保法律规定的明确性和严谨性,建议删除该部分规定,防止竞业禁止协议的滥用。①

笔者认为,从文义解释的角度出发,这里的“与知识产权相关的保密事项”应被理解为除商业秘密之外的一般的保密信息。《劳动合同法》第二十三条规定的是用人单位与劳动者可以对除商业秘密之外的一般保密信息作出约定,并无不妥。除商业秘密外,竞业限制协议确实附带了保护雇主其他正当的商业利益的功能。但在此基础上,该条应明确竞业限制必须以保护雇主的商业秘密为前提,即要求雇主存在商业秘密,以达到限制竞业滥用和避免过度妨碍劳动者平

---

① 参见邓恒:《德国的竞业禁止制度与商业秘密保护及其启示——兼论〈劳动合同法〉第23、24条的修改》,载《法学杂志》2017年第3期。

等就业权的目的。

在比较法上,美国、日本、德国、瑞士等国家的立法或司法判例都认为雇主要求与雇员签订竞业禁止协议,必须为了保护其合法利益和商业秘密。以美国的司法实践为例,美国各州对竞业协议的效力作出了种种限制性规定,认为竞业协议的签订必须是雇主为保护其商业秘密,维护其竞争地位所必须,不得超过雇主合法权益的范围。在"合法权益"的解释上,美国司法实践也倾向于将其解释为商业秘密,且强调与商业秘密无关的竞业禁止协议应当归于无效,以维护雇员的一般知识和技能,保障人才的自由流动和自由的市场竞争秩序。此外,美国法院在审查商业秘密与竞业协议条款是否具有一致性;判断竞业限制条款是否以维护雇主的合法利益为限时,通常会考虑基于不同行业特性的秘密信息的更新速度,以及雇员的工作性质是否有接触商业秘密的机会。①

一般而言,雇主的合法利益应被理解为能够使雇主保持市场竞争优势的技术或经营方面的信息,而各国无一例外将商业秘密作为合法利益的主要内容,虽然也有学者认为:竞业限制所保护的合法利益除商业秘密外,还包括避免雇员任意跳槽致雇主的商业利益受到伤害。但通说认为,对于雇主正当利益的解释主要为商业秘密,对商业秘密的保护是竞业限制协议有效的基础,也是该制度存在的本意。②

二、竞业限制的主体应为"实际可能接触商业秘密的人"

《劳动合同法》规定:竞业限制的对象限于用人单位的高级管理人员、高级技术人员和其他负有保密义务的人员。实务中,"其他负有保密义务的人员"被理解为兜底性条款,只要是签订了竞业限制协议的人都被推定为属于"其他负有保密义务的人员",而无论其是否能够实际接触到商业秘密。这种主体的泛化会导致侵害一般劳动者的就业权,因签订保密协议而负有保密义务不等同于实际可能接触到保密信息,从制度保护商业秘密的初衷出发,应将"其他负有保密义务的人员"限制在可能接触用人单位商业秘密的人。

在比较法上,美国司法实践认为竞业对象必须有接触或掌握商业秘密的机

---

① 参见崔汪卫:《竞业禁止制度的域外视角与经验启示》,载《西华师范大学学报(哲学社会科学版)》2018 年第 6 期。

② 参见邓恒、周园:《论商业秘密保护中竞业禁止的适用范围》,载《知识产权》2017 年第 3 期。

会。如若雇员作为一家服装店的经理,其提供的服务并不具有特殊性,不存在接触和获得商业秘密的机会,法院会禁止雇主与雇员签订竞业限制协议。日本也存在类似的案例,如在原田案中,该案原告为公司的售货员,双方约定雇员离职后不得在其他同类公司从事服装面料的销售工作。对此,法院认为售货员的职位不需要特别的技术和信息,如果离职后还对其就业加以限制,会对其生活造成严重困难,违反了自由择业的原则。①

具体而言,实际可能接触商业秘密的人有以下几类:一是经营管理人员和高级技术人员、研发人员。这些雇员掌握或知悉公司重要经营秘密和技术秘密的可能性较大。二是关键岗位的技术人员。某项关键岗位尽管不能全面了解公司的商业秘密,但基于其工作需要也可能接触到重要的商业秘密。三是掌握公司重要销售计划、策略、客户名单的销售人员。四是可能接触商业秘密的文秘人员。

三、竞业限制的期限、地域、职业范围应遵守利益平衡

关于竞业限制的期限,大陆法系多数国家作出了明文规定,如《德国商法典》第七十四条第一款规定:雇佣双方约定的竞业期限不得超过二年。我国《劳动合同法》第二十四条第二款规定:在解除或者终止劳动合同后,前款规定的人员到与本单位生产或者经营同类产品、从事同类业务的有竞争关系的其他用人单位,或者自己开业生产或者经营同类产品、从事同类业务的竞业限制期限,不得超过二年。而英美法系国家的竞业限制期限多由法官根据案件的具体情况作出判断。笔者认为,由于竞业限制对雇员的就业与生活影响较大,原则上应当规定最高期限,不应过度限制人才的合理流动,且法院应根据特定行业的性质、某类商业秘密的更新速度,对不合理的期限进行调整。

对竞业限制的地域范围,我国法律没有作出规定。有观点认为,竞业限制的地域范围应当以雇主经营所覆盖的地域为限。也有观点认为,在此基础上还要根据雇员所从事的职业或经营的业务是否会对原雇主的营业造成危险来确定竞业限制的地域范围。还有观点认为,地域范围应当以不给雇员造成生活上的困难为限。

---

① 参见郑成思主编:《知识产权保护实务全书》,中国言实出版社1995年版,第842页。

笔者认为,竞业限制的区域应以原公司营业或业务范围所及的地区为限,特殊约定下,可以延伸至雇员离职时原雇主可以明确合理预期的经营范围,但应排除雇主尚未开发或未来可能开发的地域范围。但在如今以电子商务平台为商业模式的背景下,大部分产业已经进入虚拟的全球化交易,对竞业限制的区域是否应当依据上述标准理解为全球范围内,笔者认为,出于保护雇员弱势一方的考量,在虚拟的全球化交易背景下,仍应根据雇员离职时原雇主实际已产生交易的区域进行竞业限制,不应过度限制雇员的就业自由。

关于竞业限制的职业范围,我国《劳动合同法》规定限于"与本单位生产或者经营同类产品、从事同类业务的有竞争关系的其他用人单位,或者自己开业生产或者经营同类产品、从事同类业务"。笔者认为,上述规定的范围过宽,超出了竞业的本意。竞业限制的本意是为了保护雇主的商业秘密,因而竞业限制的职业范围也应明确为:限制雇员从事可能导致雇主的商业秘密或其他约定的与知识产权相关的保密信息泄露的工作或业务。

从美国的司法实践来看,竞业限制所涉及的范围认定应以与雇员在原雇主所接触的商业秘密有关,其范围应当小于同类产品或同类业务。竞业限制并非将雇员驱逐出某个行业,而只能限制其从事可能导致商业秘密泄露的行为。美国司法实践认为,不能限制离职雇员受雇于竞争对手从事与商业秘密无关的工作;不能限制离职雇员为非竞争对手工作;不能限制离职雇员向在职时从未接触过的客户提供服务。作为一般的劳动者,由于职业地位的限制,劳动者不可能接触到雇主所有的商业秘密,因而竞业限制的职业范围也不应是雇主全部的经营范围。

从实务角度出发,目前对于"同类产品、行业"的认定一般以用人单位登记的经营范围为准,但原雇主应当就登记的经营范围与实际经营的项目是否一致负有举证责任,避免经营范围的过度登记。相应地,如有原雇主实际经营但未登记的项目,也可以通过举证获得保护。此外,原雇主还需举证离职雇员从事的新职位与其在原单位接触的商业秘密有关。

综上,竞业限制内容的合理性判断整体上依据利益平衡原则,在保护雇主商业秘密的同时,以不给离职雇员造成生活上的过度困难、不损害公共利益为限。美国司法实践将抽象的"公共利益"具体化,对于我国判断竞业协议内容的有效性具有借鉴意义。具体标准为竞业限制不能给社会公众造成不当损害:其一,应鼓励正当的自由竞争，如水果店、便利店、洗衣店等类型的店越多越好，不允许竞业限制；其二，部分州认为，医生、护士、律师等职业涉及公共利益，不允许竞业限制；其三，竞业协议不能限制公众自由选择交易对象。

四、比较法上，特殊的离职原因会影响竞业限制协议的效力

在因雇主导致雇用关系终止的情况下，对竞业协议的效力，《德国商法典》和《瑞士债务法》作出特殊规定，[①]值得我国借鉴。《德国商法典》规定：由于雇主违约而引起雇员终止雇用关系的，雇员应当在作出终止雇用关系决定后一个月内以书面方式通知雇主，当雇员向雇主表明离职意愿后不再受到竞业禁止协议的约束。但雇主因特定事由，且该特定事由系雇员方面引起的，或者雇主在终止雇用关系时表示愿意支付雇员离职后竞业期限的全额薪金的，则竞业协议有效。

可见，《德国商法典》认为，仅由于雇主违约而终止雇用关系的情形，除雇主能够给予离职雇员竞业期限的全额薪金外，竞业协议不具有约束力。《瑞士债务法》中也有类似规定，第三百四十条规定：雇主终止雇用关系而不予说明理由的，或离职雇员有可归责于雇主的正当理由而终止雇用关系的，竞业禁止协议不再具有约束力。

由于竞业协议本身就是对雇员离职后就业选择的限制，在因雇主违约解除雇用关系的情形下，再限制雇员的就业自由明显不公，上述比较法规则具有合理性。结合德国和瑞士的做法，我国法律可以进行如下规定：第一，因用人单位的违约行为终止劳动关系的，或劳动者的离职是用人单位单方原因造成的，或用人单位违法解除劳动关系的，竞业限制协议对劳动者不具有约束力。第二，不因劳动者的过失，用人单位提前终止劳动关系的，竞业限制协议不对劳动者产生拘束力，除非用人单位表明在竞业期限内愿意支付全额薪金。

五、总结

竞业限制协议在形式上虽然是雇主和雇员之间基于意思自治的一种契约，

---

① 参见邓恒：《德国的竞业禁止制度与商业秘密保护及其启示——兼论〈劳动合同法〉第23、24条的修改》，载《法学杂志》2017年第3期。

但该类协议涉及多种权利的冲突,而劳动者作为合同谈判中通常弱势的一方,其择业自由权需要得到法律的特别保护。法律对竞业协议的规制是为了对雇主的商业秘密权、劳动者的择业自由权以及社会公共利益进行平衡。基于上述考虑,竞业限制订立的前提、适用对象、适用范围都具有法定性,其内容必须合法、正当,雇用双方只能基于商业秘密保护的需求,在法定范围内进行约定。

第三节 商业秘密案件中确定赔偿数额的计算方式及因素分析

由于商业秘密类知识产权案件需查明事实的复杂性、专业性、当事人举证及获取证据的不易,实务中,对该类案件赔偿数额的确定普遍存在困难。就现有立法情况而言,相关法律条文虽然规定了"因被侵权所受到的实际损失""因侵权所获得的利益""法定赔偿"三种赔偿数额的计算方式,但除法定赔偿外,其余方式普遍存在难以确定数额的问题。因此,审判实务中绝大部分知识产权侵权案件都依原告申请或者法院依职权采取酌定赔偿的方式确定数额,极易产生"同案不同判"的现象。

在最高院知识产权法庭公布的2020年十件技术类知识产权典型案例中,嘉兴市中华化工有限责任公司、上海欣晨新技术有限公司侵害技术秘密纠纷一案[(2020)最高法知民终1667号,以下简称1667号案件]以1.59亿元的判赔额成为我国人民法院史上目前判决最高的侵害商业秘密案件。在该案中,最高院对如何确定赔偿数额和确定赔偿的考虑因素进行了详尽分析,此案对司法实践具有重要的指导价值。笔者将结合该案内容,对商业秘密案件中赔偿数额的计算方式及考量因素进行详细分析。

一、权利人可同时提供多种计算方式

根据《反不正当竞争法》(2019年修正)第十七条第三款、第四款的规定:"因不正当竞争行为受到损害的经营者的赔偿数额,按照其因被侵权所受到的实际损失确定;实际损失难以计算的,按照侵权人因侵权所获得的利益确定。经营者恶意实施侵犯商业秘密行为,情节严重的,可以在按照上述方法确定数额的

一倍以上五倍以下确定赔偿数额。赔偿数额还应当包括经营者为制止侵权行为所支付的合理开支。经营者违反本法第六条、第九条规定，权利人因被侵权所受到的实际损失、侵权人因侵权所获得的利益难以确定的，由人民法院根据侵权行为的情节判决给予权利人五百万元以下的赔偿。”

根据上述条文，法定的三种赔偿数额计算方式虽然存在选择上的顺位，即最先依据实际损失确定，实际损失难以确定的依据侵权获利，实际损失和侵权获利均难以确定的才由法院酌情判赔，但由于法定赔偿数额上的限制，权利人往往会对实际损失和侵权获利的计算依据同时进行举证，以增加提高判赔数额的可能性。在1667号案件中，原告在其提交的经济学专家数据分析报告中提供了三种计算方式供法官参考，为商业秘密案件中权利人主张赔偿数额的计算方式提供了有益的参考和启示。

一是按照营业利润（侵权获利）计算，计算方式为：被告生产和销售的侵权产品数量×原告同期产品销售价格×原告的营业利润率。

二是按照销售利润（侵权获利）计算，计算方式为：被告生产和销售侵权产品的数量×原告同期产品销售价格×原告的销售利润率。

三是根据价格侵蚀损失（实际损失）计算，计算方式为：原告产品因被告侵权行为造成的价格下降×原告产品的销售数量。

在该案中，因原告提供的三种计算结果各不相同，法院也分别对三种计算方式进行了分析。对于前两种计算方式，最高院指出，原告按照自身营业利润及销售利润计算损失依据的证据真实可靠，计算结果具有合理性。最高院参照确定侵犯专利权的损害赔偿额的方法计算侵犯商业秘密行为的损害赔偿额，根据《最高人民法院关于审理专利纠纷案件适用法律问题的若干规定》（以下简称《专利法司法解释》）第十四条第二款的规定：“专利法第六十五条规定的侵权人因侵权所获得的利益可以根据该侵权产品在市场上销售的总数乘以每件侵权产品的合理利润所得之积计算……”

可见，对侵权获利的计算不一定要依据侵权人的营业利润或销售利润，在难以取得侵权人利润报表的情况下，“合理利润”的确定也可以依据权利人自身的利润率数据，再乘以被告生产和销售侵权产品的数量，从而降低了权利人的举证责任。

对于第三种计算方式，虽然《专利法司法解释》第十四条第一款也规定了

“权利人因被侵权所受到的实际损失可以根据专利权人的专利产品因侵权所造成销售量减少的总数乘以每件专利产品的合理利润所得之积计算”，但对于权利人产品因侵权所造成的数量减少或因侵权行为造成的价格下降实际难以计算。在1667号案件中，法院认为，原告指出的按照价格侵蚀计算损失的方式受到多种因素限制，仅能作为参考。

尽管法院最终没有采用原告提供的第三种计算方式，但在判决中指出，对于判决采用的“被告因侵害涉案技术秘密获得的销售利润数额”虽高于按照原告营业利润率计算得出的实际损失，但仍大幅低于原告因被诉侵权行为造成价格侵蚀所导致的损失数额，结合本案各侵权人侵害涉案技术秘密的恶性程度、危害后果等具体情节，具有合理性和适当性。可见，法院实际参照了原告提供的损失计算数额，并结合了侵权人的恶意程度、危害后果等因素，最终采纳了相比于“营业利润”计算方式更高的“销售利润”计算方式。

二、侵权获利计算中采用“营业利润”或“销售利润”的不同情形

虽然《专利法司法解释》第十四条已经规定了“侵权人因侵权所获得的利益一般按照侵权人的营业利润计算……对于完全以侵权为业的侵权人，可以按照销售利润计算”，但实务中，如何判断侵权人是否完全以侵权为业，以及确定侵权获利到底应以何种利润作为计算依据，通常是案件的争议焦点。

对“营业利润”的理解，最高人民法院在[(2020)最高法知民终17号]案件中指出：“参照财政部规范性文件《企业会计制度》第一百零六条有关利润的规定，营业利润是指主营业务收入减去主营业务成本和主营业务税金及附加，加上其他业务利润，减去营业费用、管理费用和财务费用后的金额。计算销售被诉侵权产品时的营业利润，可以简化为，营业利润 = 销售收入 - 销售成本和税金 - 销售费用、管理费用和财务费用。”

“销售利润”一般可理解为销售某种产品的收入扣除成本，计算方式为：销售利润 = 销售收入 - 销售成本(仅包括原材料和人工)。可见，营业利润与销售利润的区别在于，销售利润没有扣除营业费用、管理费用和财务费用等营业成本，也没有扣除营业税金及附加，相比于营业利润的数额较高。

因此，司法解释之所以区分了营业利润和销售利润两种计算方式，是因为在侵权人并非完全以侵权为业的情况下，其相关利润并非完全依赖于侵权行为，还

与其运营成本相关。但对于完全以侵权为业的侵权人,应当相应增加其赔偿责任,因而不再扣除营业成本及税金。

在1667号案件中,对于选择以营业利润还是销售利润作为赔偿数额,最高院综合考虑了八项因素,可将其归纳总结为以下几点。

其一,被告的侵权恶意。主观故意通常是法院判赔时的重点考量因素。该案中,法院在判决中多处分析了被告的主观故意,指出被告的主观故意不仅体现在其获取涉案技术秘密的手段上,还体现在当原告意识到其技术秘密可能被侵害后,原告采取了指向被告的系列维权措施,但被告面对原告的维权毫无收敛。特别是在原审法院作出行为保全的裁定,责令被告立即停止侵害涉案技术秘密后,被告依然无动于衷,表明被告具有主观故意,也显属对法律与司法权威的藐视。

其二,被告的侵权情节及侵权后果。从侵权情节上看,该案被告采取了现金及股权收买等方式,策划、利诱掌握涉案技术秘密的原告公司员工到被告公司工作,非法获取涉案技术秘密的手段恶劣。被告实际以侵权为业,不仅自身实施了侵害原告技术秘密的行为,还成立了以侵权为业的关联公司。从侵权后果上看,被告的侵权行为对原告的原有国际市场形成了较大冲击。

其三,涉案技术秘密的价值。商业秘密案件中,商业秘密本身的价值对确定损害赔偿有重要的参考意义。该案中,法院认可了涉案技术秘密的商业价值高,属于创新技术,并从贡献度上分析,认为涉案技术秘密对原告的香兰素生产贡献巨大。被告公司在非法获取并实际使用涉案技术秘密后,成功实现了以极低成本生产香兰素且从中攫取了巨大商业利益的目的,涉案技术秘密的非法使用是被告获取巨大商业利益的核心和关键。被告不仅大量使用了非法获取的涉案技术秘密,还特别使用了涉案技术秘密的关键技术。

其四,被告诉讼中的不当行为。最高院指出,原审法院及二审法院在审理过程中,曾通知被告提交侵权产品销售数据以及生产香兰素产品专用设备的图纸方面的证据,但被告拒不提交相关证据,构成举证妨碍行为。被告主张被诉香兰素生产工艺系其自行研发,但始终未提供任何有效证据证明该主张,构成不诚信诉讼行为,且对原审法院责令其立即停止侵害涉案技术秘密的行为保全裁定无动于衷。最高院对被告诉讼中不当行为的认定,对引导诉讼参与人尊重司法,诚信诉讼具有重要意义。

综合以上因素，法院最终判决按照被告香兰素产品的销售利润计算该案的侵权损害赔偿数额。

三、总结

通过对嘉兴市中华化工有限责任公司、上海欣晨新技术有限公司侵害技术秘密纠纷一案的分析，最高院的判决思路为权利人在商业秘密案件中主张赔偿数额提供了以下思路。

其一，权利人可提供多种计算方法供法院参考。除明确具体的赔偿数额、赔偿计算方法外，还应当按照提出的具体赔偿计算方法进行举证。权利人可以证明赔偿的具体数额，也可以证明赔偿数额的合理区间；既可以精确计算，也可以概括估算。

其二，为提高判赔数额，权利人可尽力举证以下内容：(1)商业秘密的价值；(2)侵权人侵权情节严重的事实依据；(3)侵权人主观故意严重的事实依据；(4)侵权人如有不诚信诉讼、举证妨碍等情节，也可作为提高判赔的依据。

第四节　在商业秘密侵权案件中适用惩罚性赔偿的构成要件分析

惩罚性赔偿是法院在认定侵权人存在恶意侵权、情节严重的基础上，为了严厉打击恶意侵权行为所采取的法律措施。2021 年 3 月 2 日，《最高人民法院关于审理侵害知识产权民事案件适用惩罚性赔偿的解释》发布，其对知识产权民事案件中适用惩罚性赔偿的范围、情节严重的认定作出了具体规定。

在 2020 年最高院知识产权法庭十大典型案例中，最高院作出了最高法首例知识产权侵权惩罚性赔偿判决［(2019)最高法知民终 562 号］。该案二审判决依据《反不正当竞争法》第十七条第三款关于惩罚性赔偿的规定，在认定侵权人存在恶意侵权、情节极其严重的基础上，适用惩罚性赔偿的五倍顶格处罚，判赔金额达 3000 余万元，彰显了严厉打击恶意侵权行为的司法态度。笔者旨在根据该案判决，梳理在知识产权侵权案件中适用惩罚性赔偿的要件。

一、案情简介

广州天赐公司主要从事卡波产品技术的自主研发，九江天赐公司是其独资子公司，广州天赐公司将其自主研发的卡波产品技术及知识产权授予九江天赐公司无偿使用，授权期限为十年。

2007 年 12 月 30 日，华某与广州天赐公司签订《劳动合同》及《商业保密、竞业限制协议》，并签收了该公司的《员工手册》，就商业秘密的保密义务、竞业限制等方面进行了约定。

华某离职生效日期是 2013 年 11 月 8 日，2012～2013 年，华某利用自身为卡波产品研发负责人的身份，非法获取了卡波产品技术的生产资料，并发送给安徽纽曼公司的刘某等人，还分别介绍朱某、胡某担任安徽纽曼公司的生产工艺设计，其间朱某和胡某均提出其生产设计是否侵犯两家天赐公司相关权利的问题，华某遂指示胡某设计时不要和两家天赐公司一样。胡某按华某的要求对图纸进行了修改，并委托案外人设计、制造相关设备，安徽纽曼公司利用天赐公司的工艺设备技术，生产卡波产品并向国内外销售。

在本案之前，江西省九江市中级人民法院作出（2018）赣 04 刑终 90 号刑事判决，确认华某、刘某等人的行为构成侵犯商业秘密罪。

二、如何认定技术信息是否属于商业秘密

《反不正当竞争法》第九条第四款规定：“本法所称的商业秘密，是指不为公众所知悉，具有商业价值并经权利人采取相应保密措施的技术信息、经营信息等商业信息。”可见，技术信息构成商业秘密需要同时具备三个法定条件：（1）不为公众所知悉；（2）能为权利人带来经济利益，具有商业价值；（3）权利人采取了保密措施。

《最高人民法院关于审理侵犯商业秘密民事案件适用法律若干问题的规定》第三条至第七条，分别就秘密性、价值性和保密性进行明确规定，并详细列举了可以认定为采取保密措施的情形。

根据上述司法解释，“秘密性”是指有关信息不为其所属领域的相关人员普遍知悉和容易获得。“价值性”是指有关信息具有现实的或者潜在的商业价值，能为权利人带来竞争优势。“保密措施”是指权利人为防止信息泄露所采取的

与其商业价值等具体情况相适应的合理保护措施。

人民法院应当根据所涉信息载体的特性、权利人保密的意愿、保密措施的可识别程度、他人通过正当方式获得的难易程度等因素，认定权利人是否采取了保密措施。具有下列情形之一，在正常情况下足以防止涉密信息泄露的，应当认定权利人采取了保密措施：(1)限定涉密信息的知悉范围，只对必须知悉的相关人员告知其内容；(2)对涉密信息载体采取加锁等防范措施；(3)在涉密信息的载体上标有保密标志；(4)对涉密信息采用密码或者代码等；(5)签订保密协议；(6)对涉密的机器、厂房、车间等场所限制来访者或者提出保密要求；(7)确保信息秘密的其他合理措施。

本案中，最高院根据在关联刑事案件程序中，公诉机关已经委托鉴定机构鉴定的结果，认定卡波技术的工艺、流程、设备的技术信息属于不为公众所知悉的技术信息，具有秘密性。结合两家天赐公司提交的审计报告、年度报表等证据，认定以涉案技术信息所生产的卡波产品所带来的经济效益具备价值性。根据已查明的事实，华某与广州天赐公司签订的《劳动合同》《专项保密协议》《商业秘密、竞业限制协议》等均对保守技术信息秘密进行了约定；胡某、朱某与广州天赐公司签订的《劳动合同》《商业秘密、竞业限制协议》《商业秘密技术协议》等文件亦有保密约定，认定广州天赐公司已通过多种方式采取了保密措施，符合保密性的规定。

三、如何认定适用惩罚性赔偿的主观要件

根据《反不正当竞争法》第十七条第三款，若经营者存在恶意侵害他人商业秘密的行为且情节严重的，权利人可请求侵权人承担确定赔偿金额后相应倍数的惩罚性赔偿。惩罚性赔偿作为一种对侵权人的加重处罚，仅针对故意侵权行为。

故意可分为直接故意和间接故意，共同点在于行为人明知自己的行为将导致损害结果发生的可能性，不同点在于前者表现的心理状态是积极追求损害后果，后者则是放任损害结果的发生。

本案中，最高院认为，从法律条文本身来看，对惩罚性赔偿，《民法典》的表述为“故意侵害他人知识产权”，《反不正当竞争法》的表述为“恶意实施侵犯商业秘密行为”。对故意与恶意的关系，最高院认为，故意和恶意的含义应当是一

致的。虽然司法实践及理论上不乏将恶意认定为直接故意的观点，但根据下位法必须服从于上位法的原则，将此处的恶意理解为故意，而非直接故意较为妥当，且实践中对直接故意与间接故意的区分本身存在较大困难，在惩罚性赔偿中进行等同对待是较为合理的做法。同理，在实践中，构成故意还是恶意也很难严格区分，故对故意和恶意作一致性解释，防止产生恶意适用于商标、不正当竞争领域，而故意适用于其他知识产权领域的误解。

根据《最高人民法院关于审理侵害知识产权民事案件适用惩罚性赔偿的解释》第三条："对于侵害知识产权的故意的认定，人民法院应当综合考虑被侵害知识产权客体类型、权利状态和相关产品知名度、被告与原告或者利害关系人之间的关系等因素……"本案中，刘某、安徽纽曼公司明知华某非法披露两家天赐公司技术秘密，仍予以获取并通过安徽纽曼公司使用；胡某、朱某明知华某、刘某、安徽纽曼公司非法披露、获取、使用两家天赐公司技术秘密，仍予以帮助，且当安徽纽曼公司的前法定代表人刘某因侵害商业秘密行为被追究刑事责任，相关生产工艺、流程及设备涉嫌侵害权利人技术秘密后，安徽纽曼公司仍未停止生产，销售范围多至二十余个国家和地区，足见上述人员及公司侵权主观故意之深重。

四、如何认定适用惩罚性赔偿的客观要件

情节严重作为适用惩罚性赔偿的客观要件，是对知识产权侵权人的主观过错程度进行衡量后，结合具体案情所分析的侵权情节的轻重。

《最高人民法院关于审理侵害知识产权民事案件适用惩罚性赔偿的解释》第四条："对于侵害知识产权情节严重的认定，人民法院应当综合考虑侵权手段、次数，侵权行为的持续时间、地域范围、规模、后果，侵权人在诉讼中的行为等因素。被告有下列情形的，人民法院可以认定为情节严重：

（一）因侵权被行政处罚或者法院裁判承担责任后，再次实施相同或者类似侵权行为；

（二）以侵害知识产权为业；

（三）伪造、毁坏或者隐匿侵权证据；

（四）拒不履行保全裁定；

（五）侵权获利或者权利人受损巨大；

(六)侵权行为可能危害国家安全、公共利益或者人身健康;

(七)其他可以认定为情节严重的情形。"

本案中,最高院综合考虑被告公司的业务范围、技术秘密对产品形成的关键作用、权利人的损失;侵权人的生产规模及获利、侵权人在关联刑事案件审理期间及法院作出有罪生效判决后未停止侵权的事实以及侵权持续时间、侵权人拒绝提供证据导致法院无法查明全部侵权获利等因素,综合认定本案侵害商业秘密的情节极其严重。

根据《反不正当竞争法》第十七条第三款的规定,惩罚性赔偿按照权利人的实际损失或侵权人侵权获利的一倍以上五倍以下确定赔偿数额。惩罚性赔偿倍数与情节严重程度具有对应关系,根据最高院对本案的解读,为便于司法适用,限制自由裁量的滥用,侵权情节认定为严重时可适用两倍惩罚性赔偿,情节比较严重可适用三倍惩罚性赔偿,特别严重时可适用四倍惩罚性赔偿,情节极其严重时,如满足"直接故意、完全以侵权为业、侵权规模大、持续时间长、损失或获利巨大、举证妨碍"等认定要件,则可以适用五倍惩罚性赔偿,以此构建惩罚性赔偿倍数与侵权情节严重程度之间的一般对应关系。

五、总结

惩罚性赔偿制度具有补偿、惩罚、威慑与预防功能。本案反映出在商业秘密等知识产权侵权案件中,适用惩罚性赔偿的主观要件"恶意"的认定实质为"主观故意";客观要件"情节严重"是对行为与整体案件事实的综合考量,且赔偿金额的确定应坚持适度原则、比例原则,惩罚性赔偿的倍数与情节严重程度应具有对应关系。

第七章 互联网领域不正当竞争纠纷法律实务及案例精解

第一节 视频网站深度链接行为构成不正当竞争的要件

随着互联网技术的快速发展，由深度链接所引发的信息网络侵权行为愈发受到关注。互联网领域的深度链接是相对于普通链接而言的一种技术手段，能够让用户在设链网站上直接看到被链网站上内容，而不会发生网页跳转，网页地址栏里显示的也依然是设链网站的地址，多发生于视频网站服务中。

深度链接行为通常被认为可能侵犯著作权人、邻接权人的信息网络传播权，即网络用户、网络服务提供者未经许可，实施了以有线或者无线方式向公众提供作品、表演或者录音录像制品，使公众可以在其个人选定的时间和地点获得作品、表演或者录音录像制品的行为。

但在司法实践中，对于深度链接行为是否构成侵犯信息网络传播权，因不同的侵权判断标准而存有争议，如"服务器标准""用户感知标准""实质替代标准"都曾在不同的案件中被适用，这也使权利人以著作权主张保护时具有一定的不确定性。因此，不少权利人更倾向于以《反不正当竞争法》阻止深度链接行为。

笔者以湖南快乐阳光互动娱乐传媒有限公司（以下简称湖南快乐阳光公司）与北京暴风科技股份有限公司（以下简称北京暴风公司）不正当竞争纠纷案［（2015）京知民终字第02210号］为例，对视频网站深度链接行为构成不正当竞争的要件进行分析。

该案中，原告系"芒果TV"网（以下简称芒果网）的合法经营人，依法享有该网站的经营收益权。"暴风看电影"网（以下简称暴风网）由被告经营管理，该网站的视频播放功能中设有“极轻模式”,该模式具有深度链接原告网站的功能,使用户在“极轻模式”下不必进入芒果网,可以直接在暴风网上观看源于芒果网的视频,且在网页上不显示视频前的广告、芒果网的网址以及芒果网上除视频以外的网页广告等其他内容。

原告认为,被告的行为使原告不能就网站的广告获取直接收益,降低了用户对原告网站的识别度,也使原告丧失了展示基本页面时可能获取的其他商业利益。被告通过涉案模式在未支付相应对价的情形下有效提高了自身网站的浏览量,构成了不正当竞争,损害了湖南快乐阳光公司的合法权益。

本案的争议焦点在于:北京暴风公司提供的“极轻模式”不显示湖南快乐阳光公司网站网址、网页及拦截广告等信息的行为是否构成不正当竞争。

一审、二审法院均认为,本案可以适用《反不正当竞争法》第二条第一款的原则条款进行认定。适用该条款认定涉案竞争行为构成不正当竞争应当同时具备以下两个条件:一是涉案竞争行为使其他经营者的合法权益受到实际损害;二是涉案竞争行为违反了公平竞争、诚实信用原则和公认的商业道德,扰乱了正常的市场交易秩序。

第一,在具体行为是否构成不正当竞争的认定方面,关于“极轻模式”拦截源网站视频片头广告的行为,由于目前视频网站基本上采取的都是“免费+广告”的运营模式,该运营模式和盈利方式已经得到社会的普遍认可,且不会损害网络用户及社会公众的合法利益。暴风网的上述设链行为显然对湖南快乐阳光公司网站使用的运营模式和盈利方式造成影响与干扰,违反了诚实信用原则和公认的商业道德,进而直接导致湖南快乐阳光公司的合法利益受损,符合构成不正当竞争的两个条件,应认定为不正当竞争行为。

第二,对于“极轻模式”不显示源网站网址的行为,虽然“极轻模式”本身不显示源网站网址,但北京暴风公司在其网站上已经标明了视频来源的网站名称,使网络用户可以明确知道视频来自湖南快乐阳光公司的网站,故“极轻模式”不显示源网站网址的行为不构成不正当竞争。

第三,对于“极轻模式”不显示源网站除视频节目以外的其他网页信息,包括页面广告的行为,一审法院认为不构成不正当竞争。主要原因在于:上述行为虽然会导致湖南快乐阳光公司丧失网页点击量、用户停留时长、页面广告等合法利益,但北京暴风公司通过为网络用户提供多种播放途径,而非仅仅提供“极轻模式”作为唯一播放方式，已经尽到了合理注意义务，其主观上并不存在过错。出于互联网络本身具有的开放性特征，出于作品传播的需要，也出于为网络新技术、新产品保留一定发展空间的现实需要，一审法院认为该行为并非以不合理的方式损害湖南快乐阳光公司合法权益，也未达到违反公认的商业道德的程度，因此不应认定为不正当竞争。

二审中，法院从互联网市场特点与竞争关系的角度对上述问题进一步予以论证。二审法院首先肯定了在网络技术与服务方式不断发展和创新的环境下，提供不同的视频播放方式确实有利于满足不同网络用户对网络服务的不同需求。因此，对视频进行搜索、链接等方式的使用并不被法律完全禁止。但同时考虑到互联网经营者的合理回报是其经营发展的核心动力，只有互联网经营者合法获得的竞争优势不被不当利用或破坏，才能使经营者有动力通过经营活动丰富互联网资源，改善互联网服务。因此，即使考虑到为网络新技术保留一定发展空间的现实需要，亦应当以不损害其他互联网经营者的合法权益为限。

具体到互联网领域，互联网经营者在向网络用户提供网络服务一端的平台经营中，往往并不直接向网络用户收取费用，但网络用户的注意力是决定另一端平台收益高低的重要因素，因此互联网竞争活动往往围绕争夺网络用户的注意力而展开。在互联网经营者争夺网络用户注意力的过程中，应当通过必要付出获得，恶意利用他人的诚实付出而争取网络用户注意力的行为，属于不正当竞争行为。

本案中，湖南快乐阳光公司为了在芒果网上提供涉案影片的播放服务，需要为视频提供服务器予以存储，并为与视频相关的问题承担法律责任，亦需要开展宣传推广等一系列经营活动，其通过必要投入，诚实经营所争取到的网络用户注意力和与此相关的交易机会，不应被他人不当利用或破坏。作为互联网行业的经营者，北京暴风公司在本身并未承担涉案视频经营成本的前提下，仍对涉案视频予以利用，采用“极轻模式”播放涉案影片，使本应在芒果网观看涉案视频的用户，成为在暴风网页面观看涉案视频的用户，该行为具有“不劳而获”的特点。

对于北京暴风公司主张其为网络用户提供多种播放途径，而并未将“极轻模式”作为唯一播放方式的观点，二审法院认为，不同的网络服务提供方式相互独立，一种视频播放方式的正当性并不能作为其他视频播放方式具有正当性的当然依据，不能据此认定北京暴风公司不具有主观过错。

综上,在北京暴风公司提供的"极轻模式"中,去除源网站视频片头广告以及不显示芒果网网页除播放页面以外的其他内容的行为构成不正当竞争,未显示芒果网网址的行为未侵害湖南快乐阳光公司的合法权益,不构成不正当竞争。

通过上述案例的分析可见,违反《反不正当竞争法》第二条规定的不正当竞争行为,应当是指违反公平竞争、诚实信用原则和公认的商业道德,扰乱正常的市场交易秩序,使其他经营者的合法权益受到损害的行为。

对视频进行搜索、链接等方式的使用并不被法律所完全禁止,但即使考虑到为网络新技术保留一定发展空间的现实需要,亦应当以不损害其他互联网经营者的合法权益为限。

互联网竞争活动往往围绕争夺网络用户的注意力而展开,在互联网经营者争夺网络用户注意力的过程中,应当通过必要付出获得,恶意利用他人的诚实付出而争取网络用户注意力的行为,属于不正当竞争行为。

第二节 擅自使用他人收集的信息构成不正当竞争的要件分析

在大数据时代,网络平台的数据资源已成为一种重要的商业资本,信息所具有的价值超越以往,而使越来越多的市场主体投入巨资收集、整理和挖掘信息。在此背景下,对于擅自使用他人收集信息的行为是否违反公认的商业道德,进而构成不正当竞争,需要在利益平衡的基础上划定合法性的边界。

由于《反不正当竞争法》没有对擅自使用他人收集信息的行为作出特别规定,实务中,法院通常依据《反不正当竞争法》第二条对涉案信息使用行为进行判定。

一、如何判断互联网环境下经营者之间的竞争关系

在当前《反不正当竞争法》的立法框架下,判断经营者之间是否具有竞争关系是认定是否存在不正当竞争行为的前提。根据《反不正当竞争法》第二条的规定,反不正当竞争法的立法目的,是通过规制市场主体参与市场竞争的行为,以阻止市场主体以不正当手段攫取市场竞争优势,维护"平等、公平、诚信"的市

场竞争秩序。从上述立法目的出发，实务中，对“竞争关系”的认定不仅局限于同业间的竞争行为，也包括跨行业间的竞争行为。尤其在互联网行业，将网络用户吸引到自己的网站是经营者开展经营活动的基础。即使双方的经营模式不同，只要双方在争夺相同的网络用户群体，即可认定为存在竞争关系。

如在[(2016)沪73民终242号]案件中，上海知识产权法院指出，竞争本质上是对客户，即交易对象的争夺。该案中，被告百度公司认为，原告大众点评网是城市生活消费平台，而百度公司是搜索引擎服务商，故百度公司与汉涛公司不存在竞争关系。

但根据案情，百度地图除了提供传统的地理位置服务外，亦为网络用户提供商户信息及点评信息，并提供部分商户的团购等服务。大众点评网和百度地图都为用户提供LBS服务(Location Based Services，基于位置的服务)和O2O服务(Online To Offline，线上到线下的服务)，两者在为用户提供商户信息和点评信息的服务模式上近乎一致，存在直接的竞争关系。

又如，在[(2018)浙01民终7312号]案件中，杭州市中级人民法院表明，市场主体只要使用了不正当手段，吸引了更多消费者的关注或破坏了他人对消费者的吸引力，即落入了《反不正当竞争法》规制的范围。在网络经济环境下，只要双方吸引争取的网络用户群体存在此长彼消的或然性对应关系，即可认定为双方存在竞争关系。

通过上述判决可见，实务中对竞争关系的认定体现出以下两方面的内容：第一，法院趋向于对多元利益进行保护，认为竞争关系并不限于同业竞争，也包括非同业竞争，如对交易机会、交易能力存在争夺的情形。第二，如一方经营者为了提高自己的交易能力而直接侵占或损害另一方经营者的合法权益，则可以认定二者具有竞争关系。

二、如何判断经营者对其收集的信息数据享有竞争性财产权益

一般而言，网络用户向网络经营者提供自身信息的目的是获取相关的网络服务，而单一的网络用户信息通常情况下并不当然具有直接的经济价值。司法实践表明，若网络经营者仅对其收集的用户信息进行了简单的数字转换，数据的内容并未脱离原用户信息的范围，则网络经营者对上述原始数据不能享有独立的权利，只能依据其与网络用户的约定享有对原始网络数据的使用权。

但若网络经营者经过大量的智力劳动成果投入，经过深度开发与系统整合后形成了大数据产品，最终呈现独立于原始网络数据之外的，与网络用户信息、原始网络数据无直接对应关系的衍生数据，则网络经营者对于其开发的大数据产品应当享有自己独立的财产性权益。

如在[（2018）浙01民终7312号]案件中，法院认定，“生意参谋”数据产品系淘宝公司经过长期经营积累而形成的具有显著性的数据产品，能够为商户店铺运营提供系统的大数据分析服务，帮助商户提高经营水平，进而改善广大消费者的福祉，同时也为淘宝公司带来了可观的商业利益与市场竞争优势。故认定“生意参谋”数据产品系淘宝公司的劳动成果，其所带来的权益应当归淘宝公司所享有。

在[（2016）沪73民终242号]案件中，法院指出，在商业价值方面，大众点评网的点评信息是汉涛公司的核心竞争资源之一，能给汉涛公司带来竞争优势，具有商业价值。在信息获取的成本付出方面，汉涛公司为运营大众点评网付出了巨额成本，网站上的点评信息是其长期经营的成果。点评类网站很难在短期内积累足够多的用户点评，只有点评数量达到一定规模，网站才有可能进入良性循环。

通过上述案例可见，法院在分析经营者是否对其数据信息享有竞争性财产权益时，往往考虑涉案数据的商业价值、涉案数据能否给经营者带来竞争优势、数据获取的难易程度以及经营者的成本付出等因素。并在认定经营者享有对其收集数据的财产性权益的基础上，进而认定被诉行为是否对经营者造成了损害。

三、如何认定使用他人数据的竞争行为具有不正当性

基于经营资源和商业机会的稀缺性，经营者的财产权益并非可以获得像法定财产权那样的保护强度。对《反不正当竞争法》没有明文规定的经营者权益，若他人的竞争行为本身是正当的，没有违反诚实信用原则和公认的商业道德，则经营者须将因正当的竞争行为带来的损害作为一种竞争结果予以适当容忍。

根据《反不正当竞争法》第二条的规定：“经营者在市场交易中，应当遵循自愿、平等、公平、诚实信用原则，遵守公认的商业道德。本法所称的不正当竞争行为，是指经营者在生产经营活动中，违反本法规定，扰乱市场竞争秩序，损害其他

经营者或者消费者的合法权益的行为。”对于该条款中“商业道德”的认定，由于商业道德本身是一种长期在商业实践中形成的公认的行为准则，在互联网等新兴市场领域中仍面临边界不清晰的问题。如某一行为虽然损害了其他竞争者的利益，但可能同时产生促进市场竞争、增加消费者福祉的积极效应。因此，法院在判断涉案竞争行为是否具有不正当性时，一方面需要考虑产业发展和互联网环境的特点；另一方面要兼顾信息获取者、信息使用者和社会公众三方的利益，不完全诉诸主观的道德判断。

基于上述原则和现有司法裁判，法院在认定使用他人数据的竞争行为是否具有不正当性时主要考虑了以下因素。

1. 数据获取来源是否不合法

《网络安全法》第四十二条规定：“网络经营者不得泄露、篡改、毁损其收集的个人信息；未经被收集者同意，不得向他人提供个人信息……网络经营者应当采取技术措施和其他必要措施，确保其收集的个人信息安全，防止信息泄露、毁损、丢失……”

根据上述规定：首先，网络经营者应当在用户同意的前提下，基于自身经营活动收集并使用用户数据。其次，第三方平台使用其他网络运营者收集的用户信息，不仅应获得其他网络运营者的授权同意，还应获得该信息提供者的授权同意。第三方应用平台若未经用户同意且未经开放平台授权，获取并使用其他平台用户信息的，构成不正当竞争行为。如在［（2016）京73民终588号］案件中，北京知识产权法院指出，互联网第三方应用平台通过开放平台获取用户信息时应坚持“用户授权网络经营者＋网络经营者授权第三方＋用户授权第三方”的三重授权许可使用规则限制。在［（2019）京73民终3789号］案件中，北京知识产权法院也指出，若第三方公司抓取、存储数据的行为存在不正当性，其后续使用行为也将因数据来源不合法而不具有正当性之基础。

2. 被诉侵权人对涉案信息的使用是否产生积极意义

基于互联网产业既有的信息共享、互联互通的特质，如果被告公司是在合法获得原告数据产品的基础上，通过自己的创新劳动开发出新的大数据产品，且给消费者带来全新体验，这样的竞争行为难谓不正当；反之则构成不正当竞争。

例如，在［（2018）浙01民终7312号］案件中，法院认为，本案被告没有付出自己的劳动创造，而是仅将原告的数据产品直接作为其获取商业利益的工具，提供同质化的网络服务，从而获取商业利益与竞争优势，此种行为明显有悖公认的商业道德，属于不劳而获的“搭便车”行为，对于创新和促进市场竞争没有任何积极意义。

3. 被诉侵权人对涉案信息的使用超出了必要限度且扰乱了竞争秩序

对必要限度的判断，司法实践采取了利益平衡的原则，以被诉侵权人使用涉案数据的行为是否会实质性替代原告的相关服务作为标准。在［(2016)沪73民终242号］案件中，法院指出：“百度地图在早期版本中所使用的来自大众点评网信息数量有限，且点评信息未全文显示，这种使用行为尚不足以替代大众点评网提供用户点评信息服务，也能在一定程度上提升用户体验，丰富消费者选择。”可见，百度公司明显可以采取对汉涛公司损害更小，并能在一定程度上实现积极效果的措施。

而若被诉侵权人超出必要限度的信息使用行为可能导致其他市场主体不愿再就信息的收集进行投入，从而破坏正常的产业生态，并对竞争秩序产生一定的负面影响，损害消费者利益，则构成扰乱市场竞争秩序的不正当竞争行为。

四、总结

随着互联网科技的发展，数据已日益成为信息行业中的基础资源，数据的价值在信息社会中日益凸显。虽然《反不正当竞争法》未将经营者收集的数据信息明文规定为经营者的财产性权益，但赋予数据产品研发者相应权益，及时制止侵害大数据产品的不正当行为，对营造有序的市场竞争秩序十分迫切。

通过上述案例精解可知，根据《反不正当竞争法》第二条的规定，擅自使用他人收集信息的行为构成不正当竞争需要满足下列要件。

1. 双方具有竞争关系，且此种竞争关系并不限于同业竞争，也包括非同业竞争，如对交易机会、交易能力存在争夺的情形；

2. 经营者对其收集的数据信息享有竞争性财产权益，并因被诉行为受到了损害；

3. 被诉行为因违反了诚实信用原则和商业道德而具有不正当性，对不正当性的判断可结合涉案数据获取的合法性、被诉数据使用行为是否具有积极意义、被诉数据使用行为是否超出必要限度、是否扰乱竞争秩序进行判断。

第三节 电商平台"二选一"的《反垄断法》《反不正当竞争法》分析

2020 年 9 月 3 日,"爱库存"电商平台(上海众旦信息科技有限公司)发布了关于抵制唯品会不正当竞争行为的声明,称近期不断有商家反馈,唯品会明令要求商家不得与"爱库存"继续合作,强令商家下架在"爱库存"上的所有商品与活动,并对商家商品进行日常巡检。一经发现商家商品在"爱库存"上继续有售,唯品会即对商家进行通告惩戒,或下线商家在唯品会上的所有在售商品,该行为让广大商家蒙受严重损失。

"爱库存"认为,唯品会强迫商家"二选一"的行为涉嫌违反相关法律法规,违背了市场经济公平竞争的基本原则,要求唯品会立即停止"二选一"的错误行为。

电商平台"二选一"的现象实际由来已久。如 2013 年著名的 360 诉腾讯滥用市场支配地位案、腾讯诉 360 不正当竞争案就涉及网络平台限制终端用户的"二选一"。如今随着网络促销活动的发展,"二选一"现象主要表现为电商平台企业对入驻商家(经营者)的限制。如 2018 年"滴滴外卖"在无锡上线就曾引发"美团外卖"、"饿了么"三家外卖平台的补贴大战。在抢占市场份额的过程中,有商户因上线"滴滴外卖"而被"美团外卖"和"饿了么"强制下线,还出现了商家拒绝接单、订单被迫取消等现象,最终无锡市工商局对三大外卖平台进行紧急约谈,要求企业停止相关违法行为,规范市场经营秩序。

针对上述问题,2019 年,国家市场监管总局也曾在浙江省杭州市召开"规范网络经营活动行政指导座谈会",召集了京东、快手、美团、拼多多、苏宁、阿里巴巴、云集、唯品会、"1 药网"等 20 多家平台企业参会。

市场监管总局在会上指出:平台竞争加剧,"二选一"问题突出,互联网领域"二选一"、独家交易行为是电子商务法明确规定禁止的行为,同时也涉嫌违反《反垄断法》《反不正当竞争法》等法律法规,市场监管总局表示,将密切关注相关行为,对各方反映强烈的"二选一"行为依法开展反垄断调查,营造公平有序的市场环境。

依据市场监管总局的发言，互联网领域的“二选一”行为明确违反了《电子商务法》第三十五条的规定：电子商务平台经营者不得利用服务协议、交易规则以及技术等手段，对平台内经营者在平台内的交易、交易价格以及与其他经营者的交易等进行不合理限制或者附加不合理条件，或者向平台内经营者收取不合理费用。但除此之外能否依据《反垄断法》《反不正当竞争法》加以规制，市场监管总局没有给出明确的态度。笔者希望通过分析《反垄断法》《反不正当竞争法》的相关规定，对在何种条件下，经营者或电商平台能够适用上述两部法律主张权利进行法律分析。

一、“二选一”行为适用《反垄断法》的前提：滥用市场支配地位

对于“二选一”构成何种垄断行为，主流观点认为应援引我国《反垄断法》第十七条的“限定交易”。反垄断法关于“限定交易”的内容为：具有市场支配地位的经营者没有正当理由，限定交易相对人只能与其进行交易或者只能与其指定的经营者进行交易。可见，限定交易的目的主要是排挤竞争对手，即通过将交易相对人锁定在己方身上，限制行为人所在市场的竞争。

依据《反垄断法》第十七条的内容，适用本条的保护前提是“滥用市场支配地位”。

“滥用市场支配地位”同时也是《反垄断法》第三条规定的主要的垄断行为类型之一。而在“滥用市场支配地位”的反垄断诉讼纠纷中，准确界定“相关市场”对认定企业是否具有市场支配地位，以及认定企业市场行为的性质有重要的意义。

“滥用市场支配地位”的认定具有较高的门槛和复杂的步骤。其一，一般需要先界定相关市场，包括相关商品市场和相关地域市场；其二，需要判断经营者在该相关市场是否具有市场支配地位；其三，需要判断具有市场支配地位的经营者是否从事了法律规定的滥用行为，就电商平台要求商家“二选一”而言，主要看该行为是否属于没有正当理由而进行的限定交易行为。

（一）应该如何界定“滥用市场支配地位”中的“相关市场”

1. 如何界定相关商品市场和地域市场

在［（2018）最高法民申29号］案件中，最高院确立了如下裁判标准：判断被诉垄断行为人是否在相关市场内具有支配地位，除有相关证据可以直接证明被诉垄断行为人具有市场支配地位外，通常需要首先界定相关市场，界定相关市场

通常需要界定相关商品市场和相关地域市场。

该案中,谢某主张夏某垄断东北米多奇米饼、雪饼市场并滥用支配地位,不让河南米多奇食品有限公司给谢某发货,造成谢某的经济损失。对此,法院认为:

第一,从上述相关商品市场的内涵可知,如果在市场上存在与被诉垄断行为人的产品相竞争且具有较为紧密替代关系的其他产品,则这些产品应纳入相关商品市场范围。本案中,市场上明显存在与米多奇米饼、雪饼相竞争且具有较为紧密替代关系的其他品牌米饼、雪饼产品,这些竞争性品牌的米饼、雪饼产品应属本案相关商品市场范围。

第二,《最高人民法院关于审理因垄断行为引发的民事纠纷案件应用法律若干问题的规定》第八条第一款规定:"被诉垄断行为属于反垄断法第十七条第一款规定的滥用市场支配地位的,原告应当对被告在相关市场内具有支配地位和其滥用市场支配地位承担举证责任。"根据本案现有证据,无法对相关市场作出准确认定。即使借助假定垄断者测试的思路及方法,同时结合双方当事人的主张和日常生活经验,假定涉案可能的相关市场范围至少包括沈阳市范围内米饼、雪饼市场,谢某亦未提交有关夏某在该相关市场的市场份额,该相关市场的竞争状况,控制销售市场或者原材料采购市场的能力,其他经营者对夏某在交易上的依赖程度,其他经营者进入该相关市场的难易程度等方面的相关证据,不能证明夏某在该相关市场上具有支配地位。鉴于在假定的最小相关市场范围内尚且不能认定夏某具有支配地位,谢某关于夏某滥用市场支配地位的主张缺乏事实和法律依据。

可见,判断被诉垄断行为人是否在相关市场内具有支配地位,除有相关证据可以直接证明被诉垄断行为人具有市场支配地位外,通常需要首先界定相关市场。界定相关市场就是明确经营者竞争的市场范围,通常需要界定相关商品市场和相关地域市场。

相关商品市场是指根据商品的特性、用途及价格等因素,由需求者认为具有较为紧密替代关系的一组或一类商品所构成的市场,该市场中的商品会因其较为紧密的替代关系而表现出较强的竞争关系。相关地域市场是指需求者获取具有较为紧密替代关系的商品的地理区域。

2. 如何界定相关服务市场

界定相关服务市场,一般主要从需求者角度进行需求替代分析,根据需求者对服务功能用途的需求、质量的认可、价格的接受以及获取的难易程度等因素，确定不同服务之间的替代程度。

在[(2017)最高法民申4955号]案件中，对相关服务市场的界定，法院指出，第一，关于相关市场界定的目的与方法，相关市场界定的目的是确定被诉经营者与其他经营者之间进行竞争的市场范围及其面对的竞争约束。该市场范围由各个竞争者提供的服务之间的紧密替代关系决定，往往不限于某种具体的某一种服务。相关服务市场的界定原则上应从受到被诉垄断行为直接影响的范围较小的服务出发，运用假定垄断者测试的方法进行分析。易言之，在假设其他条件不变的前提下，通过受到被诉垄断行为直接影响的服务某个变量的变化来测试其与其他服务之间的可替代程度。一般认为，相关服务市场是根据服务的特性、用途及价格等因素，由需求者认为具有较为紧密替代关系的一组或一类服务所构成的市场。因此，界定相关服务市场，一般主要从需求者角度进行需求替代分析，根据需求者对服务功能用途的需求、质量的认可、价格的接受以及获取的难易程度等因素，确定不同服务之间的替代程度。在某些情况下，如果供给替代对被诉经营者产生的竞争约束不亚于需求替代时，在确定相关服务范围时还应该考虑供给替代。

第二，关于相关服务市场的具体分析。首先，关于该案的被诉垄断行为。当事人徐某作为微信表情开放平台投稿人，就其由“问问”美术作品演绎的24个微信表情包向腾讯计算机公司和腾讯科技公司投稿但未获审核通过，故指控腾讯计算机公司和腾讯科技公司滥用市场支配地位，构成《反垄断法》所禁止的拒绝交易和限定交易。可见，徐某指控腾讯计算机公司和腾讯科技公司滥用对微信表情开放平台的支配地位，对其实施拒绝交易和限定交易。

其次，关于受被诉垄断行为直接影响的服务及其特点。该案中，与被诉垄断行为直接相关的是腾讯计算机公司和腾讯科技公司提供的微信表情推广平台服务。该平台一端联系着提供微信表情的创作者和投稿人，另一端联系着下载和使用相关微信表情的广大用户。这一被诉垄断行为直接影响的服务是向微信表情投稿人提供的微信表情推广服务。

最后，从需求替代的角度看，如果受到被诉垄断行为影响的微信表情投稿人可以合理选择其他微信表情推广服务，其他微信表情推广服务应该纳入本案相关服务市场范围。根据该案事实，由于微信表情的投稿人可以很容易地转为其他互联网表情的投稿人。从供给替代的角度看,受到被诉垄断行为影响的微信表情投稿人可以轻易地转而选择提供其他互联网表情,提供其他互联网表情推广服务的提供商显然会对微信表情推广服务带来竞争压力,故其他互联网表情服务亦应纳入本案相关服务市场范围。

因此,结合需求替代和供给替代两个角度可知,该案相关服务市场范围显然不限于微信表情推广服务市场,而是涵盖了更大范围的互联网表情推广服务市场。

在司法实践中,虽然如何选取相关市场具有较大争议,且在反垄断案件的审理中,界定相关市场通常是重要的分析步骤,但在360诉腾讯滥用市场支配地位案[(2013)民三终字第4号]中,最高院指出,并非在任何滥用市场支配地位的案件中均必须明确而清楚地界定相关市场。虽然竞争行为都是在一定的市场范围内发生和展开的,界定相关市场可以明确经营者之间竞争的市场范围及其面对的竞争约束,但是否能够明确界定相关市场还取决于案件具体情况,尤其是案件证据、相关数据的可获得性、相关领域竞争的复杂性等。

在滥用市场支配地位案件的审理中,界定相关市场是评估经营者的市场力量及被诉垄断行为对竞争的影响的工具,其本身并非目的。即使不明确界定相关市场,也可以通过排除或者妨碍竞争的直接证据对被诉经营者的市场地位及被诉垄断行为可能的市场影响进行评估。因此,并非在每一个滥用市场支配地位的案件中均必须明确而清楚地界定相关市场。

(二)应该如何界定"市场支配地位"

在界定相关市场后,更为重要的是对于市场支配地位的判断。"市场支配地位"是指经营者在相关市场内具有能够控制商品价格、数量或者其他交易条件,或者能够阻碍、影响其他经营者进入相关市场能力的市场地位。实践中,法院具体会综合以下因素进行判断:经营者在相关市场的市场份额;相关市场的竞争状况;控制销售市场或者原材料采购市场的能力;财力和技术条件;其他经营者对该经营者在交易上的依赖程度;其他经营者进入相关市场的难易程度等。

虽然我国《反垄断法》也规定了市场份额的推定效力:一个经营者在相关市场的市场份额达到1/2;或者两个经营者在相关市场的市场份额合计达到2/3的;或者三个经营者在相关市场的市场份额合计达到3/4的,可以推定经营者具有市场支配地位。但在360诉腾讯滥用市场支配地位案件中,最高院认为,在互联网领域中,市场份额只是判断市场支配地位的一项比较粗糙且可能具有误导性的指标,其在认定市场支配力方面的地位和作用必须根据案件具体情况确定。高的市场份额并不当然意味着市场支配地位的存在,在动态竞争较为明显的即时通信领域更是如此,需考察市场进入难易程度、腾讯的市场行为、互联网平台竞争所形成的竞争约束等因素。

最后,还需考虑行为的竞争损害和正当性分析。“二选一”行为的竞争损害主要表现为,通过对竞争对手进行限制交易,产生排除效果,削弱被限制方的竞争能力,而这些竞争限制最终会转化为消费者的利益损失。但“二选一”行为也可能存在合理性,如给予一定的折扣或优惠吸引商家入驻,客观上达到“二选一”的效果,督促商家将有限的资源投入自己平台的促销活动中,进而达到提高各方资源利用效率的可能。合理的折扣是市场竞争的正常表现,折扣行为也可能会刺激需求且使消费者受益,这些不应被《反垄断法》所干涉。

二、“二选一”行为可以依据《反不正当竞争法》一般条款进行规制

《反不正当竞争法》在2017年修订时,加入了知名的“网络条款”,即该法的第十二条:“……经营者不得利用技术手段,通过影响用户选择或者其他方式,实施下列妨碍、破坏其他经营者合法提供的网络产品或者服务正常运行的行为:(一)未经其他经营者同意,在其合法提供的网络产品或者服务中,插入链接、强制进行目标跳转;(二)误导、欺骗、强迫用户修改、关闭、卸载其他经营者合法提供的网络产品或者服务;(三)恶意对其他经营者合法提供的网络产品或者服务实施不兼容;(四)其他妨碍、破坏其他经营者合法提供的网络产品或者服务正常运行的行为。”

但“网络条款”主要针对的是网络经营者之间的竞争行为,禁止通过影响用户选择的方式破坏其他经营者提供的网络服务。而电商“二选一”则是网络经营者迫使入驻商家选择独家平台的行为,与上述规定存在较大的不同。因此,主流观点更倾向于以《反不正当竞争法》第二条判断“二选一”行为是否违背诚实信用原则,有悖于商业道德,或扰乱市场秩序,损害了其他经营者或者消费者的合法权益。

根据《反不正当竞争法》第二条的规定:“经营者在生产经营活动中,应当遵循自愿、平等、公平、诚信的原则,遵守法律和商业道德。本法所称的不正当竞争

行为，是指经营者在生产经营活动中，违反本法规定，扰乱市场竞争秩序，损害其他经营者或者消费者的合法权益的行为。”

但对《反不正当竞争法》第二条的援引，实践中存在三种做法：一是单独援引第二条第一款；二是单独援引第二条第二款；三是同时援引，但在论述时存在偏向。有学者将上述适用方式分别对应为“道德说”、“秩序说”和“统一说”。[①]其反映了各级法院在适用一般条款时不存在统一模式，法院或倾向于以第一款认定行为违背诚信原则、商业道德而构成不正当，或倾向于认为行为符合第二款中对客观经济秩序的损害定义而构成不正当，或是都考虑了两种路径，但在论述中具有偏向性。

在传统的司法实践中，“道德说”占据了司法判决的主流地位，其核心是以诚信原则和商业道德作为竞争正当性的判断标准。然而，道德本身是一个模糊的概念，为了规范适用，多数学者都以最高院公报——海带配额案[②]为例，此案对市场竞争领域的道德标准进行了一定限制。在海带配额案中，最高院指出，适用《反不正当竞争法》第二条第一款和第二款需要满足以下要件：一是法律对该种竞争行为未作出特别规定；二是其他经营者的合法权益确因该竞争行为而受到了实际损害；三是该种竞争行为因确属违法诚实信用原则和公认的商业道德而具有不正当性或者说可责性。

其中，对于诚实信用原则，最高院认为在规范市场竞争秩序的意义上，其诚信原则更多以公认的商业道德的形式体现，而商业道德需要按照特定商业领域中市场交易参与者的伦理标准加以评判，这类道德不同于个人品德，也不同于一般社会公德，所体现的是一种商业伦理。同时，商业道德必须满足公认性，即指的是特定商业领域普遍认知和接受的行为标准，具备公认性和一般性。在认定该道德标准时，应以一般交易参与者的角度出发，不能仅从买方或卖方、企业或职工的单方立场来判断其是否符合公认的商业标准，具体到个案中，应当结合具体情形分析。

基于上述分析，可见最高院试图将道德标准限制于行业规范中，并强调其公认性与一般性，但笔者以为，即使进行了限制，道德化的适用标准仍旧极易导致

---

① 胡丽文：《反不正当竞争法一般条款与类型化条款的协调适用——以对市场混淆的规制为例》，载《经济法学评论》2018 年第 1 期。

② 参见最高人民法院民事裁定书，(2009) 民申字第 1065 号。

法律适用错误。其中,最突出的局限性在于,需要使用一般条款的不正当竞争行为大多发生在还未被类型化的新兴市场竞争领域中,而在新兴的市场领域,公认的商业道德可能还未形成,难以为市场参与主体提供标准。客观上,行业规范的形成往往需要大量实践的积淀,不仅是法律,道德规范的沉淀同样具有滞后性,但竞争活动是不断变化的,此时,若坚持采用道德标准判断行为的正当与否,便会转化为由法官的主观道德好恶来进行判断,这极易导致“同案不同判”,造成司法的不确定性。

基于以上原因,不少学者开始转向于“秩序说”,以《反不正当竞争法》第二条第二款中的内容来判断某行为是否对市场竞争秩序、其他经营者和消费者产生损害,并以此来界定其不正当性。“秩序说”更多地将目光着眼于行为对市场竞争带来的客观效果。如在我国台湾地区的“公平交易法”中,一般条款将其判断依据明确为“是否有其他足以影响交易秩序之欺罔或显失公平之行为”。强调秩序并不意味着否定道德在竞争行为中的指引作用,而是认为应该首先判断行为是否符合第二款对市场竞争秩序或其他经营者、消费者合法权益的损害,再诉诸第一款中的商业道德标准,即将客观效果的重要性置于主观恶性之前。诚然,在说理层面,证明一种竞争行为破坏了市场秩序并不比道德上的判断更容易,但“秩序说”能让法官将重点更多地放在对客观效果与市场竞争规律的审查上,从竞争规律与市场结构上考量自由竞争与公平竞争的关系。这种判断方法,相较于主观的内在道德标准,更具有价值中立性,也更具说服力。在一定程度上,也能督促法官避免以道德标准进行随意裁判,增强说理的严谨性。

此外,若对《反不正当竞争法》第二章中的类型化行为进行考察,可以发现并非所有行为都注重行为人主观上的道德性,如第十条“有奖销售的禁止情形”的第(三)项——抽奖式的有奖销售,最高奖的金额超过 5 万元即被认为违法,并不考虑主观上的恶意与否,是对行为客观性的陈述。可见,道德标准虽然在若干条文中有所体现,但无法将道德作为衡量竞争行为正当性的统一标准。相较于此,第二条第二款中对不正当竞争行为客观特性的界定——“扰乱市场秩序,损害其他经营者或者消费者的合法权益”更加符合第二章中类型化行为的共性。

因此,对于尚未被反不正当竞争法类型化的“二选一”行为,也应当以其在结果上是否破坏了市场秩序,影响公平竞争或损害消费者合法权益作为判断依据来适用《反不正当竞争法》的一般条款。

第四节 《反不正当竞争法》第十二条“互联网专条”兜底条款的理解与适用

2021年12月21日，我国首例涉及直播数据权益的不正当竞争纠纷案[(2021)浙0110民初2914号]，法院认定被告利用技术手段获取抖音平台直播数据的行为具有不正当性，侵害了原告抖音App运营商、抖音主播及用户的合法权益，扰乱了市场竞争秩序，违反《反不正当竞争法》第十二条第(四)项之规定，构成不正当竞争，并判令被告赔偿100万元。

该案系发生于短视频直播平台，适用《反不正当竞争法》第十二条“互联网专条”的兜底条款进行判决的新型案件，对规制互联网领域的数据抓取行为和判断经营者的技术手段是否构成不正当竞争具有一定的指导意义。

自《反不正当竞争法》增加“互联网专条”后，第十二条第二款第(四)项逐渐替代了《反不正当竞争法》第二条，作为判断互联网领域经营者不正当竞争行为的兜底条款。但由于法条表述的简洁性及相关案例的缺乏，如何适用该条款，并判断何为“其他妨碍、破坏其他经营者合法提供的网络产品或者服务正常运行的行为”具有一定难度。笔者旨在结合上述抖音App直播数据案及同样发生于短视频平台的快手视频水印案，对上述问题进行法律分析。

一、如何适用《反不正当竞争法》第十二条第二款第(四)项

《反不正当竞争法》第十二条第二款规定：“经营者不得利用技术手段，通过影响用户选择或者其他方式，实施下列妨碍、破坏其他经营者合法提供的网络产品或者服务正常运行的行为：

(一)未经其他经营者同意，在其合法提供的网络产品或者服务中，插入链接、强制进行目标跳转；

(二)误导、欺骗、强迫用户修改、关闭、卸载其他经营者合法提供的网络产品或者服务；

(三)恶意对其他经营者合法提供的网络产品或者服务实施不兼容；

(四)其他妨碍、破坏其他经营者合法提供的网络产品或者服务正常运行的

行为。”

根据上述规定，该条第（一）项至第（三）项列举了互联网平台中较为常见的三种不正当竞争行为类型，分别是：流量劫持、干扰行为、恶意不兼容，而第（四）项则是除上述三种行为之外的兜底条款。

对兜底条款的适用，司法实践通常采用结合《反不正当竞争法》第十二条第二款的一般表述，以及《反不正当竞争法》第二条对诚信原则和商业道德的一般条款，从以下三个方面分别进行判断。

第一，经营者是否利用了技术手段实施被诉侵权行为。

第二，该种行为是否违背其他经营者的意愿，并导致其他经营者合法提供的网络产品或服务无法正常运行。

第三，被诉行为是否扰乱了市场竞争秩序，不具有提升社会整体福利等正当理由，是否有悖诚实信用原则和商业道德。

以下笔者将结合具体案例，对上述三个要件的判断进行逐一分析。

二、如何证明经营者利用技术手段实施被诉行为

就利用技术手段这一行为方式而言，因某些技术具有隐蔽性，权利人不易获得直接证据，例如，在获取他人经营数据的不正当竞争纠纷中，数据运营方通常难以掌握数据获取方通过何种手段获取数据的直接证据。

在此情况下，法院认可，若原告已提供了初步证据证明被告具有采取技术手段的高度可能性，则发生举证责任的转移。如在抖音 App 直播数据案中，原告虽然无直接证据证明，被告系通过突破原告的技术防护措施，直接从抖音后台抓取涉案数据，但因被告并未就其具体通过何种手段获取直播间数据给出令人信服的解释。法院认为，在数据运营方已经穷尽其能掌握的所有证明材料，且提供初步证据证明被告的数据获取方式具有利用不当的技术手段的高度可能性时，被告方应当就此作出合理解释，并提供相应证据证明。

可见，对于行为方式的证明，法院主要采取了“由结果推定”的方式，在被诉侵权方不能提供合理解释的情况下，推定被告具有利用技术手段抓取数据的行为。

三、如何判断被诉行为妨碍或破坏了其他经营者合法提供的网络产品或服务

该项要件从经营者利益的角度出发，系对被诉侵权人的行为后果进行评判。从《反不正当竞争法》第十二条的文义看，该条并未强调被诉侵权人利用技术手段实施妨碍或破坏行为限于侵入其他经营者产品或服务。因此，司法实践认为，应当在更广泛的意义上理解《反不正当竞争法》第十二条的调整范围，只要被诉侵权人利用了技术手段，且实际造成其他经营者合法提供的网络产品或服务遭受妨碍或破坏，即使无证据证明被告侵入其他经营者的产品或服务，其行为亦应由《反不正当竞争法》第十二条调整。

例如，在[(2020)京 0108 民初 9992 号]北京快手科技有限公司(以下简称快手公司)与北京鹏图助梦科技有限公司不正当竞争纠纷案中，原告快手公司认为，被告开发经营的 App 通过一键去水印的方式，去除了属于快手公司重要竞争优势的水印，削弱了快手公司的竞争力。北京市海淀区人民法院认为，涉案水印在标识快手公司服务提供者身份的同时，起到了留存用户和吸引流量的功能。而涉案 App 去除水印，既割裂了快手视频与其生成平台快手 App 之间的关系，也割裂了快手视频与其作者之间的关系，从而影响了快手公司为其用户提供具有署名意义的水印自动生成服务。因此，涉案 App 妨碍了快手 App 的正常运行。

在抖音 App 直播数据案中，法院也从经营者利益的角度进行了分析，认为抖音运营商选择是否公开数据，通常是基于数据安全、用户隐私及平台经营者商业策略等考量。普通用户观看抖音直播间的主播直播时，无法查看全站排名靠前的主播的直播收益信息及用户对其打赏的信息，无法知晓具体打赏金额，无法查看对他人的打赏数据。可见，原告对抖音用户打赏和主播收益的真实数据均未公开展示，以此保护用户、主播的数据安全。

而被告将抖音平台上非公开的数据通过整理计算后予以公开展示，使本来无法通过自然人为方式获得的数据能够通过公开途径获取，破坏了抖音产品的数据展示规则及其运营逻辑和秩序，容易引发主播与普通用户的不满，破坏用户黏性，进而损害原告的竞争优势。

从上述分析可见，法院的裁判思路是：在认定被诉行为所指向的内容对经营

者存在竞争优势的前提下,分析被诉行为是否破坏或妨碍了此种竞争优势的实现,进而判断被诉行为对经营者利益是否产生了不当影响。

四、如何判断被诉行为是否有悖诚实信用原则和公认商业道德

诚实信用原则是《反不正当竞争法》第二条的核心原则,也是市场经营活动中所有经营主体必须遵循的准则,同时体现为某一特定领域中的商业道德,具有普遍性、公认性和抽象性。

然而,对于短视频平台等诸多新兴的互联网领域,其商业道德尚未完全形成,或尚未趋于成熟。《反不正当竞争法》既要维护公平竞争的市场秩序,又要保护经营者和消费者的合法权益,通过司法裁判逐渐形成符合社会公共利益和消费者利益的特定领域的商业道德。

基于上述考量,在互联网领域,若被诉行为因存在商业模式和技术的创新而可能提升消费者利益或社会公共利益,判断被诉行为的正当与否,不能单纯考虑对经营者合法权益的保障,还应当从市场环境、消费者利益及社会公共利益的角度,作整体的利益衡量和判断。

换句话说,如果被诉行为从长远上看有利于消费者利益和社会公共利益的提高,则个体经营者应对被诉行为具有一定程度的容忍义务。

在抖音直播数据案和快手视频水印案中,两法院均对上述因素进行了详尽分析,具体可从以下角度进行分析。

其一,在消费者利益方面,抖音直播数据案的审理法院指出,根据《民法典》第一千零三十四条的规定,自然人的个人信息受到法律保护。本案中,虽然被告公开的数据并未展示用户真实姓名,但由于主播直播时往往系真人出镜,即便仅展示主播昵称和头像,也能够结合其直播形象与本人对应,从而识别特定的主播。

被告公布的数据反映了特定主播的收入状况等敏感信息,用户打赏数据又体现了特定用户的消费偏好、经济能力、兴趣等个人敏感数据,上述数据往往是主播和用户不愿对外公开的信息。可见,被告的数据抓取行为影响了消费者对原告公司数据安全保护的信任,最终造成了原告公司的客户流失。

其二,从社会利益的角度,抖音直播数据案的审理法院认为,由于被告的数据直接源于抖音,并经简单计算得出,对数据的使用行为没有任何创新,涉案数

据展示的透明化一定程度上会带来平台之间的恶性竞争。

在快手视频水印案中，法院从涉案 App 去除水印的功能角度出发，认为视频制作者希望获得无水印的视频时，既可直接用手机拍摄，也可通过快手 App 中的无水印视频功能实现，通常情况下不需要依托专门的去视频水印软件。可见，现有证据不能证明涉案 App 的去除视频水印功能具有实质性非侵权用途，涉案 App 不存在帮助用户实现正当目的的社会公共产品属性。结合被告在涉案 App 的应用介绍和开屏界面中均将去视频水印作为涉案 App 宣传重点，证明被告知晓涉案 App 将为短视频搬运等侵权行为提供便利，存在主观过错。

综上可见，法院在判断被诉行为是否有悖诚实信用原则和商业道德时，会从消费者利益角度和社会公共利益两方面进行衡量，考虑涉案行为是否具有创新性、是否符合消费者的需要、是否具有实质性用途、是否能够提升社会福利以及被诉侵权人是否具有侵权的主观意图。

五、总结

综合上述案例可见，判断互联网领域的不正当竞争行为能否适用《反不正当竞争法》第十二条第二款第（四）项的规定，关键问题是如何解释何为"其他妨碍、破坏其他经营者合法提供的网络产品或者服务正常运行的行为"。

一般而言，法院在认定被诉行为具有利用技术手段特征的情况下，首先从经营者利益的角度出发，判断被诉行为是否破坏或妨碍了经营者竞争优势的实现。在此基础上，法院还需从消费者利益和社会公共利益的角度出发，判断被诉行为从长远上看是否有利于消费者利益和社会公共利益的提高，是否违背诚信原则和公认的商业道德。

从权利人的角度出发，权利人在进行维权时，需确保自身具有充分的请求权基础，如可以通过用户合同的方式将权利的边界予以明确；在对涉案行为缺少直接证据的情况下，可以尝试从结果层面予以补充和加强，如通过抓取信息内容的匹配度及对应性进行推定。

权利人还可以从《反不正当竞争法》的一般条款入手，重点分析被诉侵权人是否违背了诚信原则及公认的商业道德。

第五节　数据可携权对市场竞争影响的两面性分析

随着大数据时代的到来,个人数据被不断运用于各个领域,数据的价值性、安全性、流动性等问题也随之涌现。在世界各国的立法实践中,2018 年 5 月 25 日,由欧盟正式颁布的《通用数据保护条例》(General Data Protection Regulation, GDPR)首次将数据可携权引入立法,赋予了数据主体获取和传输个人数据的权利。

根据 GDPR 第二十条的规定,数据可携权,是指数据主体能够以结构化、通用化和机器可读的格式获取其提供给数据控制者的个人数据,并且不受阻碍地将这些数据传输给另一个数据控制者的权利。根据欧盟第 29 工作组[①]发布的《数据可携权指南》(以下简称《指南》),数据可携权不仅旨在赋予数据主体获取其个人数据的权利,还旨在使数据主体能够方便地将个人数据从一个网络环境中转移、复制或传送到另一个网络环境中。

自欧盟确立数据可携权之后,美国、澳大利亚、印度等国在部分领域的立法中纷纷引入了数据可携权,并基本沿用了欧盟 GDPR 第 20 条中的相关规定。上述立法实践也引发了我国是否应当引入数据可携权的理论与实践争议。在理论上,国内学者对数据可携权的引入争议主要集中于数据携带对市场竞争的影响上。在立法上,早在 2017 年,我国在《个人信息保护法(草案)》中就曾借鉴欧盟数据可携权的概念,尝试规定了信息携带权;2019 年,由中国人民银行发布的《中国人民银行金融消费者权益保护实施办法(征求意见稿)》第 36 条也对数据可携权作出了前瞻性规定,但在正式发布文件中未予以保留。

基于上述理论争议与立法实践,笔者旨在通过追溯数据可携权的历史演进,对其权利属性、权利要素进行剖析,进而结合我国的现实情况,对其在我国的引入进行考量。

---

① 该工作组是根据欧盟《数据保护指令 95/46/EC》第 29 条设立的,是欧洲独立的数据保护和隐私的咨询机构。

一、数据可携权的历史演进

追溯数据可携权的确立过程，最早可以追溯至2002年欧盟颁布的《普遍服务指令》(Universal Service Directive，USD)。USD中关于电话号码可以携带的相关规定被国内研究者们认为是欧盟确立数据可携权的起点。[①] 根据USD的规定，用户在搬家或调动工作时，可以不改变自己的电话号码，不用顾及新地址与老地址是否属于同一个电话局或同一个运营公司。电话号码作为一种通信工具，其包含的用户个人资料及通话记录等信息属于个人数据的一部分，由此欧盟开始了对数据可携权的探索，并逐渐从电话通信领域扩展到互联网领域。

2007年，随着互联网社交平台的兴起，部分国外的专家学者提出了"社交网络用户权利法案"(Bill of Rights for Users of the Social Web)，要求强化互联网社会中的个人数据权利，并创建了"数据可携带项目"，提出了数据可携权的概念。[②] 学者们认为，数据可携权意味着个人可以获取自身的数据并将其移植到另一个平台，或替换平台之前的数据。

在数据可携权的概念提出后，2011年，Google和Facebook加入"数据可携带项目"。Google创建的"谷歌外带"(Google Takeout)工具允许用户从27个谷歌产品中下载个人数据；Facebook则允许用户不仅可以下载其个人资料中的共享信息，还可以下载Facebook所保存的其他不可见信息。

经过学者们的不断倡议以及社会组织和互联网企业的实践，2012年1月，欧盟委员会在起草《通用数据保护条例(草案)》时，正式将数据可携权引入，这是数据可携权在官方文件中的首次提出。但在此后的立法过程中，数据可携权被反复取消和提起，直到在2016年欧盟委员会通过的最终版本中，这一新生的数据权利被保留下来，作为与数据访问权、更正权、被遗忘权、限制处理权等权利相并列的数据权利。根据欧盟委员会的意见，数据可携权可以提升用户对个人数据的控制程度，促进网络空间、网络服务商与用户之间的信任。

2018年5月25日，欧盟GDPR正式颁布实施后，2018年6月，美国加州即

---

① 参见郑二威：《数据可携带权剖析及其中国化践行》，载微信公众号"互联网法治研究"2021年1月28日。参见李东：《数据可携权的演进、发展与中国的应对》，载微信公众号"数字金融法律评论"2020年9月17日。

② 参见丁晓东：《论数据可携权的属性、影响与中国应用》，载《法商研究》2020年第1期。

颁布了《加州消费者隐私法》,规定了用户的访问及可携权,该法规定,消费者在通过个人身份验证后,可以请求企业提供或移转企业收集的特定个人信息,且企业提供的信息需要满足技术上可行、便于携带、格式易于使用等要求。

2019年8月,澳大利亚颁布《消费者数据权利法案》,规定了消费者的数据可携权。并在2020年2月颁布了《消费者数据权利规则》,进一步对数据可携权进行了规定,授予消费者对银行、能源、通信和互联网交易的开放访问权,并规定数据控制者必须对消费者或经过消费者许可的接收者分享消费者的个人数据。无独有偶,2019年12月,印度也颁布了《个人数据保护法》,基本采用了欧盟GDPR关于数据可携权的相关表述。

从数据可携权的发展过程及上述国家对数据可携权的引入可以看出:(1)数据可携权作为一项新兴的数据权利,其确立过程受到了诸多争议。(2)各国在引入数据可携权时基本沿用了欧盟GDPR的相关规定,并主要强调了数据主体对个人数据的控制权。(3)各国在引入数据可携权时较为谨慎,仅在部分领域引入,尤其是消费领域。

二、数据可携权的权利要素与属性分析

数据可携权作为一种新兴权利,对我国个人数据保护体系的构建、互联网企业的发展是否具有促进作用,需以研究这一权利的要素与属性为前提。

根据GDPR以及欧盟第29工作组发布的《指南》的解释,从权利要素上看,数据可携权包含了以下两项基本要素。

第一,数据可携权是数据主体接收数据控制者处理的有关个人数据的子集的权利,并且可以将其存储使用。在这方面,数据可携权补充了数据访问权的内容,为数据主体提供了一种简单的方法来管理和重复使用个人数据,如数据主体可以从他的网页邮件应用程序中检索、导出联系人列表,用以建立婚礼列表。

第二,数据可携权可以使数据主体不受阻碍地将个人数据从一个数据控制者转移到另外一个数据控制者。GDPR第二十条第一款规定,数据主体有权不受阻碍地将个人数据从一个数据控制者传送至另一个数据控制者。在这方面,GDPR的序言虽然不要求数据控制者有义务采用或维护技术上兼容的处理系统,但禁止控制者设置传输障碍。就下载的格式而言,数据可携权要求下载的格

式是结构化、通用化和机器可读的格式。对于什么是“结构化、通用化的”格式，要视具体场景和技术共识而定，在没有约定和共识的情况下，应当使用通用的开放格式的数据，使数据的重新利用成为可能。对于机器可读的格式，欧盟的相关法律则将其定义为“使软件的应用程序能够轻易地识别、认知和提取特定数据的格式”。

根据《指南》的解释，第二权利要素不仅为数据主体提供了获取和重复使用数据的能力，还有望促进数据控制者之间以安全稳妥的方式，在数据主体的控制下，创新和共享个人数据，促进有关用户的个人数据在他们感兴趣的不同服务之间的传输和重复使用。

从权利属性上看，《指南》并未明确该权利属于民事权利中的人格性权利还是财产性权利，仅从数据主体、数据控制者、市场竞争三个方面分别对数据可携权进行了定义。

从数据主体的角度分析，数据可携权赋予了数据主体更强的数据控制权，是数据主体对数据访问权的扩张。

从数据控制者的角度分析，该权利要求数据控制者做好对数据复制、下载、传输等方面的配合工作，对数据控制者课以更多义务。《指南》认为，数据可携权描述的是一种管理关系，作为传输方和接收方的数据控制者对该数据都有管理义务。

首先，数据控制者事先应向数据主体披露此项权利。其次，数据传输方需审查、确认接收方的身份，以确保数据能够准确、安全地传输到数据主体要求的接收方。但根据 GDPR 第二十条的规定，数据传输方不对数据主体或接收个人数据的其他公司的数据处理负责，它们仅代表数据主体行事，不对接收数据的一方是否符合数据保护法负责。此外，接收方的数据控制者负责确保接受和保留的数据仅是接收方提供服务所必需的和相关的数据。例如，对于向网页邮件服务发出的数据可携权请求，新的数据控制者不需要处理数据主体联系人的联系细节，如果这些信息与新的服务目的无关，则该信息不应被保存和处理。最后，数据控制者应在一定时间内回应数据主体的请求，若数据控制者未作出任何回应，数据主体有权向上级监管机构投诉或寻求司法救济。

从市场竞争的角度分析，《指南》认为，数据可携权既促进了数据在欧盟境内的自由流通，一定程度上也会使数据控制者间的竞争加剧，下文将对此进行详细论述,此处不赘。

从权利的行使限制上看,首先,在适用条件上,GDPR 要求数据控制者处理个人数据时具有明确的法律依据。根据 GDPR 第二十条第一款第(a)项,数据处理行为必须基于:(1)数据主体的同意;(2)数据主体为缔约方的合同。并且,数据可携权只适用于数据处理是通过自动化方式进行的,因此不包括大多数纸质文件。其次,当个人行使数据可携权时,不应损害任何其他的主体权利。其一,在数据可携权的范围内,数据必须是个人信息主体向数据控制者提供的与其相关的个人数据,当数据中包含涉及其他数据主体的个人数据、知识产权数据以及商业秘密数据时,要确保对此类数据行使数据可携权时,不得对其他数据主体的权利和自由造成不利影响。其二,即使在行使数据可携权之后,数据主体仍然可以继续使用和受益于数据控制者的服务。数据可携权的使用不会自动触发数据控制者的系统删除数据,也不会影响该传输数据的原始保留期。同样,如果数据主体想行使他的数据清除权(GDPR 第十七条下的被遗忘权),数据控制者不能以数据可携权为由延迟或者拒绝数据主体的要求。

通过研究数据可携权的权利要素及属性可以看出:(1)数据可携权的要素主要包括数据获取及数据传输两项内容;(2)数据可携权对数据传输的要求对数据控制者课以较大的管理义务,进而可能对市场竞争产生影响;(3)数据可携权的行使需要确保数据主体的身份不被冒用,且需要确保不损害其他主体的权利。

三、数据可携权对市场竞争影响的两面性

在大数据时代,互联网企业为了确保市场竞争中的优势地位,可能会对数据主体的个人数据加以控制,限制个人数据的迁移以防止数据被其他企业利用,这为数据主体转向新的服务平台增加了成本,进而导致了“数据锁定效应”,并产生垄断现象。

在此背景下,一些学者认为,数据可携权可以打破“数据锁定效应”,促进数据流通,消除个人数据的传输障碍,进而促进市场竞争。从用户角度,数据可携权能够改善用户的使用体验,为用户转换服务平台提供便利;从企业角度,数据可携权也使企业更为便利地获取了更多的用户数据。如此,数据可携权可能促进数据的共享,实现用户与企业的双赢。

然而,反对者认为,数据可携权虽然可能对抗“数据锁定效应”,但不一定符合竞争法原理,甚至可能引发不正当竞争。从纵向上看,数据的流动不是单向的,数据可携权固然有利于将数据从大企业传输到中小企业,打破大企业的数据垄断,却也为数据主体将数据从小企业迁移到大企业提供了便利。[①] 大企业可以利用原本的竞争优势,让渡较小的利益来引导用户转移其在小企业中的个人数据,导致小企业的客户流失。从横向上看,如前所述,根据 GDPR 的规定,中小企业为了实现使数据主体不受阻碍地将个人数据从一个数据控制者转移到另一个数据控制者,不得不开发具有可互操作性的数据系统,并增加对数据安全方面的投资。实践中,实现不同系统与功能单元之间的数据互操作性并非易事,因而,数据可携权可能会为中小企业带来更大的合规压力与运营成本,反而可能降低中小企业的竞争力。[②]

从法律风险上看,数据可携权的行使也可能侵犯企业的知识产权。例如,对企业收集并整理的个人数据在一定情况下可能符合商业秘密的构成条件,并应受到《反不正当竞争法》的保护。虽然 GDPR 规定,当数据中包含涉及其他数据主体的个人数据、知识产权数据以及商业秘密数据,要确保对此类数据行使数据可携权时,不得对其他数据主体的权利和自由造成不利影响。但实践中,仍需解决如何区分普通个人数据与商业秘密的界限以及由谁来对此进行判断的问题。

在数据安全性方面,也有学者提出,数据可携权能否促进数据自由流通,增加互信和促进创新仍有待考量。通过对 GDPR 相关规定的梳理可知,数据可携权的行使需要确保得到数据主体的同意,在一般数据主体(自然人)对接收数据的企业的技术安全措施缺乏清晰认知的情况下,可能会明显抑制数据主体转移个人数据的意愿。从企业角度,当企业考虑到自身收集、整理的数据可能被转移到其他数据控制者手里时,也可能抑制企业收集、整理数据的意愿。

综上,数据可携权对市场竞争的影响具有两面性,从理论层面分析,其虽有打破数据垄断的可能性,但也不能排除会加剧数据垄断的可能性。

---

① 参见化国宇、杨晨书:《数据可携带权的发展困境及本土化研究》,载《图书馆建设》2021 年第 4 期。

② 参见卓力雄:《数据携带权:基本概念,问题与中国应对》,载《行政法学研究》2019 年第 6 期。

四、数据可携权的国内实践与应用建议

随着互联网经济的不断发展,数据流动已经成为一种不可避免的趋势,我国公民对数据可携权的确立同样有着现实的需求。在国际层面,根据 GDPR 的规定,欧盟将数据可携权适用于所有在欧盟境内提供数据服务的互联网企业,这意味着任何想要进入欧盟市场的企业都需要应对数据可携权的问题。

近年来,国内司法实践也反映出我国对数据权利在法律保护方面的不足。如 2019 年 5 月,天津市第三中级人民法院公布了深圳市腾讯计算机系统有限公司、腾讯科技(深圳)有限公司(以下简称腾讯公司)诉北京微播视界有限公司(以下简称抖音公司)、北京拍拍看科技有限公司(以下简称多闪公司)涉嫌违规使用用户数据,不正当竞争纠纷一案的行为保全二审民事裁定书。[①]

在上述纠纷中,腾讯公司认为,抖音公司为了拓展其用户关系链,在抖音中向用户推荐抖音公司从微信、QQ 中获得的用户头像、昵称等信息,并将腾讯公司提供给抖音公司的微信、QQ 账号的授权登录服务提供给多闪公司使用。多闪公司利用抖音公司提供的微信、QQ 好友关系扩充和壮大其用户网和好友关系链。据此,腾讯公司认为抖音公司、多闪公司的行为超越了用户的授权范围,违反了法律法规对用户信息保护的相关规定,强行使用腾讯公司的核心资源和竞争优势,违反了《反不正当竞争法》第二条的规定。

在该案的二审裁定书中,法院认定双方之间存在竞争关系;裁定抖音公司、多闪公司的行为存在构成不正当竞争的较大可能;裁定抖音公司、多闪公司立即停止腾讯公司所诉不正当竞争行为直至本案终审法律文书生效。

该案裁定书显示,法院认可了腾讯公司《开放平台开发者服务协议》中关于其开放平台上的一切用户数据权利属于腾讯公司的条款,以及未经腾讯公司许可,任何人不得通过其服务,收集、存储、抓取、获得或要求用户提供用户数据等条款的效力。虽然二审裁定书并非该案的最终结果,却已引发了诸多争论,如用户在网络平台上产生的数据到底属于谁?当数据引发纠纷时,如何界定用户的个人信息权与企业数据权之间的关系?上述问题均与数据可携权的确立息息相关。

---

① 参见天津市第三中级人民法院民事裁定书,(2019)津 03 知民辖终 18 号。

在立法中,国内立法机关对数据可携权的立法实践呈现摇摆不定的态度。如2019年12月27日,中国人民银行发布了《中国人民银行金融消费者权益保护实施办法(征求意见稿)》,其中第36条对数据可携权作出了前瞻性规定:"鼓励金融机构在技术可行的前提下,基于金融消费者的请求,将其金融信息转移至金融消费者指定的其他金融机构。"但该条在2020年9月15日正式发布的《中国人民银行金融消费者权益保护实施办法》中予以删除。而早在2017年公布的《个人信息保护法(草案)》中,第16条也曾规定了信息可携权,具体表述为:"信息主体有权就其被收集处理的个人信息获得对应的副本,并可以在技术可行时直接要求信息控制者将这些个人信息传输给另一控制者。"但在2021年公布的《个人信息保护法》中,该条并未予以保留。

学者卓力雄认为,目前我国关于个人数据的权属并无明确的法律规定,确立数据可携权可能会否定数据控制者对自身收集数据所拥有的权利,因而不宜盲目引入。① 学者丁晓东则认为,可以将数据可携权视为一种柔性权利,在具体场景中赋予个体数据可携权,如在政府部门建立跨部门的数据共享联合工作机构,受理个体所提出的合理的数据可携权请求,促进我国政府和事业单位打破部门藩篱,消除"数据孤岛",促进政府部门间的数据的共享与便民化服务。②

笔者认为,首先,我国对数据可携权的引入可采取逐步推进与部分试点的模式。如前所述,根据GDPR的规定,数据可携权的第二项权利要素对所有数据服务类企业课以严格的数据管理义务,这可能会过度加剧中小企业的合规压力。因而,我国在初期阶段可以效仿欧盟的做法,首先通过行业协会和行业利益相关者的合作,建立一套最低标准的数据可互操作的标准和格式,确保该标准可以被多数企业所适用,并在部分特定的领域中开展试点工作,给予中小企业一定的缓冲期,由行业协会对无法达到合规的企业提供一定的帮助和指导。

其次,通过对数据可携权的权利要素梳理可知,数据可携权包含两项权利要素。其中第一项权利要素"数据主体能够以结构化、通用化和机器可读的格式获取其提供给数据控制者的个人数据"旨在增强数据主体对个人数据的控制力,对市场竞争的影响较小,一定程度上仅被视为数据访问权的扩张。因而,若

① 参见卓力雄:《数据携带权:基本概念,问题与中国应对》,载《行政法学研究》2019年第6期。
② 参见丁晓东:《论数据可携权的属性、影响与中国应用》,载《法商研究》2020年第1期。

将数据可携权的价值主要视为增强数据主体的控制力,我国可以考虑首先引入第一项权利要素。

最后,基于市场竞争本身的复杂性,赋予个人数据转移的权利不一定会对市场造成积极的影响,但任何新制度的建立必然有其两面性。因而,对数据可携权的引入需要针对不同平台进行类型化区分,进行精细化设计,并考虑到对企业的知识产权和他人隐私权的保护,从而最大限度地发挥该制度的积极作用。

五、结语

数据可携权作为一项新兴权利,目前在我国还没有引起广泛的讨论。但在大数据时代,如何平衡个人数据的流动性需求和数据安全的保护是一个无法回避的问题。由欧盟首先确立的数据可携权可以增强数据主体对个人数据的控制权,并在一定程度上允许数据的自由流通,从长远来看有利于推动数字经济的可持续发展。鉴于我国的立法情况、国内互联网企业的发展情况与欧盟不同,我国在引入数据可携权时需要采取谨慎的态度,在对我国数据产业发展进行充分调研和试点研究的前提下,可对数据可携权进行逐步的、有限的引入。

第六节　经营者在互联网平台公开司法裁判文书的行为底线

《反不正当竞争法》第十一条规定:“经营者不得编造、传播虚假信息或者误导性信息,损害竞争对手的商业信誉、商品声誉。”其中“编造、传播虚假信息或者误导性信息”,既包括无中生有的编造,对真实情况的恶意歪曲,也包括不公正、不准确、不全面地陈述客观事实,意在贬低、诋毁竞争对手的商誉。

经营者为了谋求自身竞争优势,通过公布法律裁判文书的方式散布虚假事实或做出引人误解的事实,使社会公众对其他经营者产生误解、质疑和偏见,或者产生负面印象和负面评价,从而造成经营者的商业信誉和商品声誉受损的,应属于《反不正当竞争法》第十一条规制的范畴。

一、何为“商业诋毁”

我国 1993 年实施的《反不正当竞争法》第十四条首次对“商业诋毁”行为作

出规制。该条规定:“经营者不得捏造、散布虚伪事实,损害竞争对手的商业信誉、商品声誉。”1993 年《反不正当竞争法》第十四条规定的商业诋毁行为仅限于“捏造、散布虚伪事实”,然而随着实践中竞争主体行为日益多样化,引发商业诋毁的信息并不仅限于捏造的虚假事实,还包括其他不适当的言论或不当散布的具有一定事实基础的信息,旧法的规定显然过于狭隘。因此,2017 年修订的《反不正当竞争法》在商业诋毁的条款中,将“捏造”修改为“编造”,将“虚伪事实”修改为“虚假信息”,并且增加了“误导性信息”的规定,扩大了法律的适用范围,强化了对经营者商誉的保护。

根据 2019 年修正的《反不正当竞争法》第十一条:“经营者不得编造、传播虚假信息或者误导性信息,损害竞争对手的商业信誉、商品声誉。”商业诋毁应符合以下四个构成要件:

(1)有竞争关系存在,即诋毁者与被诋毁者之间存在竞争关系。

(2)行为人有主观故意。

(3)有损害他人商业信誉的行为。我国《反不正当竞争法》规定的损害商业信誉的行为是“编造、传播虚假信息或者误导性信息”,既包括无中生有的编造,对真实情况的恶意歪曲,也包括不公正、不准确、不全面地陈述客观事实,意在贬低、诋毁竞争对手的商誉。

(4)损害竞争对手的商业信誉。包括已经损害或者可能损害竞争对手的商业信誉两种情形。

二、经营者公开裁判文书的行为构成商业诋毁的具体情形

通过对司法实践中商业诋毁不正当竞争案件进行梳理,经营者公开法律裁判文书的行为构成商业诋毁的具体情形主要集中在以下三种。

情形一:通常情形下,判决书应由作出相应文书的法院予以公布或授权相关的公共媒体进行公布,同时必须已经生效。法律之所以禁止将未定论的事实进行传播、散布,一方面防止对市场秩序造成的冲击和损害;另一方面避免因此脱离事实本身的不定论、不确定的性质,从而损害竞争对手或消费者的合法权益。

在上海龙旗餐饮管理有限公司(以下简称龙旗公司)与上海豪爽餐饮管理有限公司(以下简称豪爽公司)[(2017)沪 73 民终 315 号]不正当竞争纠纷案件中,龙旗公司在其网站首页显著位置公示了尚未生效的(2014)杨民三初字第

165 号判决书的部分内容，并附有一张龙旗公司的广告宣传网页截图，龙旗公司发布的内容让人误以为豪爽公司侵害的是龙旗公司“豪大大”的注册商标专用权。

上海知识产权法院认为，被告龙旗公司在其网站公布（2014）杨民三初字第165 号民事判决书时，并未对该判决书的内容和判决主文进行全文公布，而是使用带有“豪大大”标识的广告宣传页面遮盖了判决主文的第一项，但该判决所涉争议商标为“豪味道及鸡图案”，并不包含“豪大大”字样，龙旗公司使用含有“豪大大”标识的广告宣传页面遮挡判决主文，该行为属于对判决书片面使用，足以使相关公众误认为该案已认定豪爽公司侵害了龙旗公司含有“豪大大”的注册商标专用权。因此，龙旗公司的上述行为属于对判决书的片面使用并产生了误导效果，对豪爽公司的商誉造成一定负面影响，该行为构成商业诋毁。

在情形一中，经营者在法律文书未生效情况下，片面使用裁判文书，并利用重点突出、部分遮掩的手段有意引导相关公众误解，损害了竞争对手的商誉，构成商业诋毁。

情形二：在商业活动中，经营者往往出于获取竞争优势的目的，故意宣传有利信息，回避不利信息，通过以偏概全的做法使相关公众发生认知错误。编造传播真实却不完整的信息，同编造、传播虚假信息导致的后果是一致的，都可能导致消费者发生误认并因此损害经营者的商誉利益。

在杭州林达化工技术工程有限公司（以下简称林达公司）与杭州快凯高效节能新技术有限公司（以下简称快凯公司）［（2009）一中民终字第 4093 号］不正当竞争纠纷案件中，林达公司在其开设的网站上对外介绍其与同行业经营者快凯公司之间的民事诉讼纠纷时，只公开一审判决书，而规避二审判决书。

北京一中院认为，林达公司与快凯公司同为化工行业化工设备的经营者，林达公司在其开设的网站上对外介绍其与同行业经营者快凯公司之间的民事诉讼纠纷，应当作到全面、客观、完整，而不作利己取舍。林达公司有意提及在法院一审期间有利于自己的诉讼结果，故意规避二审最终不利于自己的诉讼结果，构成对法院最终裁判结果的隐瞒，容易导致不知情者误以为快凯公司存在侵犯林达公司专利权的事实，属于对虚假事实的散布行为。快凯公司有理由认为作为同行业竞争者，林达公司的上述行为伤害了自己在相关领域的商业信誉。林达公司所述其介绍的内容均属客观事实，不等于其有意隐瞒最终裁判结果的理由成立。

在情形二中，经营者在公开司法裁判文书时，故意隐瞒、规避不利于自己的法院最终裁判结果，构成商业诋毁。

情形三：行为人在发表关于同业竞争者的言论时，应遵循诚实信用原则和公认的商业道德，对其言论内容持以严格审慎的态度，尽力避免其言论对竞争对手造成损害。

在杭州长命电池有限公司（以下简称长命公司）与临沂市华太电池实业有限公司（以下简称华太公司）[（2018）浙8601民初615号]商业诋毁纠纷、不正当竞争纠纷一案中，长命公司主张华太公司通过新品发布会及向经销商发放《停止侵权告知函》等五份函件的行为构成商业诋毁。杭州铁路运输法院认为，华太公司在发布会及相关函件中描述长命公司涉诉情况、行政强制措施情况及起诉其他华虹牌电池经销商的情况并不违反法律规定。但其在一审判决尚未作出时即使用"已构成……罪名""假货"等字眼，在一审判决作出尚未生效时即使用"取得胜诉""具备法律依据""已经取得各地工商执法部门的大力支持"等字眼，很容易使相关公众误认或者联想到法院或者行政机关对长命公司商标侵权已经作出定论，可以看出其主观上积极追求使相关公众认为长命公司的产品是侵权产品的效果。

该案中，虽然华太公司辩称已在《停止侵权告知函》后附有一审判决书全文，但相关公众并不必然会完整浏览该判决书，或者会认为华太公司之行为系对该判决的提炼、概括，从而误导社会公众。另外，函件中多处使用"完全抄袭""严重扰乱""欺骗消费者""侥幸心理""隐瞒"等贬义性词汇。

在情形三中，行为人在公开未生效判决书的同时，使用片面、肯定的语气对未经证实的信息发表相关言论以及使用侮辱、贬低性词汇发布不适当言论等，容易造成相关公众误认，并对其他经营者的商业信誉、商品声誉造成贬损的，构成商业诋毁。

三、经营者正当维权与商业诋毁的界限

权利人出于正当维权的目的，将寻求权利保护救济的过程以及司法裁判文书客观地、完整地、正当地公诸于众，未对竞争对手的商业信誉、商品声誉造成贬损的，不构成商业诋毁。任何单位或个人如果侵犯他人合法权利，就应当承受权

利人以及社会公众对其侵权行为的批评和披露，这种正当的否定性评价是维系法律权威和法律权利不可或缺的。权利人必须依法行使自己的权利，不能假借行使维护权利的名义违背诚实信用原则，侵害他人合法权益。换言之，在商业经营中，经营者应遵循诚实信用和公认的商业道德，在商业宣传时作出的评论应出于正当目的，秉承客观、公正、真实和审慎的态度，尽量避免其言论给竞争对手造成损害。

在福建网龙计算机网络信息技术有限公司（以下简称网龙公司）、厦门极致互动网络技术股份有限公司（以下简称极致互动公司）商业诋毁纠纷一案[（2020）闽民再284号]中，福建省高级人民法院认为，网龙公司作为前述商标侵权案件诉讼的一方，其通过由其经营的官方网站向外界披露该案一审判决的阶段性处理结果，该行为本身并无不当。另外，该案一审判决后，诉讼双方均不服提起上诉，法院经过审理依法判决驳回上诉，维持原判。这说明，网龙公司在涉案文章中所公开的案件阶段性审理的结果与最终生效判决的处理结果相对一致，也可以证明网龙公司针对极致互动公司提起的商标侵权诉讼属于正当维权，其针对极致互动公司实施的商标侵权行为的诉讼请求亦得到了法院的支持。

综上，禁止商业诋毁的立法目的即是要通过规制经营者不当言论损害其他经营者商誉的行为，树立公平竞争、诚信经营的市场氛围。在判断经营者公布裁判文书的行为是否构成商业诋毁时，应充分考虑保护言论自由、维护自身权益与保护他方企业商誉之间的平衡。经营者完整地公布司法裁判文书，对其他经营者进行客观、公允的评价，并不为法律所禁止。但经营者为了谋求自身竞争优势，通过公布法律裁判文书的方式散布虚假事实或做出引人误解的事实，使社会公众对其他经营者产生误解、质疑和偏见，或者产生负面印象和负面评价，从而造成经营者的商业信誉和商品声誉受损的，应属于《反不正当竞争法》第十一条规制的范畴。

第七节　信息网络环境下，商业诋毁与经营者言论自由的界限

如前所述，禁止商业诋毁不正当竞争行为是维护市场竞争秩序以及诚实信

用原则对经营者言论自由的必要限制。在商业诋毁纠纷中，经营者往往会以其言论具有客观事实为依据进行抗辩。除了传统意义上完全虚假的信息之外，商业诋毁纠纷的难点主要在于如何判断具有事实基础的信息/言论是否“片面真实”“真实但不完整”，进而构成误导性信息。

根据《北京市高级人民法院关于涉及网络知识产权案件的审理指南》第三十七条的规定：“被告通过信息网络实施下列行为之一，足以损害原告商业信誉、商品声誉的，可以认定为《反不正当竞争法》第十四条（现第十一条）规定的商业诋毁行为：(1)披露原告负面信息时，存在虚构、歪曲、夸大等情形，误导相关公众对原告作出负面评价的；(2)披露原告负面信息时，虽能举证证明该信息属客观、真实，但披露方式显属不当，且足以误导相关公众从而产生错误评价的；(3)以言语、奖励积分、提供奖品或者优惠服务等方式，鼓励、诱导网络用户对原告作出负面评价的；(4)其他构成商业诋毁的情形。”

可见，法律并非禁止经营者对其他竞争对手的产品、服务进行负面评论，如果经营者依据客观事实对其他经营者进行全面、真实、具有正当目的的评价，即使这种评价会给竞争对手带来负面影响，也不构成商业诋毁。

一、客观方面

在客观方面，认定经营者言论是否构成商业诋毁，应以该言论是否公正、全面、准确地陈述了客观事实为判断标准。

在[（2021）最高法民申91号]案件中，最高院首先认定，被告向客户发送的《风险告知函》中的自身专利信息属实，并非虚假信息；进而分析该《风险告知函》中载明原告的产品确涉嫌侵害被告的多项专利技术，被告对相关事实的客观描述目的是提醒客户防范专利侵权风险，既非主观故意，也非传播虚假或者误导性信息。尽管被告未在《风险告知函》中详细载明专利权的具体信息，但所披露的信息已经明确了涉嫌侵权的产品范围、向法院起诉的事实及可能产生的后果，可以认定被告的披露基本是充分的，不符合商业诋毁行为的标准。

可见，一方面，经营者发表言论所依据的事实需要有客观证据的支持，如生效判决、行政裁定、权威机构鉴定等，而非经营者单方判断的事实；另一方面，如果经营者对客观事实未充分披露，而是片面截取，选择性、误导性地传播，使相关公众产生误解，则仍会被认定构成商业诋毁。在[（2019）最高法民申5872号]

案件、[(2018)最高法民申2647号]案件中,最高院均指出,捏造、散布虚伪事实,包括不公正、不准确、不全面地陈述客观事实,即使某一事实是真实的,但由于对其进行了片面的引人误解的宣传,仍会对竞争者的商业信誉或者商品声誉造成损害。

需要注意的是,相关判决表明,引人误解的宣传行为即便未造成实际的商誉损害或损害后果可以忽略不计,但通常不影响被告承担民事责任。因商业诋毁行为的构成并不限于造成实际的损害后果,还包括导致竞争对手的商誉具有被损害的危险及可能性,故损害后果通常仅作为判决责任轻重的标准。

二、主观方面

在主观方面,认定经营者言论是否构成商业诋毁,应以该等言论是否具有善意且对防止侵权是否已尽注意义务作为判断标准。

《反不正当竞争法》的立法目的在于规制经营者的竞争行为,维护有效的市场竞争秩序。由于传播竞争对手的负面信息不仅涉及是否构成商业诋毁,还涉及经营者的言论自由、正当舆论监督与不正当竞争行为的界限。因此,从主观方面,应当判断被诉经营者是否具有不当获取竞争优势或者破坏他人竞争优势的意图。

然而,司法实践对商业诋毁主观要件的认定存在分歧。一些法院明确表示商业诋毁的主观要件只能是故意,不包含过失。如在[(2013)浙知终字第4号]案件中,浙江省高级人民法院认为,行为人实施商业诋毁是以削弱竞争对手的市场竞争能力,谋求自身的市场竞争优势为目的,其行为的主观方面为明知而故意,而不是过失。

但也有法院主张,商业诋毁的主观要件应当包括故意和过失。特别是在一方编造、另一方传播的行为模式中,传播的行为人很可能没有故意而是重大过失。如在[(2017)京73民终738号]案件中,北京知识产权法院认为,捏造和散布虚伪事实的行为应当包括故意或者过失实施。只要行为人实施的相关宣传行为客观上给其他经营者的商业信誉产生了实际损害,都会产生不正当竞争的事实后果,对这些行为都应当予以制止。

根据我国《反不正当竞争法》第十一条的规定,笔者认为,构成商业诋毁的行为人主观状态包含故意(如故意捏造、散布虚假信息)和过失(如过失散布虚假、误导信息）两种情形。多数法院在论证经营者对竞争对手发表负面评价时，偏向于分析其是否尽到了谨慎的注意义务，而注意义务作为过失侵权责任的判断标准，也佐证了商业诋毁的主观状态包含过失。如在[（2020）粤73民终733号]案件中，广东省高级人民法院认为，斗鱼公司作为专业的网络直播服务提供者，应当对其发布的信息负有高于一般公众的注意义务，在其明知发布的涉案文章有可能会侵害他人商誉的后果时，希望或者放任该种后果的发生，符合主观上故意的构成要件。

在[（2018）沪73民终115号]案件中，上海知识产权法院认为，在相关法院未就侵权事实作出认定的情况下，被告应对其宣传保持一定的谨慎，而其在明知是否构成侵权尚无定论的情况下仍在文章中直接使用“侵权者”的称谓，属于宣传虚伪事实。

三、总结

在信息网络环境下，任何企业的发展和进步都不可能杜绝他人的评价。只要评价本身不具有恶意，没有虚构事实，也未误导社会公众，相关企业应具有更强的容忍度和包容度，理性对待正当的评论。经营者不得拒绝别人评论，这是言论自由的应有之义。评论方也不得编造、传播虚假信息或者误导性信息，损害竞争对手的商业信誉和商品声誉，这也是言论自由的应有边界。

判断商业诋毁与经营者言论自由的边界，应当同时评价行为人的客观行为和主观意图：以相关言论是否客观真实、全面准确，不误导公众，避免使用容易产生歧义的表述作为客观评价标准；以行为人是否尽到了善意、合理的注意义务作为主观评价标准。

第八节　虚假宣传的认定是否须以损害其他经营者的竞争优势为前提

随着大数据时代的到来，互联网领域的虚假宣传行为不断涌现。2020年的中国消费者协会报告曾指出，虚假宣传已成为阻碍直播经济发展的问题之一。在网络视频行业，部分视频网站为了提高播放量，通过聘请刷量团队，使用技术手段,在短时间内迅速增加播放量,从而吸引真实观众点击播放。对此,上海知识产权法院在[(2019)沪73民终4号]中曾明确指出,视频刷量行为构成虚假宣传。

虚假宣传作为一种常见于互联网领域的不正当竞争行为,是《反不正当竞争》予以规制的重要内容之一。《反不正当竞争法》第八条规定,经营者不得对其商品或服务的性能、功能、质量、销售状况、用户评价、曾获荣誉等作虚假或者引人误解的商业宣传,欺骗、误导消费者。不得通过组织虚假交易等方式,帮助其他经营者进行虚假或者引人误解的商业宣传。

近年来,司法实践对虚假宣传的认定逐渐呈现多元化的意见,主要集中于是否必须以"给其他经营者造成直接损害"为认定条件。仅从法条表述上看,虚假宣传条款的立法意旨在于保护消费者的合法权益,即禁止经营者通过发布虚假或误导性的信息影响消费者作出错误的交易决策,并未涉及对其他经营者利益的内容。下文笔者将结合相关法律法规、裁判案例,对这一问题进行分析。

一、从体系解释上看,《反不正当竞争法》所规定的虚假宣传不必然以"损害经营者的合法权益"为要件

如前所述,因《反不正当竞争法》第八条虚假宣传条款表述上的简洁性,难以看出虚假宣传的认定是否必须以损害其他经营者的合法权益为要件。因而,从体系解释的角度出发,将该条置于《反不正当竞争法》的整体条文中,联系其他法条进行解释,能够更好地阐明该条的立法意旨。

《反不正当竞争法》第二条作为整部法律的原则性条款,对其他条款的解释和适用具有指导性意义。从该条的历史变化上看,2017年《反不正当竞争法》修订后,《反不正当竞争法》所规制的不正当竞争行为已不再必须以损害经营者的合法权益为要件。

1993年发布的《反不正当竞争法》规定,本法所称的不正当竞争,是指经营者违反本法规定,损害其他经营者的合法权益,扰乱社会经济秩序的行为。2017年《反不正当竞争法》修订后,将该条修正为:本法所称的不正当竞争行为,是指经营者在生产经营活动中,违反本法规定,扰乱市场竞争秩序,损害其他经营者或者消费者的合法权益的行为。

可见,2017 年《反不正当竞争法》修订后,损害消费者的合法权益被纳入《反不正当竞争法》的原则性条款,成为与损害经营者的合法权益并列的要件。

回到虚假宣传条款本身,根据《最高人民法院关于适用〈中华人民共和国反不正当竞争法〉若干问题的解释》第十七条的规定:"经营者具有下列行为之一,欺骗、误导相关公众的,人民法院可以认定为反不正当竞争法第八条第一款规定的'引人误解的商业宣传':

(一)对商品作片面的宣传或者对比;

(二)将科学上未定论的观点、现象等当作定论的事实用于商品宣传;

(三)使用歧义性语言进行商业宣传;

(四)其他足以引人误解的商业宣传行为。

人民法院应当根据日常生活经验、相关公众一般注意力、发生误解的事实和被宣传对象的实际情况等因素,对引人误解的商业宣传行为进行认定。"

可见,该司法解释也并未将虚假宣传的损害后果限定在损害其他经营者的合法权益方面,而主要解释了如何认定"足以造成相关公众误解"这一要件。

《北京市高级人民法院关于涉及网络知识产权案件的审理指南》第三十六条规定:"被告通过信息网络实施下列行为之一,足以造成相关公众误解的,可以认定为反不正当竞争法第九条第一款规定的引人误解的虚假宣传行为:

(1)在宣传自身及其相关产品或者服务时,明显违背客观事实的;

(2)在宣传自身及其相关产品或者服务时,使用"国家级"、"最高级"、"最佳"等用语的;

(3)将自身及其产品或者服务与原告及其相关产品或者服务进行对比介绍,使用片面、虚假描述的;

(4)在宣传、介绍自身及其产品或者服务时,所引述的相关内容系由他人提供,但该内容明显缺乏依据的;

(5)其他构成虚假宣传的情形。"

从上述法律规定、司法解释、审理指南的表述上看,只要宣传行为足以产生引人误解的效果,就构成了《反不正当竞争法》第八条规定的引人误解的虚假宣传。从另一角度来说,"足以使相关公众产生误解"同时构成虚假宣传不正当竞争行为产生的损害后果。当相关公众因产生误解作出了错误的交易决策时,可能直接或间接导致其他经营者的竞争优势被削弱,从而挤占了其他经营者的市场空间,并产生扰乱市场竞争秩序的不良后果。但该种损害后果的产生仅是虚假宣传损害后果的某一方面,而并非虚假宣传的成立条件。

因此,从法条本身的表述来看,虚假宣传的成立不要求权利人提供直接证据证明其竞争优势受到损害为要件,而重点在于证明“足以使相关公众产生误解”。

二、实务争议:关于“损害后果”证明要件的不同观点

如前所述,由于法条表述的改变,在2017年《反不正当竞争法》修订之前,最高院曾在2009年的《知识产权案件年度报告》中指出,虚假宣传的认定需要证明以下三个要件:

(1)经营者之间具有竞争关系;

(2)宣传内容足以造成相关公众误解;

(3)虚假宣传给经营者造成了直接损害。

上述第三项要件虽然未在虚假宣传条款中予以体现,但实际源于1993年《反不正当竞争法》第二条规定的立法宗旨。最高院据此指出,只有经营者的行为违反《反不正当竞争法》的规定,并给其他经营者的合法权益造成损害时,其他经营者才有权提起民事诉讼,并涉及该经营者应否承担不正当竞争的民事责任问题。即使是引人误解的虚假宣传行为,也并非所有经营者都可以主张民事权利的行为,应当符合经营者之间具有竞争关系、有关宣传内容足以造成相关公众误解、对经营者造成了直接损害这三个基本条件。

在上述观点的指导下,上海知识产权法院曾在[(2016)沪73民终107号]判决中直接援引了最高院的这一观点,指出虽然被告在对外宣传中对其控股股东的介绍确有不当之处,并可能造成相关公众的混淆或误认。但无论相关公众是否会产生混淆或者误认,原告并未举证证明被告的上述宣传行为包括导致原告自身受到了直接损害。因此,不能简单地以相关公众可能产生与原告无关的误导性后果而代替原告对自身受到损害的证明责任。

但近年来,最高院在类似案例中已经转变了上述对虚假宣传认定要件的观点,认为从《反不正当竞争法》规制虚假宣传的目的看,其并不以被侵权人的直接损害为要件判断虚假宣传行为是否成立。

例如,在最高院2016年裁定的[(2015)民申字第2802号]加多宝(中国)饮

料有限公司(以下简称加多宝中国公司)、广东加多宝饮料食品有限公司(以下简称广东加多宝公司)与广州医药集团有限公司、广州王老吉大健康产业有限公司虚假宣传纠纷案中,最高院指出,引人误解的虚假宣传的本质是引人误解,只要宣传行为足以产生引人误解的效果,就构成了《反不正当竞争法》规定的引人误解的虚假宣传。

加多宝中国公司和广东加多宝公司主张,虚假宣传行为人承担民事责任的前提是该虚假宣传行为给被侵权人造成直接损害的问题。最高院认为,从《反不正当竞争法》规制虚假宣传的目的看,《反不正当竞争法》是通过制止对商品或者服务的虚假宣传行为,来维护公平的市场竞争秩序。一方面,从不正当竞争行为人的角度分析,侵权人通过对产品或者服务的虚假宣传,如对产地、性能、用途、生产期限、生产者等进行不真实或者片面的宣传,获取市场竞争优势和市场机会,损害其他经营者的合法利益;另一方面,从消费者角度分析,正是由于侵权人对商品或者服务的虚假宣传,易使消费者发生误认误购,损害其他经营者的合法利益。因此,从《反不正当竞争法》规制虚假宣传的目的看,其并不以被侵权人的直接损害为要件判断虚假宣传行为是否成立。

从上述说理可见,最高院对虚假宣传的认定从"对其他经营者损害后果"的必要性认定转向了"对宣传内容是否虚假或具有误导性,并足以引人误解"的认定。虽然在说理中,最高院仍从行为本身的角度和消费者的角度分别论述了该案虚假宣传行为实际给其他经营者造成了损害后果,但未将这一损害后果作为虚假宣传的成立要件。

退一步说,即使虚假宣传行为的成立不意味着被诉侵权人必然需要承担赔偿损失的民事责任,该案却体现了最高院的司法态度,即虚假宣传行为的认定应当结合《反不正当竞争法》规制该种行为的立法目的进行综合考量,而不应仅仅拘泥于对"经营者损害后果"要件的证明,从而导致对原告提出过高的举证要求。

自2017年《反不正当竞争法》修订之后,对于虚假宣传是否必须以"给其他经营者的竞争优势造成损害后果"这一问题,司法实践亦出现了第三种观点,认为虚假宣传的成立应当造成现实的损害后果,但这种损害后果并不限于对竞争对手的竞争优势损害,也包括对消费者利益以及市场竞争秩序的损害。

例如,在[(2018)沪73民终284号]判决中,上海知识产权法院指出,要构成《反不正当竞争法》规定的虚假宣传行为，行为人实施的行为应当满足如下条件：一是主观上存在与其他竞争者进行不正当竞争的故意；二是客观上对商品或者服务的相关信息作出内容虚假或者引人误解的宣传；三是效果上宣传行为造成了欺骗、误导消费者的后果或者可能性。

在[（2021）沪73民终122号]案件中，上海知识产权法院认为，虚假宣传的成立要件之一为被诉宣传导致现实的损害后果，并从竞争者优势角度、消费者福祉角度、市场竞争秩序的角度分别进行了说理。

可见，法院事实上认为，《反不正当竞争法》所规定的虚假宣传行为的损害后果不仅局限于对其他经营者造成损害这一种，在能够认定被诉宣传行为确有虚假或误导性、足以引人误解、存在违反诚信或商业道德的主观故意的情况下，其所导致损害后果包括消费者利益的损害、竞争秩序的损害或经营者利益的损害。

三、虚假宣传民事责任的承担须证明被诉行为与原告的竞争优势之间存在关联性

虽然虚假宣传行为的成立不以其他经营者的竞争优势损害为前提，但根据《反不正当竞争法》第十七条的规定，经营者违反本法规定，给他人造成损害的，应当依法承担民事责任。经营者的合法权益受到不正当竞争行为损害的，可以向人民法院提起诉讼。

根据上述规定，原告若想主张被告承担民事责任，至少需证明被告的虚假宣传行为与原告的竞争优势之间存在一定关联性。倘若此种关联性较弱，很难认定侵权方的行为实际损害了原告的合法权益，则该种虚假宣传行为较宜通过行政手段进行规制。

上述观点从《反不正当竞争法》第二十条的规定中亦可得到印证，第二十条规定："经营者违反本法第八条规定对其商品作虚假或者引人误解的商业宣传，或者通过组织虚假交易等方式帮助其他经营者进行虚假或者引人误解的商业宣传的，由监督检查部门责令停止违法行为，处二十万元以上一百万元以下的罚款；情节严重的，处一百万元以上二百万元以下的罚款，可以吊销营业执照。经营者违反本法第八条规定，属于发布虚假广告的，依照《中华人民共和国广告法》的规定处罚。"

可见，针对虚假宣传行为，《反不正当竞争法》确立了民事手段和行政手段对需承担民事责任的虚假宣传行为，原告可从原被告之间的竞争关系、原告自身的知名度、被告虚假宣传内容的指向性、原被告经营范围的地域关联性等要素进行举证，证明被告的虚假宣传行为与原告存在一定的关联性，对原告存在损害的可能性。

对于损害后果的举证不仅局限于经济损失，也包括对原告商誉的直接或间接损害，从而责令被告承担停止侵权、赔偿损害或消除影响的民事责任。

姚　华

盈科上海竞争与监管法律事务部主任，上海民建企业发展促进中心专家，鲸平台智库专家。姚华律师毕业于华东政法大学，在华东政法大学取得法学学士、民商法学硕士学位。

姚华律师在商标法、著作权法、反不正当竞争法等专业领域有着丰富的法律研究与实务经验。姚律师善于通过在先权益保护、类似商品研究、诚实信用原则、驰名商标认定等多种办案策略相结合，解决企业在市场竞争中面临的疑难复杂法律问题，曾在上海民建参与撰稿《关于上海数字化法制建设的政策建议》，在财联社发表《谭谈交通节目下架八大热点问题》，并在中华商标杂志和威科先行公众号发表了多篇专业文章。

执业以来，姚华律师曾接受过《新闻晨报》多次采访；2017年5月成功办理国内首例以购房人名义申请的债权人申请无主财产的新型案件，上海电视台《庭审纪实》栏目对该疑难案件制作了专题节目。姚华律师曾于2019–2021年连续获得盈科律师事务所“优秀知识产权律师”称号，并荣获2019年盈科上海“律政巾帼”称号、2022年第五届盈科上海优秀人才评选“领军人才”荣誉称号。

张　乐

毕业于华东政法大学，先后取得新闻学学士学位、知识产权法律实务方向的法律硕士学位，有良好的法律文书写作功底，在著作权法、商标法及反不正当竞争法领域有深入研究并具备扎实的办案经验。